BE Architect

PART 0. AUTOCAD

오토캐드를 통한
건축입문서

KB134669

AUTOCAD

유기찬 · 김재준 공저

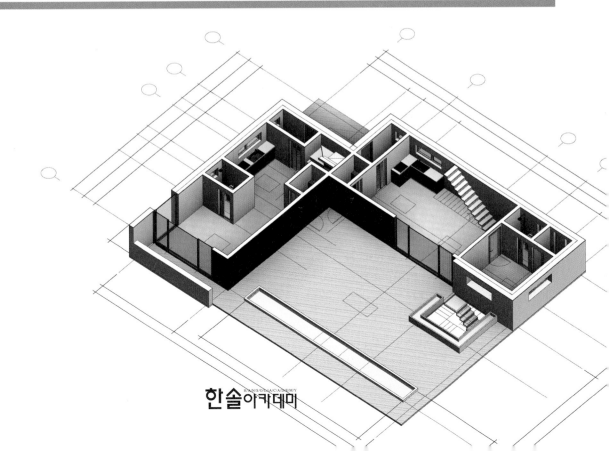

한솔아카데미

감사의 글

본 교재는 건축을 처음 접하는 학생들을 위해
우리나라 건설시장 소프트웨어의 주를 이루었던 AutoCAD와
미래 건설시장의 방향성(LISP · Program language) 대해 이야기 합니다.

AutoCAD는 2D 평면 내에서 직접 여러가지 객체를 그리며
도면을 제작하는 소프트웨어이며, 계속해서 발전하고 있는
건설시장 소프트웨어의 시작입니다.
본 교재를 통해 CAD 소프트웨어의 기본 메커니즘(mechanism)을
이해하시기를 바라며, 나아가 앞으로 마주하게 될
VB(visual basic), PL(program language)를 학습하는 데에 있어
좋은 기반이 되기를 바랍니다.

이러한 기획 의도를 잘 이해해주시고 출판될 수 있도록 도와주신 일동분들과
본 책의 원고 작성을 해준 이윤구님께 감사드립니다.

머리말

원래 오토캐드 책이 시중에 아주 많이 나와 있어
쓰려고 하지 않았습니다.

따라서 오토캐드는 다른 책을 보며 공부 하기를 바랐던 것이나
요즈음 건설시장의 건설 소프트웨어들을 다루면서
시작을 오토캐드로 하여야 한다는 생각을 버릴 수 없어
이 책을 쓰게 되었습니다.

그저 오토캐드를 하면 끝이 아니라
이것이 건설시장(Building) 소프트웨어(Information Modeling)의
시작이라고 생각하며 이 책을 보아주시기 바라는 생각에,
이 책의 끝에 program language인 LISP을 설명 합니다.

더 많은 공부를 위하여 BE Architect 1,2,3,…을 계속하여 공부하시면
VPL(visual programming language)인 grasshopper, dynamo를 알게 될 것이며
나아가 API(application program interface)를 이해하게 되어
앞으로 건설시장의 AI(Artificial Intelligence)/ML(Machine Learning)/DL(Deep
Leating)과 Data Base을 생각하시게 될 것입니다.

또, 우리가 BIM(Building Information Modeling)을 하는 목적인
V,S,A(Visualization · Simulation · Analysis)에 관한
도면화(재료) · 시공/환경/에너지 시뮬레이션 · 구조분석에 관한 책을
계속해서 발간해 나가고자 합니다.

저자 유기찬
㈜알피종합건축사사무소 CEO
한양대학교 건축공학부 겸임교수
(facebook.com/kichan.ryu)

BE ARCHITECT

Contents 목차

PART 05. 객체 편집 기능

PART 06. Tangent Line과 Fillet

PART 07. 객체 이동

PART 08. 레이어(Layer)

Contents 목차

PART

1

: 건설산업 특성이해

01 건설산업 특성이해

1.1 | 건설산업의 특성 : 제조업과의 비교
Introduce

이번 장에서는 건설 산업의 특징을 스마트폰이나 카메라 등의 제품을 만드는 일반적인 제조업과 비교해보고, 더 나아가 유사한 여타 프로젝트 기반 수주 산업과의 비교를 통해 정리합니다.

1 Project Base & Product Base (기반에 따른 비교)

일반적인 제조업	건설산업

제품(Product) 중심 일관 공정	프로젝트(Project)중심의 다양한 공정
대량 생산	일회적 생산
동일한 생산 절차(Process)의 반복	다양한 단위 공정 혹은 배치시스템 (batch system)의 조합에 의한 프로세스

　일반적으로 알려진 건설산업의 가장 큰 특징은 프로젝트 기반이라는 것입니다. 프로젝트는 정해진 목적(서비스나 제품)을 시작과 종료 시점이 명확히 정해진 기간 내에 한정된 자원을 가지고 달성하는 활동을 말합니다.
　이러한 한시성(One-off)이 건설산업을 다른 제조업과 구별하는 주요 요인이기 때문에 건설산업에서는 프로젝트를 통해 산출되는 최종 결과물은 단품(Unique Product)입니다.
　즉, 똑같은 건물은 없다는 것입니다. .
(설령 같은 도면을 가지고 다른 장소에 건물을 각기 지으려고 시도한다 해도, 과정상의 미세한 차이로 인해 완벽하게 똑같은 프로젝트는 존재할 수 없습니다.)

　이에 반해, 제조업의 경우 수요자의 요구가 있는 동일한 제품을 동일한 생산 라인에서 반복적인 작업을 통해 지속적으로 대량생산을 합니다.

2 생산성 결정에 따른 비교 : Who, When ?

먼저, 제품을 기획하고 생산한 후 이를 시장에서 소비자가 선택해 최종적으로 구매자에게 인도(Delivery)되는 일반적인 제조업과는 달리 건설산업의 조달(Procurement)형태는 클라이언트(혹은 발주자측)의 의뢰를 받아 생산 활동이 전개되는 '선주문 후생산' 방식입니다.

프로젝트 단위 생산은 건설산업 이외의 다른 산업분야에서도 찾아볼 수 있으며 대표적인 분야가 조선산업과 항공산업입니다. 또한 자동차나 전자 산업과 같이 대량생산을 목표로 하는 산업분야에서도 신제품을 개발하는 과정은 프로젝트로 볼 수 있습니다.

이에 조선업, 항공산업, 건설산업은 클라이언트로부터 생산물량을 주문 받은 후 생산하고 인도하는(Order-to-Delivery)관계로 수주산업이라고 불리우기도 합니다.

3 고객의 요구가 생산활동에 미치는 영향에 따른 비교

앞서 설명한 조선산업, 항공산업 등 여타 프로젝트 기반 수주산업과 건설업의 또 다른 차이는 건설산업의 경우 고객의 요구가 지속적으로 제품의 설계에 큰 영향을 미친다는 것입니다.

예를 들어 Airbus 380을 주문한 고객이 동체의 설계 변경, 혹은 다른 제조사의 엔진 장착을 요구한다 해도 이를 수용해 줄 수 없을 것입니다. 이미 비행기의 기본적인 설계는 완료되어 있기 때문입니다.

하지만 건설산업의 경우는 매 프로젝트마다 클라이언트의 요구에 따라 설계를 새롭게 수행해야 하며, 심지어 생산(현장에서의 시공)이 진행되는 중에도 설계변경을 요청하기도 합니다. 이런 건설산업의 특성은 다른 산업에 비해 설계관리(Design Management)를 어렵게 만드는 한 원인이 되어왔습니다.

그렇다면 왜 클라이언트가 설계변경을 요청할 수 밖에 없는 상황이 만들어 지는지, 클라이언트가 처음부터 자신의 요구사항이 설계에 잘 반영되어 있음을 확인할 수 있는 방법은 없는지에 대해 의문을 가질 수 있습니다.

불행히도 현재까지는 대부분의 설계변경이 바로 클라이언트 요구사항이 반영되지 않았거나 혹은 이것이 중간 과정에서 변경되기 때문에 이루어 지고 있는 실정입니다.

일반적으로 건설산업에서의 설계는 기본설계(건축의 경우 건축설계) 및 엔지니어링을 포함한 협업설계(Coordinated design)로 구성되어 있습니다. 이들 설계의 부실은 프로젝트가 진행되는 과정에서 설계변경을 야기하고, 이런 설계 변경으로 인해 클라이언트가 부담해야 하는 공사비가 늘어나는 경향을 보여왔습니다. 그러나 현업에서 설계변경을 통해 공사비를 증액하는 것이 허용되어 왔고, 이로 인해 주수급업체들이 자발적으로 설계 및 엔지니어링의 완성도를 높이기 위해 기울이는 노력은 다른 제조업에 비해 상대적으로 미약했습니다. 수주만 하면 땅 짚고 헤엄치던 시대가 있었지만, 이제 그런 시대는 점점 추억으로 남을 것 같습니다.

4 기획, 설계, 생산의 수행 주체 (단일 주체와 지속적 협력관계)

일반적인 제조업에서는 단일 주체가 기획, 설계 및 생산, 심지어는 판매까지 수행하거나 총괄적으로 관리합니다.

애플의 아이폰을 생각해 보면 쉽게 이해할 수 있습니다. 클라이언트에 의해 생산이 시작되는 프로젝트 기반 수주산업에서는 이와는 다른 복잡한 수행체계가 존재해왔습니다.

프로젝트 기반이기는 하지만, 조선업이나 항공업의 경우 클라이언트로부터 선박이나 항공기를 수주받은 주수급업체와 함께 일하는 수만 개의 전문 협력업체가 지속적인 협력관계를 맺고 있다는 특징이 있습니다.
예를 들어 Airbus 380을 특정 항공사가 주문했다면 Airbus사는 주수급업체가 됩니다. Airbus사에 항공기 동체, 엔진, 주익, 보조익 등의 부품을 납품하는 협력업체는 특별한 상황이 발생하지 않는 한 Airbus사와 계속 함께 일을 할 것입니다.

그러나 건설산업의 경우는 이와 다릅니다.
설계를 수행하는 주체와 엔지니어링을 수행하는 주체는 프로젝트마다 새롭게 선정됩니다. 시공을 담당하는 주체를 보더라도, 일반적으로 프로젝트를 수주한 주수급업체(General Contractor)가 하수급업체(Sub-Contractor)들을 프로젝트에 따라 선정해 새롭게 생산조직을 구성합니다.
설계와 생산이 시간차를 두고 일회적으로 결합한 조직에 의해 수행되는 것과 아울러, 하수급업체를 포함한 생산 조직 자체도 일회적으로 구성된 조직에 의해 수행됩니다.
뿐만 아니라, 건설 생산은 공종별, 규모별, 전문분야별로 분업구조를 이루고 있습니다. 이에 따라 건설업은 일반 건설 업체와 전문 건설 업체가 기술, 기능면에서 역할을 분담하는 복잡한 생산 체계를 이루게 됩니다.

이러한 건설산업의 특성은 프로젝트 참여자 간의 의사소통을 어렵게 만드는 한 원인이 됩니다.

1.2 | 건설산업에서의 의사소통
Introduce

1 추상화 모델과 해석

건설산업과 제조업에서는 최종적으로 생산될 제품을 사전에 약속된 기호로
표현하는 제품모델(Product Model)을 만들고, 이에 근거해 생산을 하게 됩니다.

이처럼 실제 제품을 사전에 약속된 기호로 표현하는 과정을 추상화(Abstract)라고
부를 수 있습니다. 실제와 똑같지는 않지만, 제품의 대표적 특성을 파악해 이를
표현하는 과정이 추상화 과정입니다. 제품 생애주기(Product Lifecycle)에 걸쳐
생산에 참여하는 모든 참여자가 제품모델을 일관되게 사용해야 합니다.

건설산업의 경우에도 추상화와 이의 해석 과정을 통해 제품을 설계하고 시공해
왔지만, 최근까지도 최종 생산품이 3차원 결과물(건축물)임에도 불구하고 2차원
기반의 추상화 방식을 보편적으로 사용해 왔습니다. 2차원 설계도면이 그
대표적인 예입니다.

아래 그림과 같이 실제 콘크리트 벽은 설계 도면에서 자갈과 모델을 추상화한
2차원 기호로 표현됩니다. 하나의 건축물을 이루는 여러 부재(벽, 바닥, 천장, 창,
문 등)가 추상화되고, 이러한 과정을 거쳐 설계된 결과물은 평면도, 입면도, 단면도,
상세도 등 수십, 수백 장의 설계도면으로 분리되어 표현됩니다.

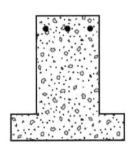

추상화
(Abstract)

기호에 의한 실제 건축물의 추상화 과정, 특히 위의 그림에서와 같은 2차원
도면으로의 표현은 몇 가지 한계를 가지고 있습니다. 실제 업무에서, 설계자는
틀림없이 먼저 3차원 공간을 생각할 것입니다. 이 공간을 구성하기 위해 벽을
떠올리기도 하고, 구조적인 역할을 하는 기둥을 감안해 공간을 구성하기도 합니다.
기둥이나 벽 같은 부재(element) 역시 3차원으로 떠 올릴 것입니다. 그러나
지금까지의 보편적 제품모델인 2차원 도면에서는 벽이나 기둥 같은 부재가 2차원
사각형으로 밖에 표현되지 않습니다. 이 과정에서 수 많은 정보가 누락되거나,
도면을 해석해야만 설계자의 의도를 파악할 수 있게 됩니다. 예를 들어 기둥의
높이는 단면도를 이해해야 알 수 있고, 형상 및 재료 등은 도면에 기술된
사양(specification)을 보고 파악해야 합니다.

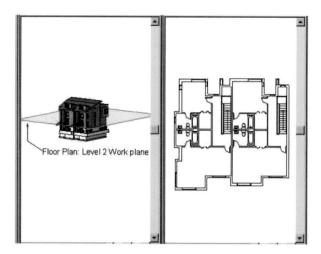

건설산업의 특성을 상기시켜 봅시다. 건설프로젝트의 전 생애주기에 걸쳐 설계자뿐만 아니라, 다양한 분야 및 공종의 전문가가 관여합니다. 위의 그림과 같이 클라이언트의 요구는 말이나 글로 표현되고, 이를 설계자가 이해한 후 설계작업을 시작하게 됩니다. 벌써 기호화와 해석이 한 번 이루어진 셈입니다. 이러한 작업 내용들은 2차원 기반의 도면으로 옮겨집니다. 설계자는 도면을 구조/환경설비/토목 엔지니어에게 보내게 되고, 이들 분야의 전문가는 그 도면을 해석해 실제로 시설물을 구현할 때 고려해야 하는 엔지니어링 정보를 다시 약속된 기호로 표현합니다.

| 발주자, 설계자, 엔지니어, 시공사의 이상이몽
전통적인 업무 방식에서는 이렇듯 설계단계에서 시설물의 추상화 결과가 2차원으로 표현됩니다. 동일한 최종 결과물을 놓고도 프로젝트에서의 자신의 역할에 따라 집중으로 파악하거나 표현하고자 하는 부분이 다르고, 표현방식, 다시 말해 추상화 방법도 각기 다릅니다. 그야말로 이상이몽인 것입니다.
이 추상화 과정에 프로젝트 참여자의 경험, 지식, 숙련도가 영향을 미칠 수 밖에 없습니다. 이때 문제는 다음에 있습니다.

시공 단계에서 주수급업체는 앞 단계에서 생성된 각종 도면 및 계산서, 시방서 등을 해석해 시공하게 됩니다. 추상화되었던 건축물이 실제로 지어지는 거입니다. 이 과정에서 주수급업체는 수 많은 하수급업체를 관리하게 됩니다. 참고해야 하는 정보는 추상화 되어 있고, 이를 해석하는 과정에 다시 하수급업체 담당자의 경험, 지식, 숙련도가 영향을 미칩니다. 설계 단계에서의 추상화 과정에서 발생했던 오류들을 시공단계에서 발견해 해결할 수도 있지만, 시공단계는 오로지 추상화된 모델을 해석해 실제 건축물을 짓는 단계일 뿐입니다. 조선산업과 항공산업에서 처럼 지속적으로 함께 작업하는 조직도 추상화 과정을 거친 모델을 가지고 온전하게 의사소통을 하기 어려울 것입니다.
하물며, 일회적으로 구성되는 건설프로젝트 조직의 경우 클라이언트의 의도를 기획단계에서부터 정리하고, 이를 바탕으로 설계 및 엔지니어링을 수행해 작업결과를 추상화 하고, 시공단계에서 시공사가 이를 모두 온전히 파악해 시공할 것이라고 기대하는 것은 너무 이상적인 바람일 수 있습니다. 이처럼 건설산업은 프로젝트 기반의 다양한 특성으로 인해, 제조업에 비해 추상화 과정이 매우 복잡할 뿐만 아니라, 추상화된 모델을 활용하여 건축물을 짓는 과정 전반의 의사소통 수준이 참여자들의 경험, 지식, 숙련도에 큰 영향을 받습니다.

여기에 더해 IT기술이 발전하고, 각 단계별 전문가들의 업무를 지원하기 위한 컴퓨터 어플리케이션이 활발하게 도입되면서, 참여자들간의 의사소통 문제와 함께., 이들 컴퓨터 어플리케이션간의 데이터 호환이라는 문제가 더해졌습니다. 설상가상인 것입니다.

건설산업계에 보급되어 있는 컴퓨터 어플리케이션 중 가장 대표적인 것 중 하나인 CAD의 기원을 살펴보면 추상화에 더해진 데이터 호환의 복잡성에 따른 문제점을 보다 쉽게 이해할 수 있습니다.

2 CAD(Computer Aided Design)의 기원과 주객의 전도

최근 건설산업에서 보편적으로 사용되고 있는 CAD(Computer Aided Design) 소프트웨어는 설계자의 구상을 있는 그대로 표현하는 3차원 방식을 채용하고 있습니다. 그러나 이의 근원이 되는 CAD(Computer Aided Drafting)의 출발은 사뭇 달랐습니다. 설계자의 업무를 지원하기 위해 개발된 것이 아니라, 제도(Drafting)업무를 지원하기 위해 개발되었기 때문입니다. 1959년, MIT에서 진행한 CAD프로젝트에서 '설계자와 컴퓨터와의 대화, 컴퓨터에 의한 시뮬레이션'을 제안합니다.

1963년에 이르러, MIT의 Ross와 Coons의 공동 아이디어를 바탕으로 당시 MIT 학생이었던 Sutherland가 도형처리를 취급하는 Sketch Pad라는 시스템을 구현하였습니다. 대화방식에 의한 도형처리의 시초이며, Computer Graphics의 원형이라고 할 수 있습니다. 아래 그림이 바로 그 시스템입니다. 운영 중인 오퍼레이터를 보면 전형적인 공대생의 모습을 볼 수 있습니다.

1960년대 초, 미국의 자동차/항공기 제작회사 등 몇몇 생산업체들을 수없이 바뀌는 자동차의 외형과 엔진, 그리고 수십만 종의 부품이 복잡하게 얽힌 항공기의 설계작업을 사람의 손에 의존해 수행하는 것에 한계를 느끼고 있었습니다. 이런 도전은 제품 모델을 관리할 수 있는 데이터 체계를 필요로 하게 되었고, 이 데이터는 너무나 당연하게도 3차원 기반으로 관리하기 시작했습니다. 최종 제품이 3차원인 관계로 3차원 표현방식을 도입하는 것이 당연시 여겨졌음은 물론이고, 사용되는 부품이 건설산업에 비해 정형화 시키기 비교적 용이하다는 점도 이러한 환경을 도입하는데 일조한 측면이 있습니다.

 3차원 모델링에는 물체를 선분(능선)으로 표시하는 선화 모델링(Wire frame modeling), 면의 조합으로 표시하는 표면 모델링(surface 모델링) 및 표면과 알맹이의 정보를 함께 취급하는 고체 모델링(solid modeling) 등의 3종류가 있습니다. 3차원 모델링은 x, y, z의 3개 축을 사용함으로써, 실제 생산될 제품과 같이 3차원 입체감을 가지고 설계할 수 있다는 장점이 있습니다. 반면 이들 작업은 2차원 CAD작업에 비해 어려운 단점이 있습니다. 특히 와이어 프레임 모델은 그 효용성에도 불구하고 수정이 어려운 치명적인 단점이 있습니다. 이는 시설물 형태나 크기(높이나 폭과 같은)를 조금이라도 수정하려면 와이어 프레임만을 지원하는 3차원 CAD에서 선들을 찾아서 일일이 수정해야 합니다. 이처럼 눈에 보이는 외형만을 3차원 모델로 표현하는 소프트웨어는 설계자 및 엔지니어가 원하는 진정한 의미의 3차원 CAD가 아닐 것 입니다. 이와 같은 맥락에서 향후 소개한 BIM은 설계 및 엔지니어링 지식에 기반한 부재 정보를 포함할 뿐만 아니라, 설계변경을 몇 가지 변수(Parameter)의 변경만으로 수행하는 차이점이 있습니다.

 건설산업에서는 20여 년간 2차원 CAD 및 와이어 프레임 기반 3차원 모델링 소프트웨어를 사용해 왔습니다. 분명 이들 도구는 기존 수작업 도면 작성 방식을 획기적으로 바꾸는 데 공헌했습니다. 그러나 프로젝트 참여자의 생각을 온전히 담아내고, 이들의 의사소통을 원활하게 해주기 보다는, 작도 작업의 능률만을 향상시켰고, 그동안 건설산업 종사자들이 이런 작업방식에 너무 익숙해 저버린 나머지, 컴퓨터 어플리케이션이 어떤 모습이어야 하는지 조차 의문을 갖지 않게 된 것 같습니다. 주객이 전도된 것입니다. BIM의 보다 큰 역할은 바로 컴퓨터 어플리케이션 수준의 데이터관리 혹은 데이터 호환보다는 바로 프로젝트 참여자들이 작업하는 방식 그대로를 온전히 지원하고, 이들 간의 의사 소통을 향상시키는 환경을 제공한다는 것에 있습니다.

P A R T

**: AUTOCAD
시작하기**

본격적인 AUTOCAD를 학습하기 앞서, 먼저 프로그램을 설치하고 실행을 통해
AUTOCAD의 첫 걸음을 시작합니다.

INDEX

02 AUTOCAD 시작하기

2.1 | AUTOCAD 설치하기
시작하기

■ **PREVIEW**
이번 Chapter에서는 캐드 프로그램을 설치하고 실행하는 방법을 학습합니다.

CAD를 실행하기 앞서 CAD를 설치하는 방법과 여러가지 라이선스에 대해서 알아보겠습니다. CAD에 존재하는 라이선스는 크게 총 3가지로 분류됩니다.

■ **AUTOCAD License**
① 정식 라이센스
: 캐드를 구매하여 얻을 수 있는 정식 라이선스입니다. 이 라이선스 안에서도 여러가지 하위 라이선스가 존재하며, 각 라이선스 별로 사용 가능한 기능이 한정되어 있습니다.
② 학생용 라이센스
: 학생들이 무료로 사용할 수 있는 라이선스입니다. 별도의 인증이 필요하며, 어느정도 한정된 기능 안에서 캐드를 이용할 수 있습니다.
③ 체험용 라이센스
: 무료 체험판 라이선스로 일정 기간동안에 한해서 사용이 가능하며, 체험 기간이 종료되면 구매 혹은 학생용 라이선스로 전환해야 합니다.

1 AUTOCAD 설치하기

01 구글에 'Autodesk'를 검색합니다.

02 크 홈페이지에 접속하고, 우측 상단의 메뉴를 클릭합니다.

03 메뉴 창에서 다운로드 란을 드롭다운 합니다.

04 학생 계정이 있다면 '학생용 무료 소프트웨어'를 클릭하고, 체험판을 사용하려면 '무료 제품 체험판'을 클릭합니다.

TIP

학생 계정을 만드는 방법은 간단한 인증 절차만 걸치면 사용할 수 있습니다.
학생이라면, 꼭 학생용 계정을 만들도록 합니다.

05 우측 상단의 'Sign in'을 클릭합니다.

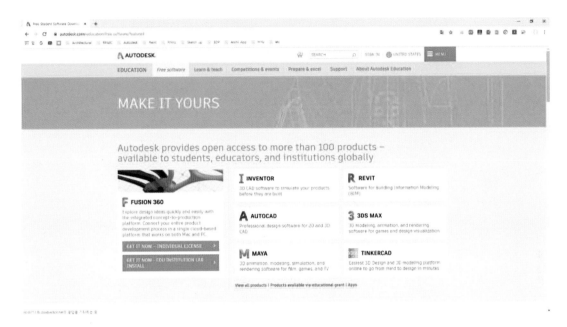

06 오토데스크 계정으로 로그인하거나, 계정이 없다면 회원 가입을 진행합니다.

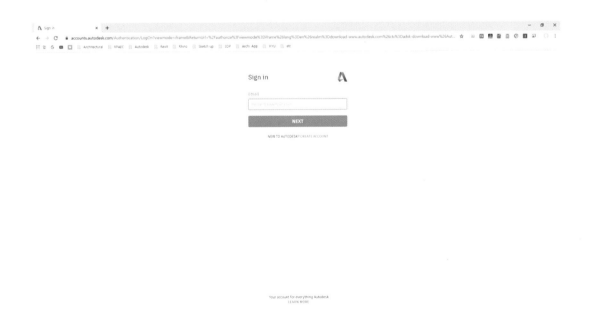

07 프로그램 목록 중 'Autocad'를 클릭합니다.

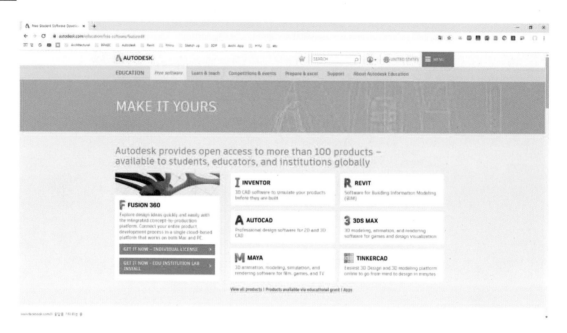

08 버전과 운영체제, 언어를 선택합니다.
(아래에 나오는 Serial Number와 Product Key는 자동 활성화가 되어 적어 둘 필요가 없습니다.)

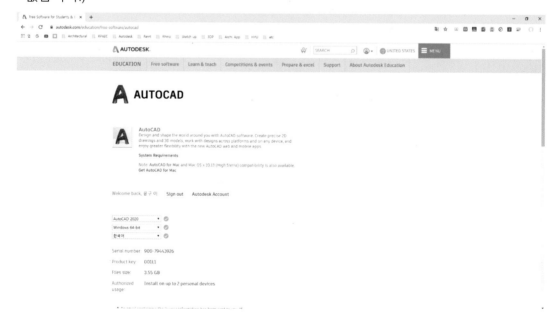

09 아래로 스크롤을 내린 후 'Install Now'를 클릭하여 설치 파일을 다운로드합니다.

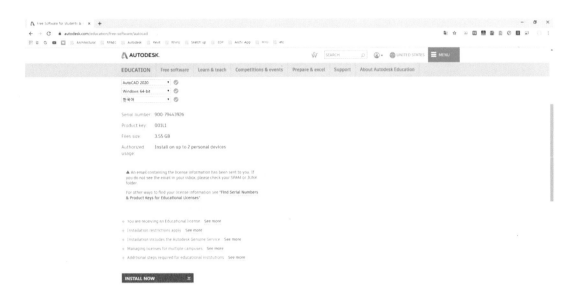

10 아래와 같은 창이 활성화 되면 동의함에 체크한 후 'Install'을 클릭합니다.

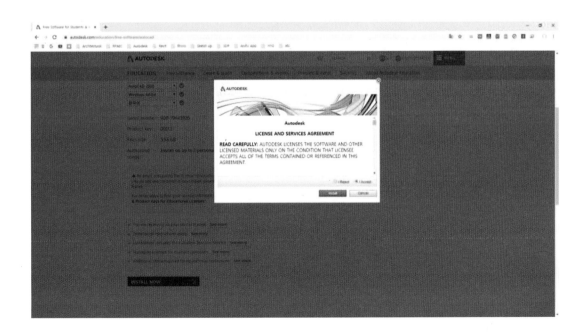

11 다운로드 된 설치파일을 실행해 설치를 진행합니다.
(도구 및 유틸리티 설치는 클릭하지 않습니다. 바로 설치를 진행합니다.)

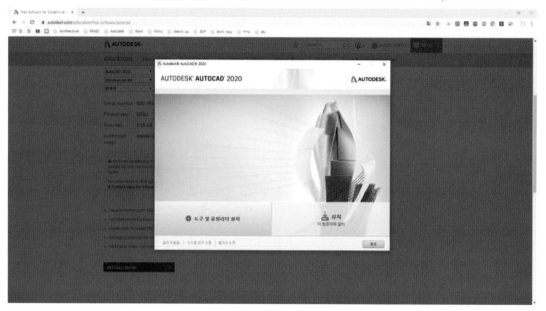

12 설치가 완료된 캐드 프로그램을 실행합니다.

13 좌측 상단의 오토데스크 로고를 클릭 > 'New' 클릭해 새로운 도면을 엽니다.

14 오토데스크에서 제공하는 여러 템플릿 목록 중 'acad'를 선택한 후 'Open'을 클릭합니다.

2.2 | AUTOCAD 사용자 인터페이스
시작하기

■ PREVIEW

이번 Chapter에서는 캐드의 사용자 인터페이스(UI)를 알아보고, 작업 환경 설정을 해보도록 하겠습니다.

오토캐드의 사용자 인터페이스는 아래와 같습니다.

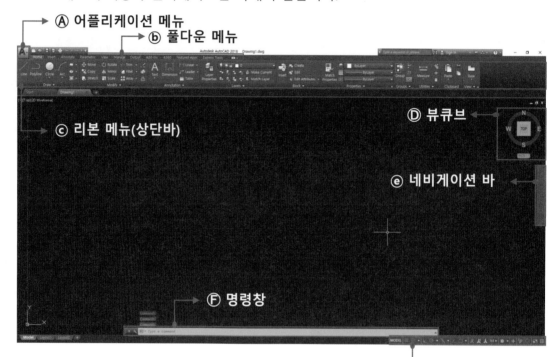

Ⓐ 어플리케이션 메뉴
ⓑ 풀다운 메뉴
ⓒ 리본 메뉴(상단바)
Ⓓ 뷰큐브
ⓔ 네비게이션 바
Ⓕ 명령창
ⓖ 도면 상태바

| User Interface

Ⓐ 어플리케이션 메뉴
: 파일을 저장/열기/옵션 설정 등을 진행할 수 있는 메뉴

ⓑ 풀다운 메뉴
: 캐드 내의 다양한 기능을 묶은 대분류 메뉴

ⓒ 리본 메뉴 (상단바)
: 카테고리화 되어있는 각종 기능이 묶여 있는 막대

Ⓓ 뷰큐브
: 뷰를 3D로 회전해 돌려보며 조정할 수 있는 뷰 조정 큐브
(2D 작업시에는 사용하지 않습니다.)

ⓔ 네비게이션 바
: 뷰를 확대/축소/이동할 수 있는 메뉴

Ⓕ 명령창
: 오토캐드에서 가장 중요한 막대로, 여러 명령 입력을 통해 작업을 진행할 수 있고, 작업자가 이미 진행한 작업이 History로 입력되어 확인이 가능합니다.

ⓖ 도면 상태바 (하단바)
: 작업과 관련된 각종 스냅기능을 켜고 끌 수 있는 바

1 작업환경 설정하기

01 먼저, 2D 작업 시 불필요한 뷰 큐브 기능을 끄기 위해 상단 바 > View > View Cube 클릭해 뷰 큐브를 숨깁니다.

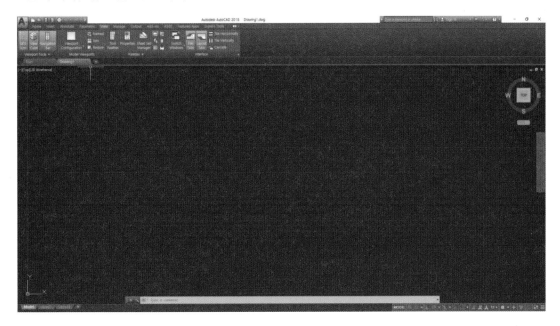

02 마찬가지로, 2D 작업 시 사용하지 않을 네비게이션 바를 숨기기 위해 상단 바 > View > Navigation Bar를 클릭해 뷰에서 숨깁니다.

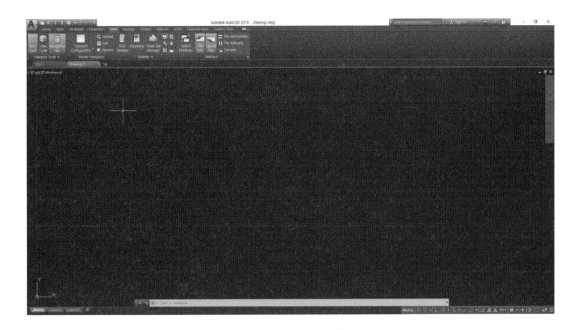

03 두 가지 기능을 끄면 아래와 같이 작업 창 설정이 완료됩니다.
다음은 명령창을 키우기 위해 하단에서 분리하도록 합니다.
하단에 위치한 명령창 좌측의 점을 드래그하면 하단 바에 서 분리할 수 있습니다.

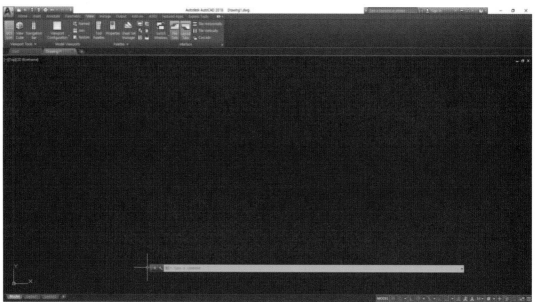

04 같은 방법으로 드래그하여 뷰 하단에 가깝게 마우스 커서를 가져다 대면, 아래와 같이
점선으로 명령창이 위치할 자리가 보이게 됩니다.
하단에 직사각형이 점선으로 표시됐을 때 커서를 놓아 명령창을 위치시킵니다.

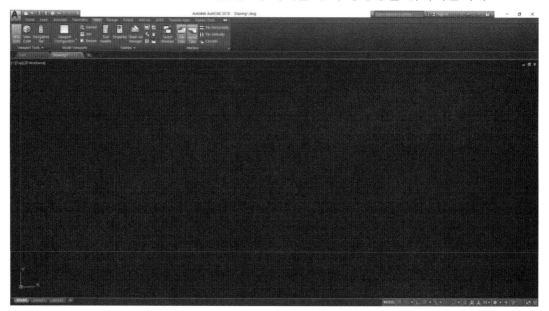

TIP

캐드에 처음 입문한 작업자라면, 명령창을 크게 두어 자신이 진행한 명령을 History로
확인하며 작업하면 더욱 이해가 빠릅니다.

05 아래와 같이 명령창이 위치했으면, 작업 설정을 마치고 다음으로 넘어갑니다.

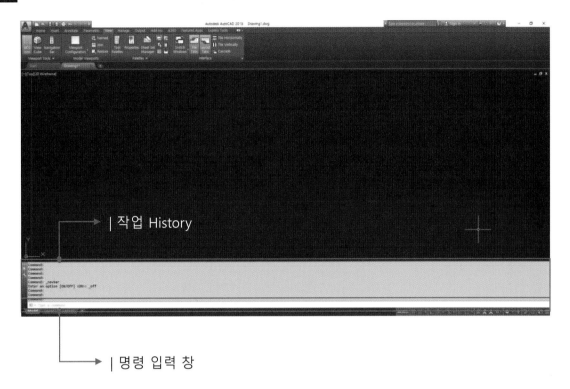

| 작업 History

| 명령 입력 창

TIP History 와 명령 입력 창
- 명령 기반인 CAD에서, 작업자는 명령을 입력하며 작업을 진행해 나갑니다.
이때, 본인이 작업한 명령은 모두 History 상에 기재 됩니다.
이를 통해 작업자가 어떤 명령을 입력하고 실행했는지 확인이 가능합니다.

이것은 명령기반 CAD에서 아주 중요한 요소입니다.

- 예를 들어 앞으로 선을 그리고, 원을 만드는 명령을 통해 도형을 그린 후
History 상에 기재된 명령을 그대로 복사하여 명령창에 붙여넣으면
같은 작업이 반복되어 실행됩니다.

AUTOCAD

PART

3

: AUTOCAD 기본기능

AUTOCAD의 가장 기본적이면서도 가장 중요하게 다뤄지는 기능들을 학습합니다.

03 AUTOCAD 기본기능

3.1 | 2차원 객체 그리기(직선/원/사각형)
시작하기

■ PREVIEW

이번 Chapter에서는 캐드의 기초 2차원 객체(직선,원,사각형)를 그려보며 객체를 그리는
프로세스와 명령 입력 방식에 대해서 학습하도록 합니다.

캐드에서의 작업은 철저하게 명령 입력 기반입니다.
예를 들어 직선을 만들고 싶다면, 작업자는 캐드에게 'line'이라는 명령어를 통해
직선 기능을 실행할 것입니다.

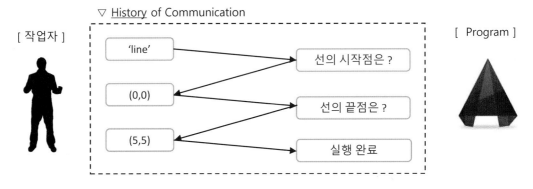

이때, 명령은 다음과 같이 입력할 수 있습니다.

- 캐드가 실행된 상태에서 원하는 명령을 키보드에 입력을 하면 아래 그림과
같이 마우스 커서 옆 혹은 아래 명령창을 통해 입력한 명령을 확인할 수 있습니다.

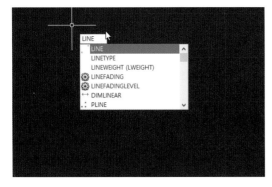

▲ 명령을 입력하면 해당 명령이 포함되는
기능 리스트가 생성됩니다. (커서 우측)

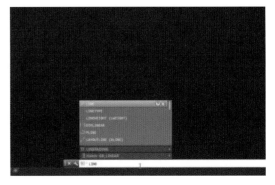

▲ 명령창에 직접 명령을 입력할 수 도
있습니다.

1 직선 그리기

<u>**01**</u> 가장 먼저, 좌표계에 대한 이해가 없다는 전제하에 클릭 기반 객체를 만들어 보도록 하겠습니다.
'line' 혹은 'l'를 입력합니다.

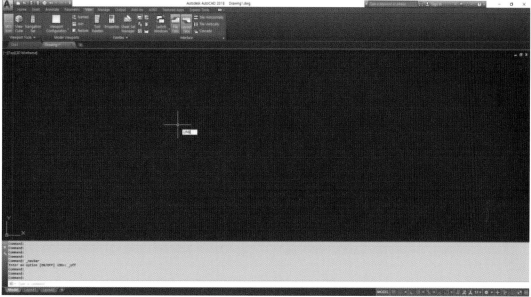

<u>**02**</u> 마우스 커서 우측에 생성되는 명령 목록 중 line이 보입니다.
이때 스페이스바를 누르면 해당 명령이 실행됩니다.
 - 캐드를 처음 시작하는 입문자라면 명령 목록을 확인한 후에 명령을 실행하는 것을 추천합니다.

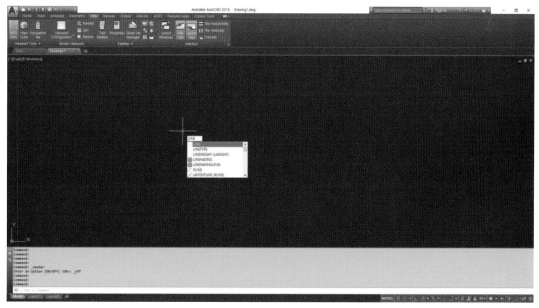

> **TIP** 직선명령 프로세스
> line > 스페이스바(작업시작) > 시작 점 지정 > 끝 점 지정 > 스페이스바(작업종료)

03 임의의 지점을 클릭해 직선의 시작점으로 지정합니다.

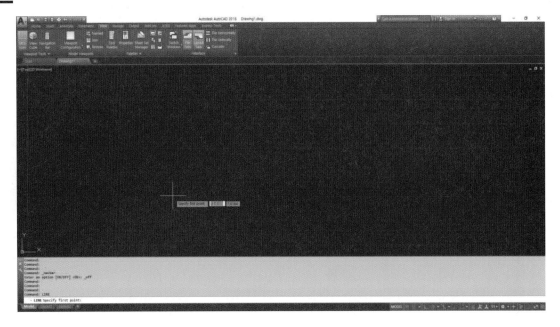

04 이후 마우스 커서를 움직이면 4번 과정에서 지정한 점은 시작점으로 고정되고, 앞으로
생성될 직선이 마우스 커서를 따라다니는 것을 확인할 수 있습니다.
원하는 지점을 클릭해 직선의 끝점을 지정합니다.

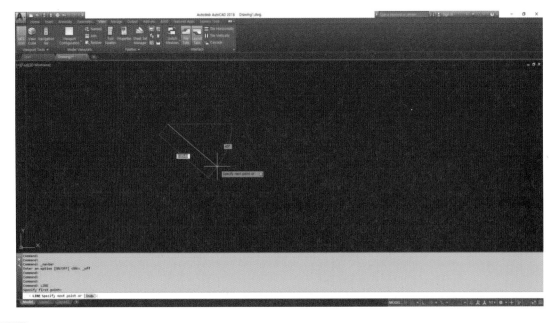

TIP 직선명령 프로세스
line > 스페이스바(작업시작) > 시작 점 지정 > 끝 점 지정 > 스페이스바(작업종료)

05 직선도구는 작업자가 명령을 종료하기 전까지 직선을 연속해서 만들 수 있습니다.
아래 사진처럼 직선을 계속해서 이어보도록 합니다.

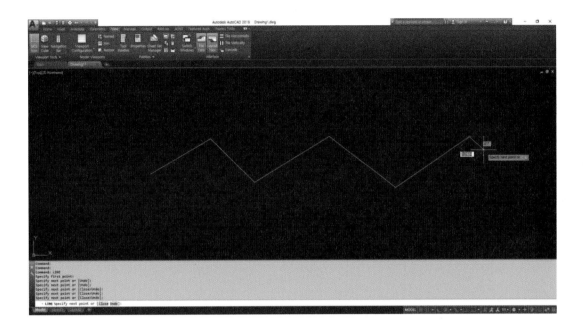

06 직선을 모두 그린 후 직선 도구를 종료하기 위해 스페이스바를 눌러 명령을 종료합니다.

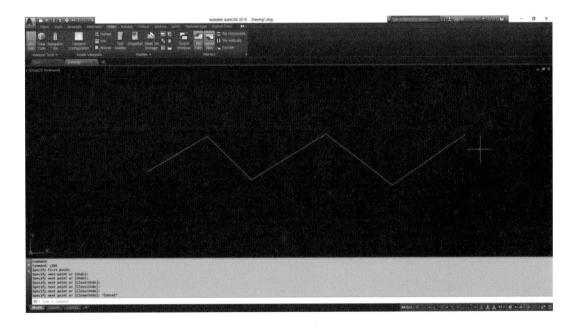

> **TIP** 직선명령 프로세스
> line > 스페이스바(작업시작) > 시작 점 지정 > 끝 점 지정 > 스페이스바(작업종료)

2 원 그리기

01 다음은 원을 그려보도록 하겠습니다.
명령창에 'circle' 혹은 'c'를 입력하고, 스페이스바를 눌러 명령을 실행합니다.

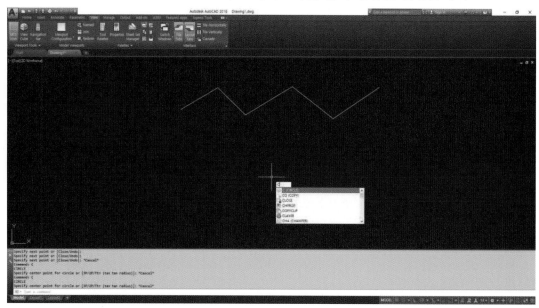

02 명령이 실행되면 임의의 지점을 클릭해 원의 중심점으로 지정합니다.

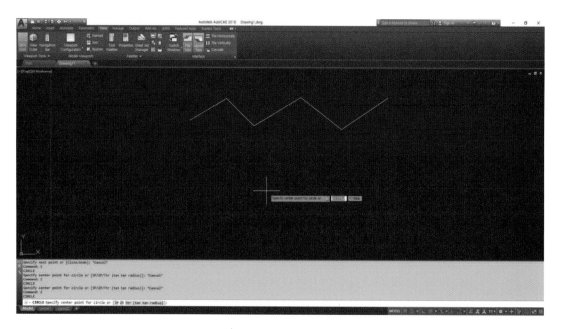

TIP 원(circle) 명령 프로세스
Circle >> 중심점 지정 > 반지름 또는 직경을 입력(명령자동종료)
(>> : 스페이스바를 의미합니다.)

03 원의 중심점이 지정되면 반지름을 입력하거나, 원하는 지점을 클릭해 원을 생성할
수 있습니다.

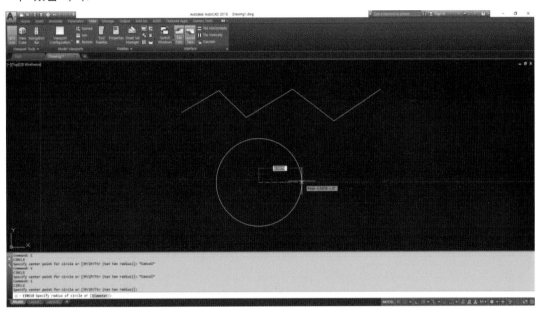

04 원하는 임의의 지점을 클릭해 원을 생성합니다.
(반지름 혹은 직경 값을 입력하는 과정은 다음 과정에서 배워보도록 하겠습니다.)

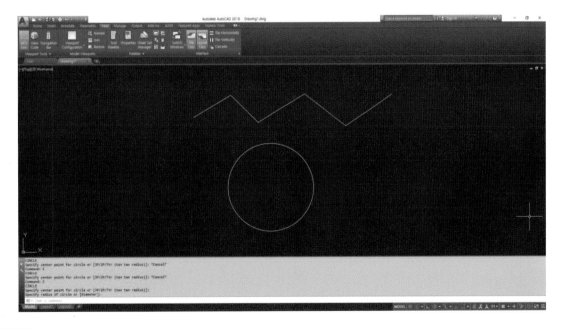

TIP 원(circle) 명령 프로세스
Circle >> 중심점 지정 > 반지름 또는 직경을 입력(명령자동종료)
(>> : 스페이스바를 의미합니다.)

3 사각형 그리기

<u>**01**</u> 'rectangle' 혹은 'rec'를 입력한 후 스페이스 바를 눌러 명령을 실행합니다.

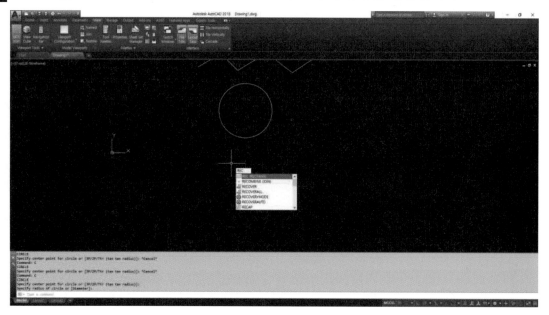

<u>**02**</u> 임의의 지점을 클릭해 사각형의 첫 꼭지점으로 지정합니다.

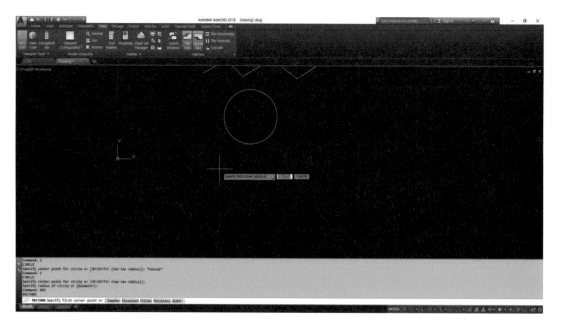

> **TIP** 사각형(rectangle) 명령 프로세스
> Rectangle >> 꼭지점 지정 > 반대쪽 꼭지점 지정 (명령자동종료)
> (>> : 스페이스바를 의미합니다.)

03 이후 마우스 커서를 조정하면 첫 꼭지점이 고정된 상태로 생성될 사각형이 커서를 따라다니는 것을 확인할 수 있습니다.

04 반대편 꼭지점을 클릭을 통해 지정해 사각형을 생성합니다.

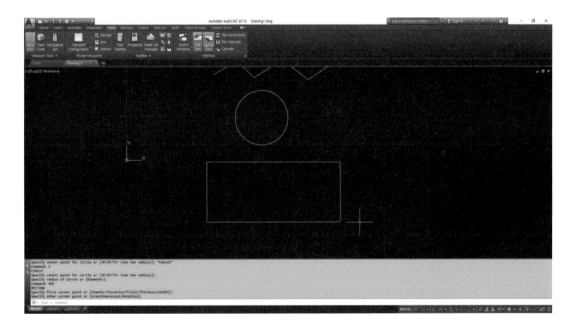

TIP 사각형(rectangle) 명령 프로세스
Rectangle >> 꼭지점 지정 > 반대쪽 꼭지점 지정 (명령자동종료)
(>> : 스페이스바를 의미합니다.)

3.2 | SPACE BAR & ENTER
시작하기

앞선 2차원 객체 그리기를 통해 캐드에서의 명령(컴퓨터와의 대화)에서 '입력=SPACE BAR'라는 것을 알 수 있었습니다.

즉, 캐드에서 스페이스바는 명령을 실행하고 종료하는 기능을 가집니다.

이때, 엔터(ENTER)는 스페이스바(SPACE BAR)와 동일한 기능을 합니다.
따라서 엔터키를 통해서도 명령을 실행하고 종료할 수 있습니다.

1 ENTER 키 사용해보기

01 앞서 진행한 작업을 이번에는 ENTER키를 이용해 명령을 실행하고 종료해보도록 하겠습니다.

'line' 혹은 'l'을 입력하고 엔터키를 통해 명령을 실행하여 원하는 직선을 그리고 다시 엔터키를 통해 명령을 종료합니다.

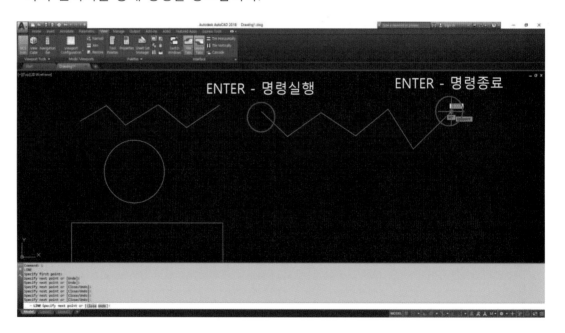

TIP ENTER ? SPACE BAR ?
캐드에 숙련된 작업자들은 모두 SPACE BAR를 사용해 명령을 실행하고 종료합니다.
그만큼 ENTER를 이용하는 것 보다 더 빠른 입력이 가능하기 때문입니다.

02 앞서 그린 원을 엔터키를 통해 명령실행/명령종료 해봅니다.

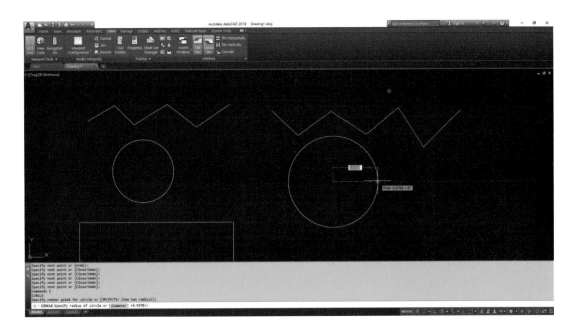

03 마찬가지로 앞서 그린 사각형을 엔터키를 통해 명령실행/명령종료 해봅니다.
- 원과 사각형은 직선과 다르게 생성되면 자동으로 명령이 종료됩니다.

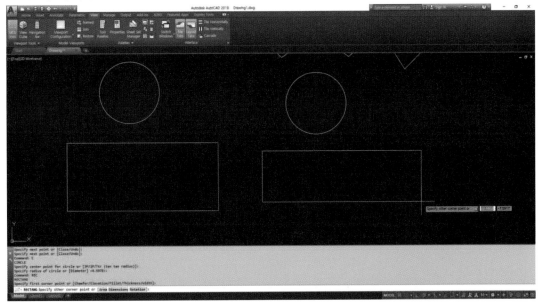

TIP 명령 자동 종료 VS 수동 종료
2차원 객체를 그릴 때 명령이 자동 종료되는 경우는 그리는 객체의 마지막 명령이후에 더 진행이 가능한 지 여부에 따라 결정됩니다.
예를 들어 직선은 계속해서 연장할 수 있지만, 원은 닫힌 곡선이기 때문에 더 이상 연장이 안되기 때문에 명령이 자동 종료됩니다.

3.3 | 명령 반복과 명령 취소(Undo, Redo)
시작하기

01 직전에 실행한 명령은 다시 명령어를 입력할 필요 없이 SPACE BAR를 통해 다시
반복 실행할 수 있습니다.
먼저, 'circle' 또는 'c'를 입력해 원을 그립니다.

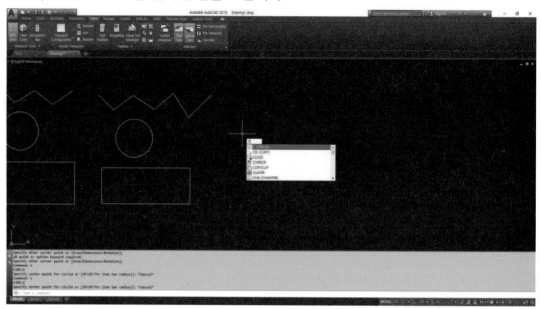

02 이후 아무런 명령을 입력하지 않은 상태에서 SPACE BAR를 누르면 원 명령(직전명령)이
다시 실행되는 것을 알 수 있습니다.

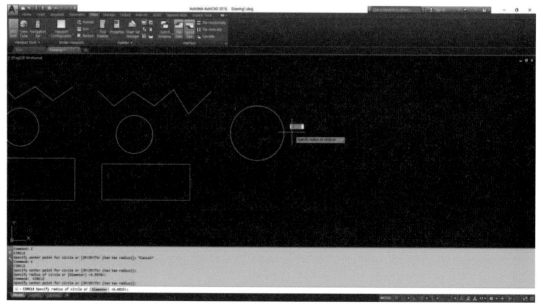

03 계속해서 명령을 반복하며 원을 그려봅니다.

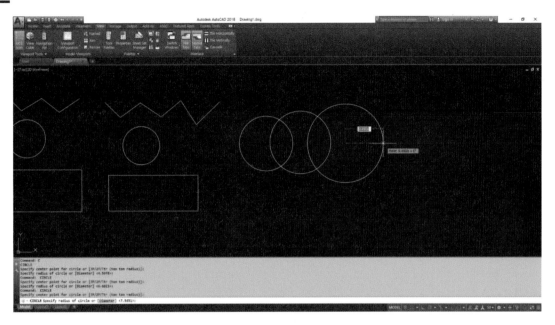

04 다음은, 이미 실행된 명령을 취소하여 직전 상태로 돌아가는 방법을 배워보도록 합니다.
'undo'를 입력해 명령을 실행합니다.

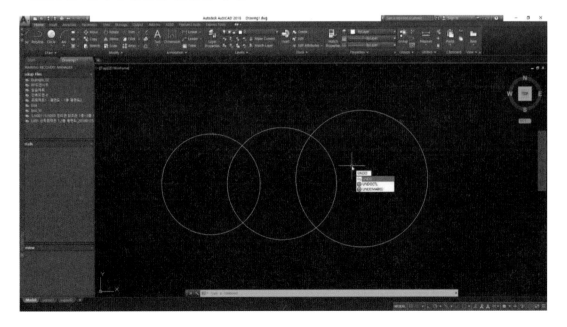

TIP UNDO vs Ctrl + z
'Undo' 명령과 흔히 아는 'Ctrl + z'는 같은 기능입니다.
다만, Undo 명령은 Ctrl + z를 몇 번 반복할 지 입력이 가능합니다.

05 계속해서 명령을 반복하며 원을 그려봅니다.

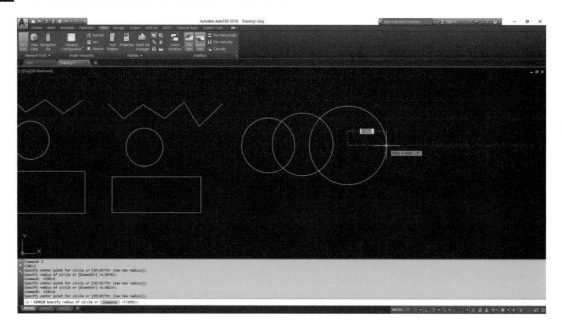

06 다음은, 이미 실행된 명령을 취소하여 직전 상태로 돌아가는 방법을 배워보도록 합니다. 'undo'를 입력해 명령을 실행합니다.

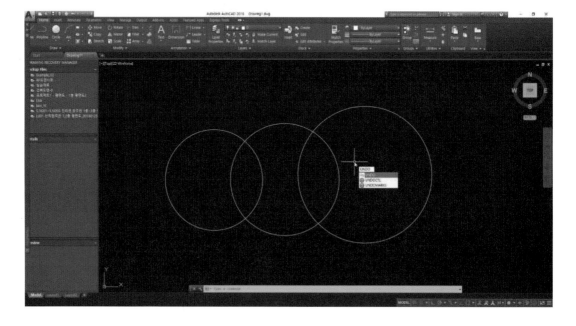

TIP UNDO vs Ctrl + z
'Undo' 명령과 흔히 아는 'Ctrl + z'는 같은 기능입니다.
다만, Undo 명령은 Ctrl + z를 몇 번 반복할 지 입력이 가능합니다.

07 이미 실행한 명령을 몇 회 전까지 취소할 것인지 묻는 창이 생성되면, '1'을 입력하고
스페이스바를 누릅니다.

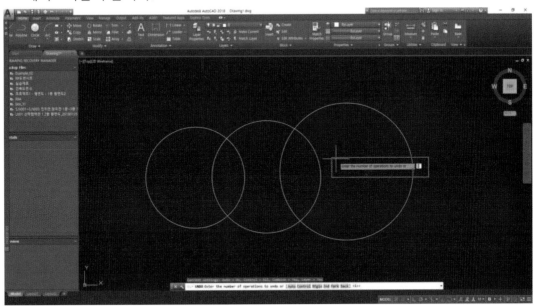

08 직전에 실행한 원 생성 명령이 취소되며 원이 사라지는 것을 알 수 있습니다.
이때, 만약 원이 사라지지 않고 화면만 조정되었다면 아래 TIP을 읽어보도록 합니다.

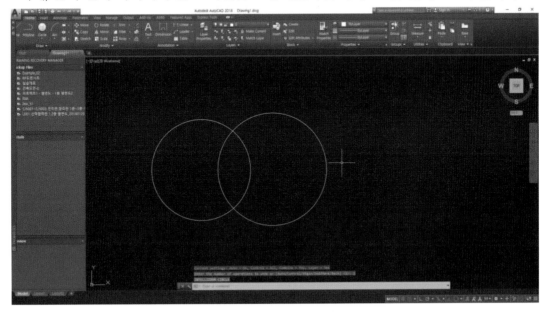

> **TIP** UNDO를 해도 원이 사라지지 않은 경우
> 'Undo' 명령 (Ctrl+z도 동일)은 말 그대로 직전에 진행한 명령을 취소하는 것입니다.
> 이때, 원을 생성한 후 화면을 조정했다면 그 또한 명령으로 입력이 됩니다.
> 따라서, 화면 조정만 조정 되었다면 최근 명령이 화면 조정인 것입니다.

09 다음은, 취소한 명령을 다시 복구하는 기능입니다.
명령어는 'Redo'입니다.

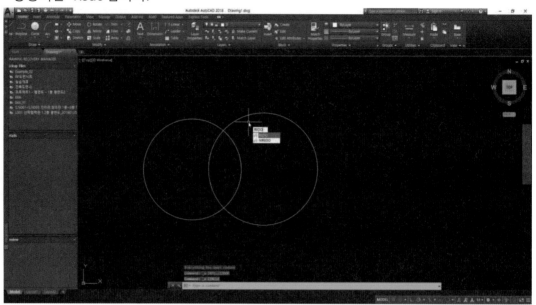

10 'Redo'명령을 입력해 'undo'를 통해 취소한 명령을 다시 복구합니다.

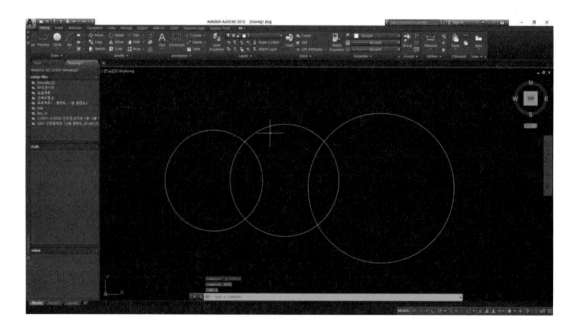

TIP UNDO를 해도 원이 사라지지 않은 경우
'Undo' 명령 (Ctrl+z도 동일)은 말 그대로 직전에 진행한 명령을 취소하는 것입니다.
이때, 원을 생성한 후 화면을 조정했다면 그 또한 명령으로 입력이 됩니다.
따라서, 화면 조정만 조정 되었다면 최근 명령이 화면 조정인 것입니다.

3.4 객체 선택 방식과 객체 지우기
시작하기

■ PREVIEW

이번 Chapter에서는 캐드에서 객체를 선택하는 두 가지 방식과 객체를 지우는 방법 그리고 더 나아가 화면을 이동하고 조정하는 방법에 대해서 배워보도록 합니다.

00 AUTOCAD에 국한되지 않고 여타 모든 CAD에서의 공통점 중 하나는 객체 선택 방식에 있습니다.

객체 선택 방식은 크게 총 두가지입니다.

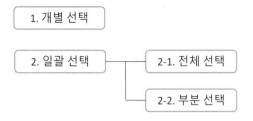

1. 개별 선택

2. 일괄 선택 ┬ 2-1. 전체 선택

└ 2-2. 부분 선택

1. 개별선택
: 선택하고자 하는 객체를 하나씩 클릭해 선택하는 방식입니다.

2. 일괄선택
: 선택하고자 하는 객체들을 한번의 드래그를 통해 일괄적으로 선택하는 방식입니다.
 - 일괄선택은 또 두가지로 나뉘는데, 그에 대한 설명은 뒤의 따라하기 과정을 통해 이해해보도록 하겠습니다.

■ NOTE

1 화면 조정하기

01 객체 선택 방식을 알아보기 앞서, 화면을 조정해보도록 합니다.
화면 조정(줌인/줌아웃/시점이동)은 마우스 휠을 통해 조작이 가능합니다.

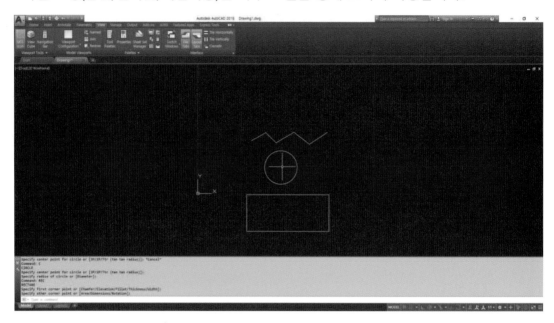

02 마우스 휠을 아래로 내리면 줌 인이 가능합니다.

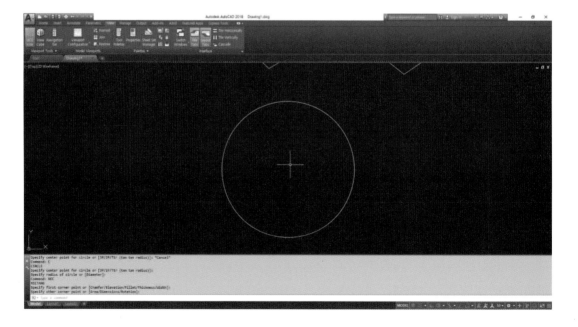

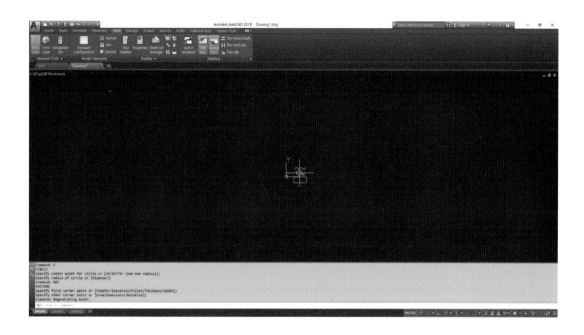

03 마우스 휠을 위로 올리면 줌 아웃이 가능합니다.

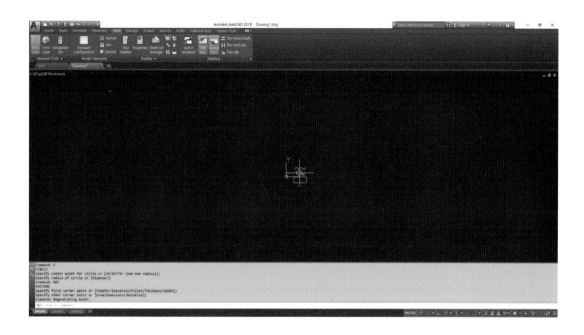

04 휠을 누른 상태에서 마우스를 조정하면 시점 이동이 가능합니다.
(시점 이동 모드에서는 커서가 손 모양으로 바뀌는 것을 확인하세요.)

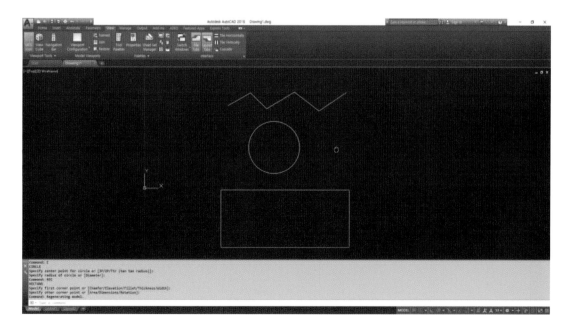

05 휠을 두 번 연속해 누르면 현재 도면 안에 존재하는 모든 객체가 한 뷰에 맞춰집니다.

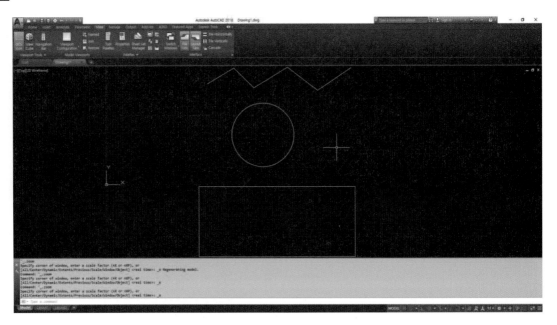

2 객체 지우기

01 명령창에 'erase' 혹은 'e'를 입력한 후 스페이스 바를 눌러 명령을 실행합니다.

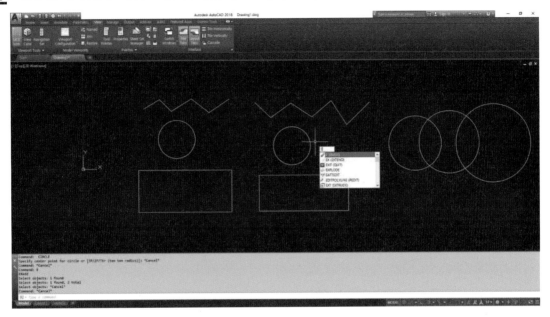

02 명령이 실행되면 지우고자 하는 개체를 클릭하여 선택합니다.
클릭 시 선택한 객체가 은선으로 변경되며, 마우스 커서 우측에 'x' 표시가 생성되는
것을 확인할 수 있습니다.

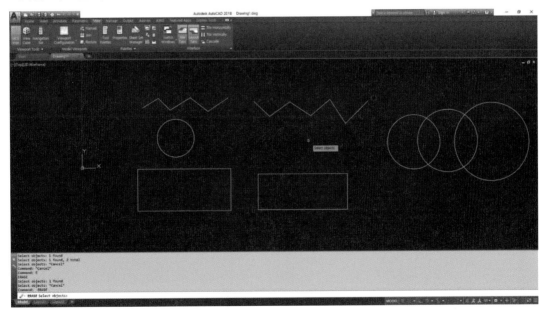

> **TIP** 객체 지우기(Erase) 프로세스
> Erase >> 삭제할 개체 선택 > space bar(명령종료)
> (>> : 스페이스바를 의미합니다.)

03 객체 지우기 역시 자동 명령 종료가 아니기때문에, 한번의 명령으로 삭제할 객체를 모두 선택한 후 일괄적으로 명령 종료를 통해 삭제할 수 있습니다.
삭제하고자 하는 개체를 모두 선택한 후 스페이스바를 눌러 명령을 종료 및 객체를 삭제합니다.

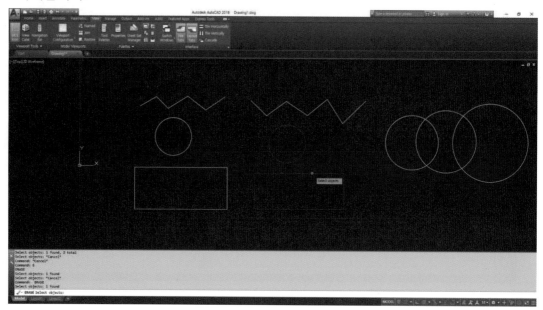

TIP 객체 지우기(Erase) 프로세스
Erase >> 삭제할 개체 선택 > space bar(명령종료)
(>> : 스페이스바를 의미합니다.)

3 객체 일괄 선택 (파란색 드래그/초록색 드래그)

01 객체를 일괄적으로 선택하는 방식은 두가지가 있습니다.
그 두 가지의 차이점을 알아보기 위해 먼저 'e' 혹은 'erase'를 입력해 지우기 기능을
실행합니다.

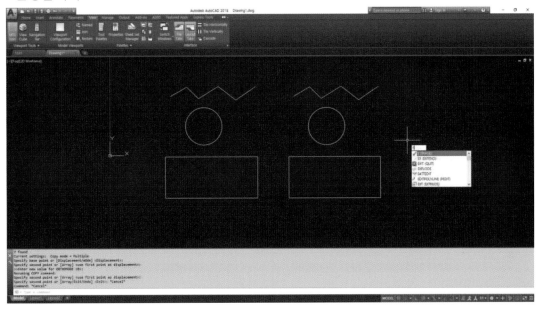

02 먼저, 부분 일괄 선택을 알아보겠습니다.
직사각형을 그리듯 원하는 지점을 선택한 후 우측 아래방향으로 마우스를 조정합니다.
이때, 마우스 커서를 따라 생성되는 사각형의 색상이 파란색인 경우, 해당 사각형 안에
완전히 속한 개체만 선택이 됩니다.

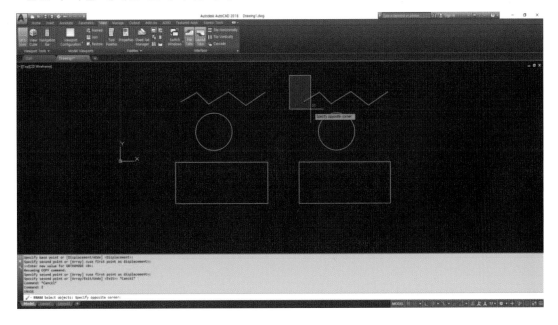

03 도면 안에 있는 객체를 드래그 안에 모두 포함시킵니다.

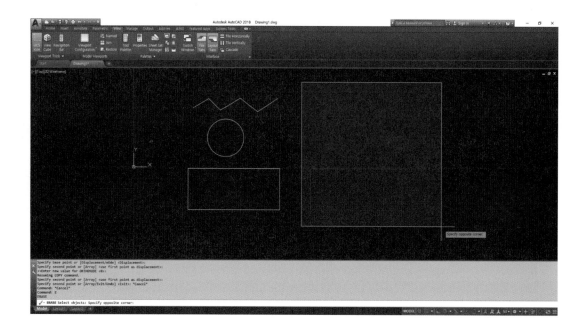

04 드래그 안에 있던 객체가 모두 선택되는 것을 확인합니다.

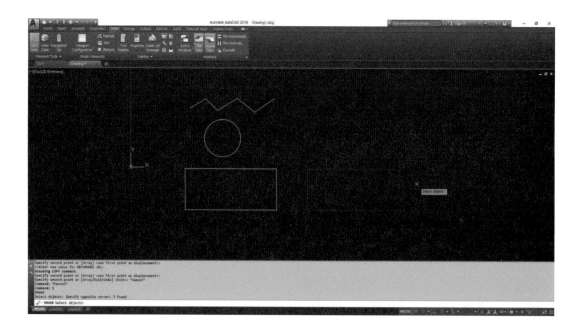

05 다음 방식을 알아보기 위해 다시 지우기 명령을 실행합니다.

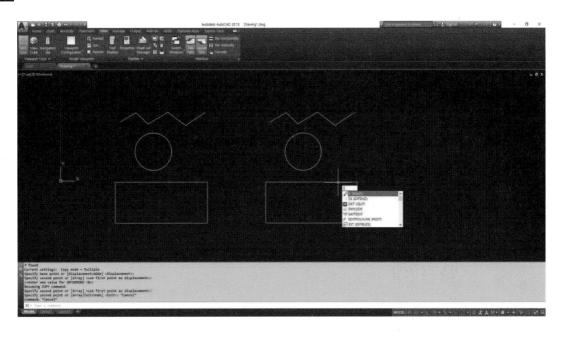

06 두번째 방식은, 전체 선택입니다.
직사각형을 그리듯 원하는 지점을 선택한 후 이번에는 좌측 위 방향으로 마우스를 조정합니다.
이때, 마우스 커서를 따라 생성되는 사각형 색상이 초록색인 경우,
해당 사각형 안에 걸친 개체도 모두 선택이 됩니다.

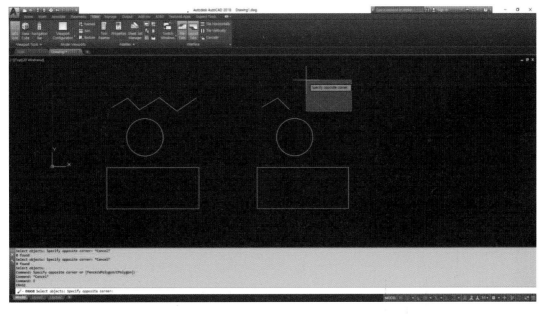

07 두 가지 방식을 비교해보며, 두 방식의 차이를 확실하게 이해하는 것이 중요합니다.

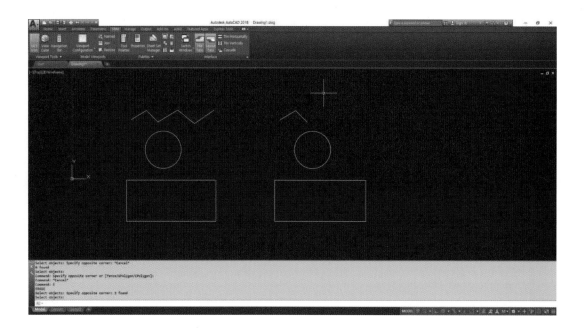

3.5 | Object Snap
시작하기

■ PREVIEW

이번 Chapter에서는 캐드에서 객체를 그리며 제도를 할 때 두 객체의 연결 관계 혹은 연결 위치를 정하는 방식에 대해서 학습합니다.

Object Snap ?
Object Snap(줄여서 OSNAP 이라고 합니다.)이란, 오토캐드에서 제도시에 지정해야 하는 여러 점을 원하는 개체위에 지정할 때 사용하는 기능입니다.
예를 들어, 미리 작성한 직선의 끝점 혹은 중심점을 원의 중심점으로 설정하고 싶을 때 이 OSNAP을 켜면 쉽고 정확하게 그릴 수 있습니다.

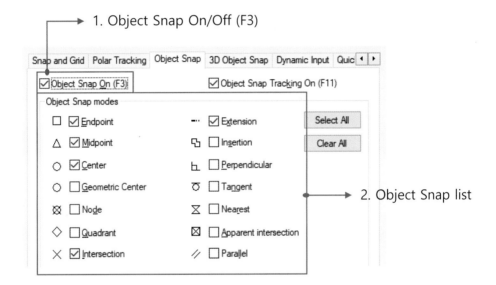

1. Object Snap On/Off (F3)

2. Object Snap list

1. Object Snap On/Off (F3)
: 오스냅 기능을 체크/체크해제를 통해 켜고 끌 수 있습니다.
(이는 F3키를 통해 끄고 켤 수 도 있습니다.)

2. Object Snap List
: 오스냅 기능을 켰을 때 원하는 모드만 체크해 사용할 수 있습니다.
 전부 체크하지 않고, 작업 시 해당 작업에서 필요한 모드만 체크합니다.
* 모드 이름 좌측의 아이콘은 해당 스냅이 활성화 됐을 때 마우스 커서에 표시됩니다.

> **TIP** 주로 사용하는 Osnap 모드
> - End Point : 객체의 끝점을 잡아주는 스냅
> - Mid Point : 객체의 중간점을 잡아주는 스냅
> - Center : 객체의 중심점을 잡아주는 스냅
> - Intersection : 두 객체의 교차점을 잡아주는 스냅
> - Extension : 객체의 연장선을 잡아주는 스냅

1 Osnap 사용하기

01 먼저, Osnap 을 사용하기 앞서 아래와 같이 임의의 여러 직선을 그립니다.
(정확한 치수는 중요하지 않습니다.)

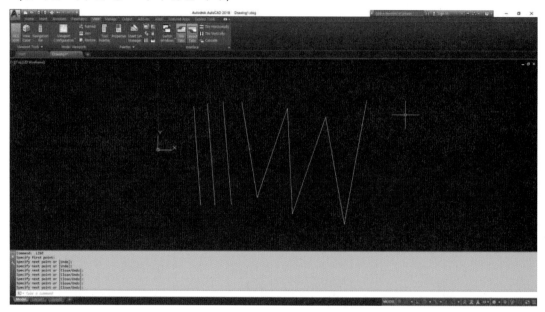

02 명령창에 'osnap'을 입력해 Object snap 설정창을 엽니다.
이후, 아래 그림처럼 모드를 체크합니다.

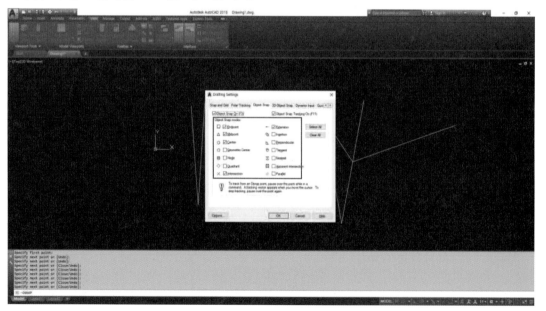

03 이후, 새로운 직선을 그리는데, 새로 그릴 직선의 끝점을 지정할 때 아래 그림처럼
앞서 그린 직선의 끝점 주변으로 마우스 커서를 조정해봅니다.

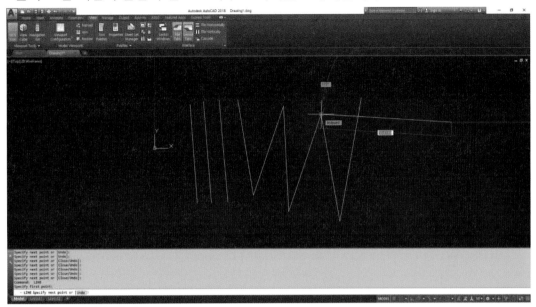

04 이때, 마우스 커서에 초록색 네모 표시가 생성되면 끝점(End point) 스냅모드가
활성화 되어 끝점에 맞춘다는 의미입니다.
초록색 네모 표식이 생성되어 있을 때 클릭을 하면 정확하게 끝점을 맞추지 않아도
정확하게 끝점에 붙게 됩니다.

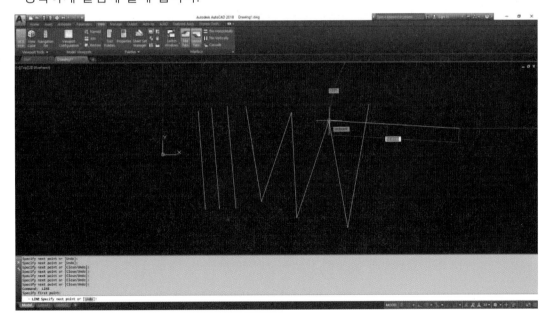

05 이번에는 새로 생성하는 직선의 끝점을 임의의 선 중간 지점 부근에 마우스를 조정해봅니다.

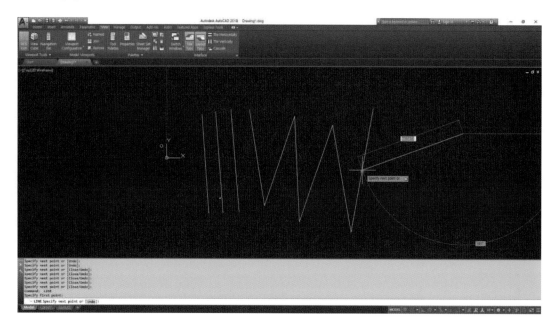

06 이때, 초록색 세모 표시가 생성되면 이는 중간점(Mid point)를 의미하며, 해당 객체의 중간점에 붙게 된다는 의미를 나타냅니다.

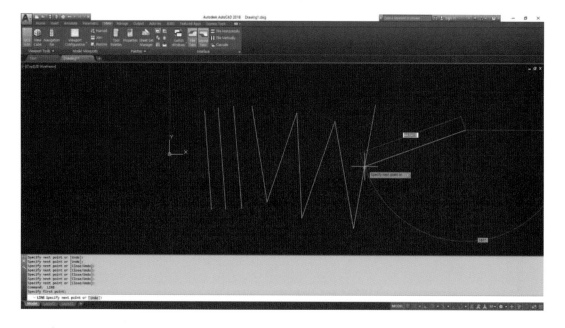

07 Osnap 설정 창에서 체크되어 있지 않은 모드는 활성화 되지 않으며, 체크 되어 있는
모드에 한해서만 활성화 됩니다.
여러 모드를 체크 및 체크 해제 해보며 Osnap 모드를 다양하게 사용해봅니다.

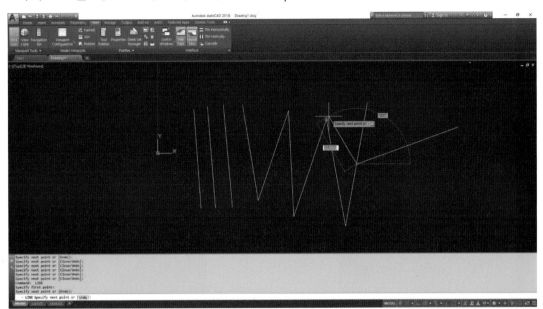

TIP Osnap 켜고 끄기 (On/Off) – F3 키

Osnap은 때로는 손쉬운 제도 작업을 하도록 도와주기도 하지만, 복잡하게 꼬인 객체에 제도하는 경우(대부분의 실무에서 사용하는 도면정도.) 가끔 원하지 않은 스냅에 점이 잡혀 다시 그리는 경우가 발생할 수 있습니다.

따라서, 보통 이 스냅기능을 자유자재로 켜고 끄며 원할 때만 사용하는 것이 좋습니다.

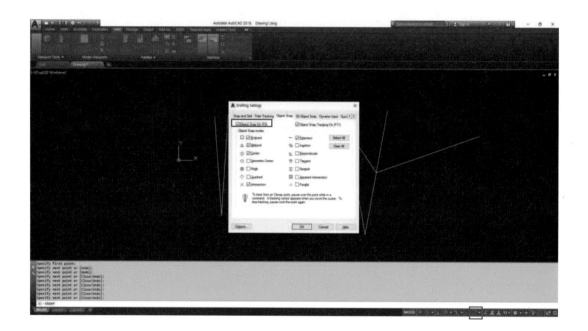

How to On/Off ?
1. Osnap 설정 창에서 On/Off 에 체크/체크해제
 : 체크의 경우 Osnap 이 켜집니다.

2. 우측 하단의 Osnap On/Off 클릭
 : 파란색으로 활성화 되어있는 경우 Osnap이 켜집니다.

3. F3 키 (★ ★ ★ ★ ★)
 : F3키를 누르면 Osnap이 켜지고 꺼집니다.
(F3 = Osnap On/Off 는 지금부터 외우도록 합니다.)

2 직교모드(Ortho Mode) 사용하기

01 직교모드란, 개체를 그릴 때 마우스 커서의 움직임을 수직/수평으로 고정시킬 때 사용하는 모드입니다.
Object Snap과 더불어 작업 시 켜고 끄며 작업을 진행합니다.

- 직교모드 On/Off
우측 하단의 표시된 곳을 클릭하거나, 키보드의 'F8'키를 누릅니다.
(우측 하단의 표시된 곳이 파란색이면 직교모드가 활성화 된 것입니다.)

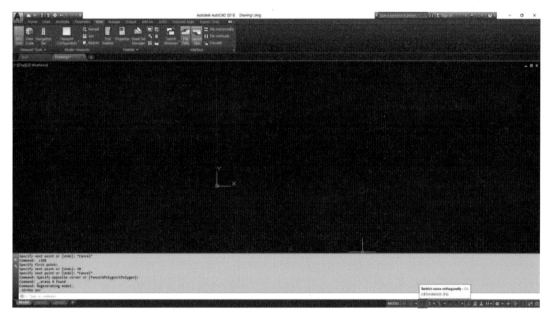

02 이후 Line 명령을 실행해보면, 마우스 커서의 움직임이 수직과 수평에만 한정되는 것을 알 수 있습니다.

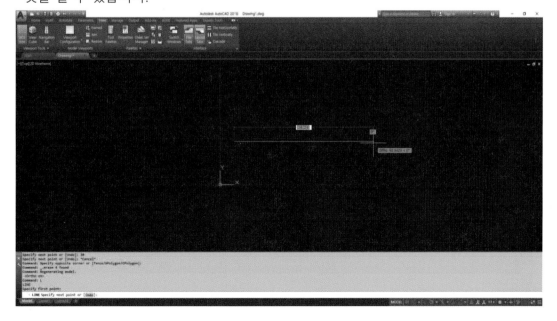

3 원하는 길이의 직선 그리기

01 직교모드가 켜진 상태에서 line 명령을 실행하고, 임의의 지점을 시작점으로 지정 합니다.

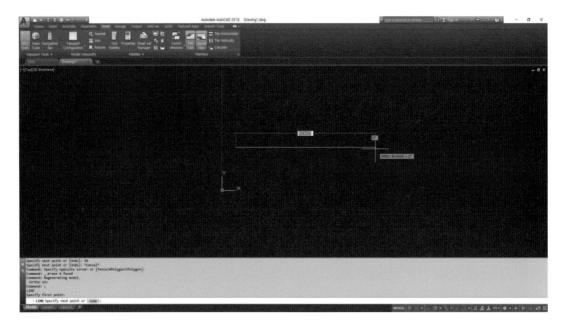

02 이후 수평방향으로 마우스 커서를 조정한 후 원하는 치수(선분의 길이)를 입력합니다.
- 교재에서는 길이가 '10'인 직선을 그립니다.

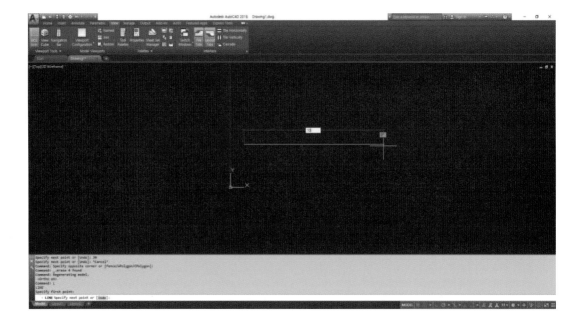

03 수직 아래 방향으로 마우스 커서를 조정하고 '20'을 입력해 아래로 길이가 20인 직선을 그립니다.

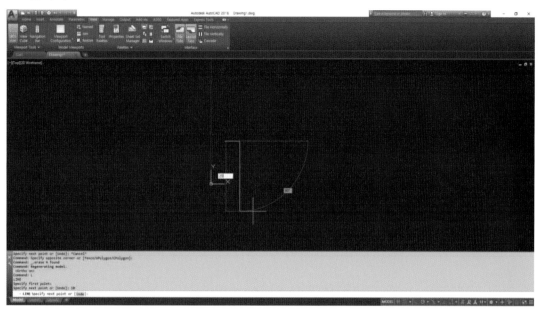

04 이번에는 좌측 수평방향으로 길이가 50인 직선을 그려봅니다.

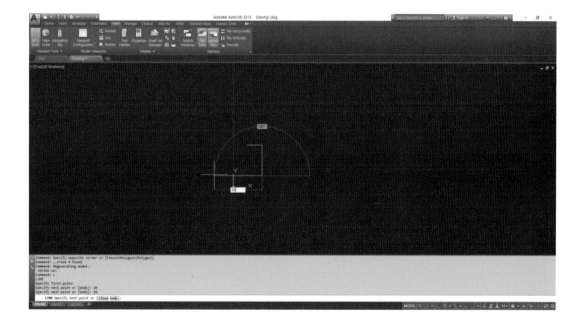

05 수직 위 방향으로 길이가 100인 직선을 그려봅니다.

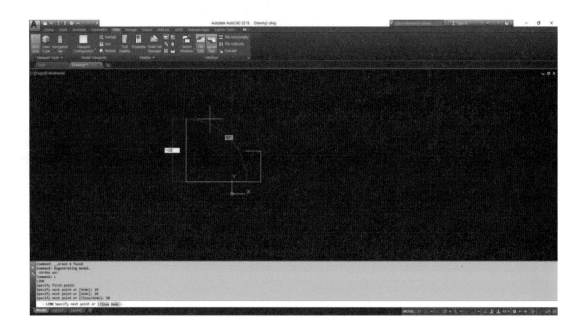

06 우측 수평방향으로 길이가 40인 직선을 그려봅니다.

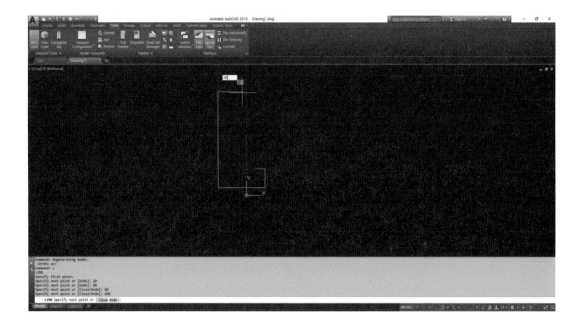

07 수직 아래 방향으로 길이가 80인 직선을 그려봅니다.

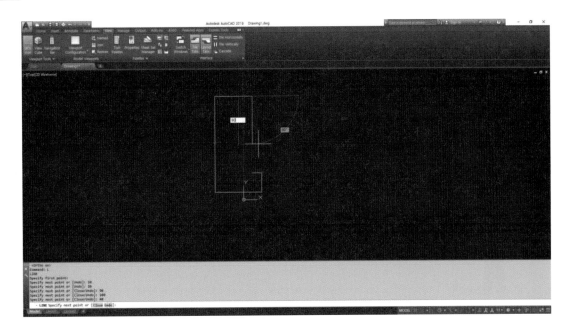

08 직선도구를 종료합니다.

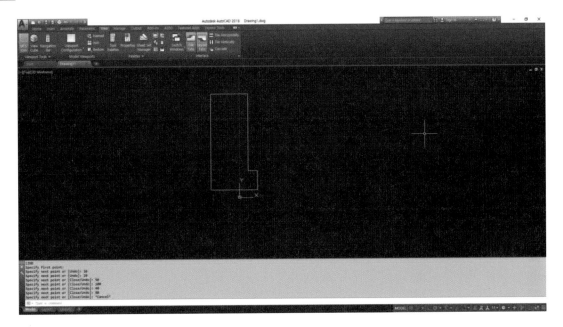

TIP 직교 모드와 Osnap
항상 직교 모드와 오스냅은 'F8' 과 'F3'으로 켜고 끄며 작업을 진행하는 것을 기억합니다.

3.6 | AUTOCAD 명령 프로세스
시작하기

1 Autocad와의 대화법 (Process)

지금까지의 작업을 통해 CAD와의 대화는 **'명령입력 > 개체 선택 > 명령종료'**의 과정을 따른다는 것을 알 수 있습니다.
이때, 물론 일부 기능에서는 '개체선택>명령입력'의 과정(역과정)으로도 사용할 수 있지만, 가장 정확한 프로세스는 명령을 먼저 입력한 후 해당 명령을 따를 개체를 선택하는 방식입니다.
따라서, 이 프로세스를 항상 머리에 새기며 작업을 진행하도록 합니다.

- - -► : 잘못된 프로세스   ──► : 정확한 프로세스

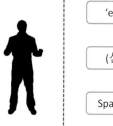
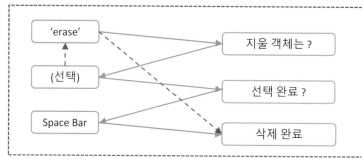

2 History = 채팅창

위의 하늘색 실선으로 표시되어 있는 프로세스는 Autocad와 작업자 간의 대화입니다.
이는 Autocad의 명령창과 History창에서 확인이 가능합니다.
즉, 작업자는 CAD와 명령창을 통해 대화를 진행하며 작업을 이어갑니다.

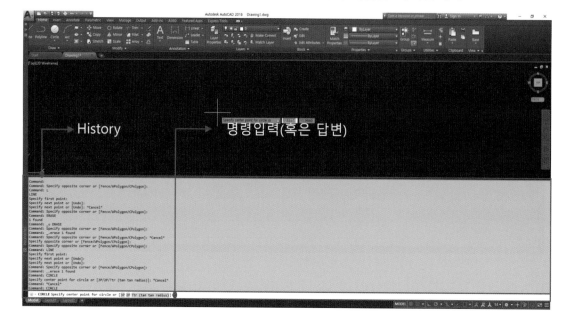

3 History 열어보기

```
Command:  CIRCLE
Specify center point for circle or [3P/2P/Ttr (tan tan radius)]: 0,0
Specify radius of circle or [Diameter]: 30
```
```
>_ ▼ Type a command
```

(1) Command : **Circle**
= 작업자가 **Circle** 명령을 실행했습니다.

(2) Specify center point for circle of [3P/2P/Ttr (tan tan radius)] : **0,0**
=
CAD : 원의 중심점을 선택해주세요.
작업자 : **(0,0)**

(3) Specify radius of circle or [Diameter] : **30**
=
CAD : 원의 반지름[또는 직경]을 입력해주세요.
작업자 : **30**

여기서 [ ] 안에 적힌 것은 현재 입력하는 치수 혹은 좌표에 대한 지정 값 중 변경 가능한 지정 값입니다.

예를 들어 (3)을 보면 기본적으로 반지름을 입력하는 기능이나, 작업자가 반지름을 입력하지 않고 'D'를 입력하면 직경 입력 모드로 변경됩니다.

```
CIRCLE
Specify center point for circle or [3P/2P/Ttr (tan tan radius)]:
Specify radius of circle or [Diameter] <30.0000>: d
Specify diameter of circle <60.0000>: 60
```
```
>_ ▼ Type a command
```

▲ D를 입력하자 직경(Diameter) 입력 모드로 변경된 것을 확인할 수 있습니다.
(이에 대한 내용은 추후 파트에서 더 자세히 다룹니다.)

여기서 중요한 것은 캐드가 무엇을 요구하는 지를 History 혹은 명령창을 통해 항상 확인해야 한다는 것입니다.

TIP
정리하기 | AUTOCAD의 Function(F1~F12) 정리

1 Function (F1~F12)

오토 캐드에서의 기능키(Function)와 이에 대한 기능은 아래와 같습니다.

Key	Function	About
F1	도움말	오토 캐드에 대한 각종 기능 및 명령 사용방법을 도움말 검색을 통해 찾아볼 수 있습니다.
F2	확장된 명령 내역	오토 캐드 내에서 사용한 명령들을 확인할 수 있습니다.
F3	객체스냅(Osanp)	Osnap 기능을 끄고 켤 수 있습니다.(On/Off) * 객체 스냅 : 객체 선택 지점 표시 기능
F4	3D 객체 스냅	3D 제도 용 추가 객체 스냅을 끄고 켤 수 있습니다.(On/Off)
F5	등각평면	2D에서 입체 도형을 제도 시 등각 평면을 작성할 수 있습니다.
F6	동적 User Coordinate System	3D 제도 시 동적으로 사용자 좌표계를 편리하게 사용할 수 있습니다.
F7	그리드(Grid)	오토 캐드 작업 공간 내 배경 그리드를 끄고 켤 수 있는 기능입니다.(On/Off)
F8	직교모드(Ortho mode)	제도 작업을 수직 수평 축에 고정시키는 기능입니다.
F9	그리드 스냅	커서의 움직임을 캐드 내 배경 그리드 간격으로 제한하는 기능입니다.
F10	극좌표 추적	수직 수평축에만 고정되는 직교 모드와 달리 각도를 자유롭게 설정해 원하는 축에 고정할 수 있는 기능입니다.
F11	객체 스냅 추적	객체 간에 관계가 있는 지점을 표시해주는 기능입니다. (예:두 직선의 무한연장선 상 교차 점)
F12	동적 입력 모드	작업 중인 객체의 정보를 즉각적으로 알려주는 기능입니다.

PART

: AUTOCAD
좌표시스템

좌표시스템은 AUTOCAD 뿐 아니라 여러 CAD에서 공통적으로 사용되는 중요한 개념입니다. 2D 및 3D 캐드에서의 모든 객체는 해당 객체만의 좌표를 가지고 있고 이는 좌표 시스템 안에서 정의됩니다.

INDEX

04 AUTOCAD 좌표계

4.1 좌표 시스템
시작하기

■ PREVIEW

이번 Chapter에서는 CAD System 에서의 좌표 시스템에 대해서 학습합니다.

- **좌표 시스템 (World Coordinate & Local Coordinate)**

- World Coordinate (XYZ축)
모델링 작업 시 공간을 가지고 있는 각각의 2D 또는 3D 오브젝트들을 한 장면에 구성하기 위해 2D/3D 공간 내에 이들 모두의 위치를 지정해야 합니다.

이때, 그들의 위치는 원점(0,0,0)을 기반으로 각각의 위치가 좌표 시스템안에서 처리 됩니다.

이렇듯 공간 내의 모든 객체들을 포괄하는 좌표 시스템을 World Space 또는 World Coordinate System 이라고 합니다.

이 공간에서는 장면에 보여지는 모든 객체들을 하나의 좌표계로 변환해 각 객체들 간의 관계와 관련된 정보를 World Space 내에서 알 수 있게 됩니다.

- Local Coordinate (UVW축)
Local Coordinate 라는 것은 사용자가 편의에 의해 만드는 시스템입니다.
따라서 그 시스템 내의 개수나, 위치는 임의대로 정할 수 있습니다.

하나의 객체에 대해 변형을 꾀할 때 그 안에서의 원점을 잡고 작업을 하게 되고, 이 때 우리는 UV커브를 얻을 수 있습니다.

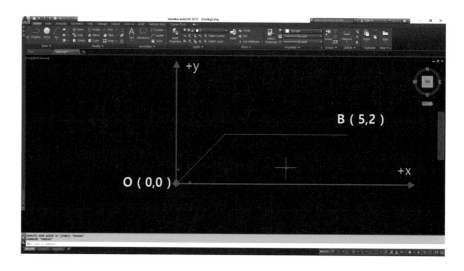

1 AUTOCAD 절대좌표

01 절대 좌표란, 직교 좌표계 내의 좌표점에 의한 좌표정보로, 어느 개체의 좌표에도 영향을 받지 않는 좌표입니다.
절대 좌표를 알아보기 위해 'line' 명령을 실행합니다.

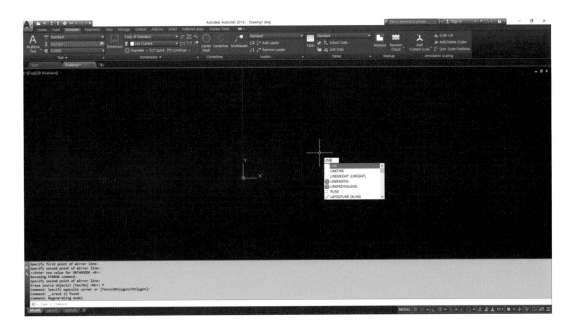

02 이후, 시작점을 지정할 때 명령창에 '0,0'을 입력한 후 스페이스 바를 누릅니다.
이는 원점인 (0,0)을 시작점으로 지정하는 과정입니다.

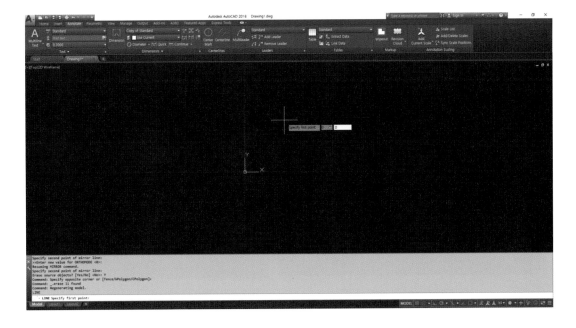

03 이후 'F12'키를 눌러 동적입력모드를 끕니다.

동적입력모드 (F12)
동적 입력 모드란, 현재 제도하고 있는 객체의 길이나, 다양한 명령을 마우스 우측에서 표시
해주는 모드입니다.

동적 모드 입력을 끄게 되면, 작업자는 철저히 명령창으로만 확인을 하고, 입력을 하게
됩니다.

작업자에 따라 평소 작업 시 동적 입력 모드 사용 여부는 다양하며, 현재 작업에서 동적 입력
모드를 끄는 이유는 현재 배우고 있는 좌표계에 대한 이해를 더욱 쉽게 하기 위함 입니다.

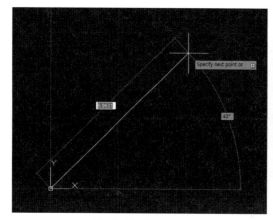

▲ 동적 입력 모드 On

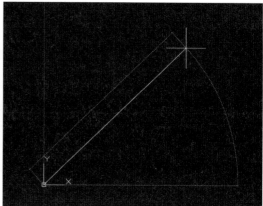

▲ 동적 입력 모드 Off

04 시작점은 '0,0'을 입력해 원점으로 지정합니다.

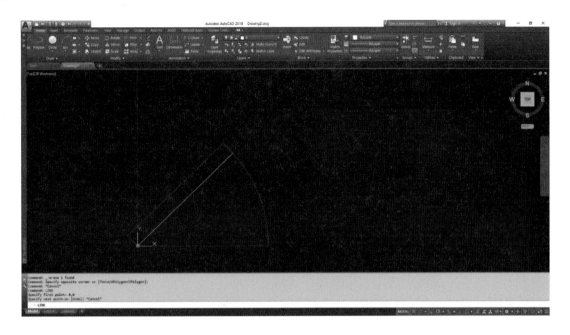

05 이후, 선의 끝점은 명령창에 '2,2'를 입력합니다.

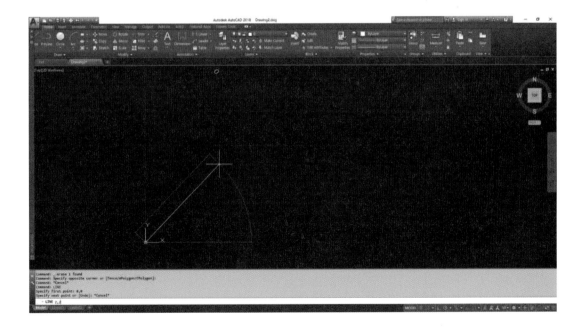

06 아래와 같이 (0,0)의 좌표점과 (2,2)의 좌표점을 잇는 직선이 생성되었습니다.
이처럼 절대적으로 좌표 시스템에 의해서 작동하는 것이 절대 좌표입니다.

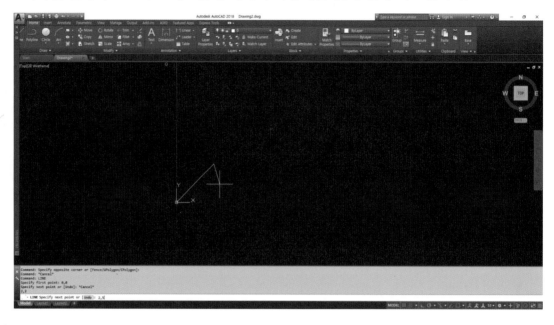

07 계속해서 그려보도록 하겠습니다.
다음 점은 (2,5)로 그 다음 점은 (5,10)을 입력합니다.

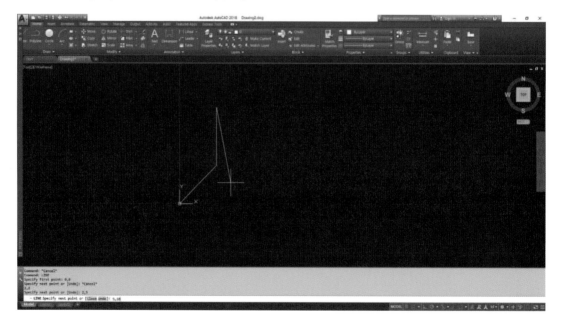

08 다음 점은 (5,0)을 입력합니다.

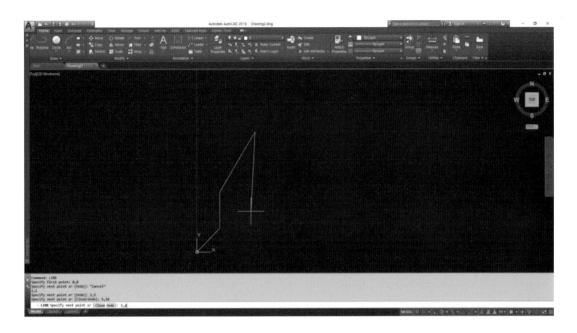

09 마지막으로 (0,0)을 입력해 다시 원점에 연결합니다.

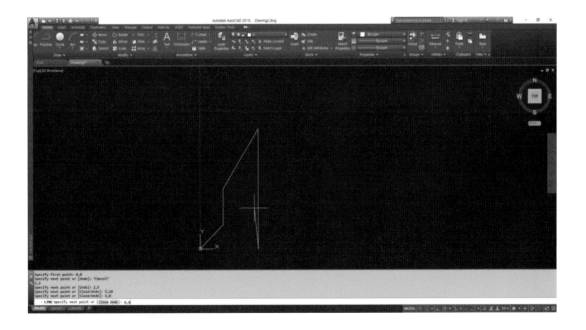

10 이후 'F12'키를 눌러 동적입력모드를 끕니다.
(동적 입력 모드에 대한 설명은 4장 끝에 위치한 TIP에서 확인합니다.)

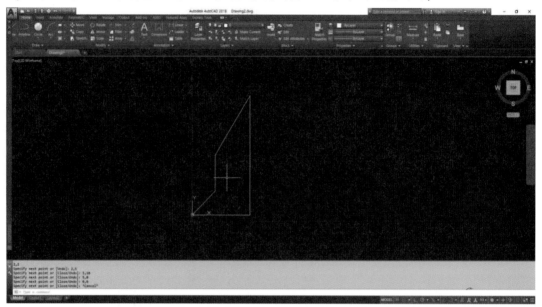

2 AUTOCAD 상대좌표

01 상대 좌표란, 절대좌표와는 다르게 다른 객체(현재 좌표점)에 의한 상대적인 좌표입니다. 상대 좌표를 알아보기 위해 'line' 명령을 실행합니다.

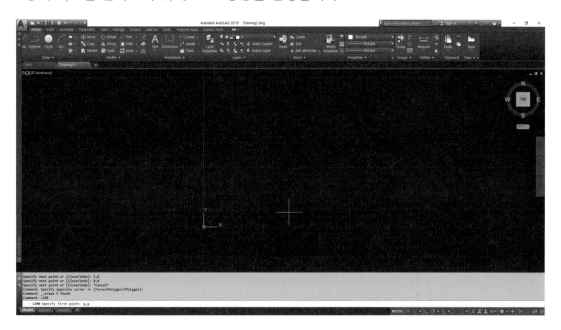

02 이후, 시작점을 지정할 때 명령창에 '0,0'을 입력한 후 스페이스 바를 누릅니다.

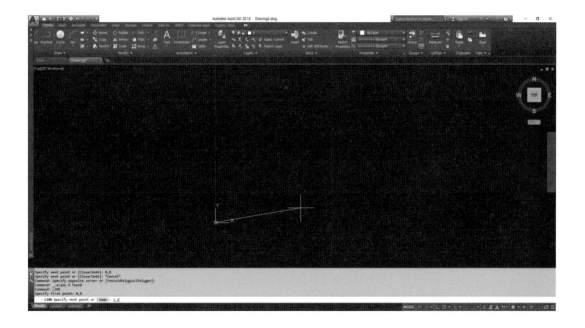

03 다음 점으로는 (2,2)를 입력합니다.
(여기까지는 절대 좌표를 사용한 직선 그리기 입니다.)

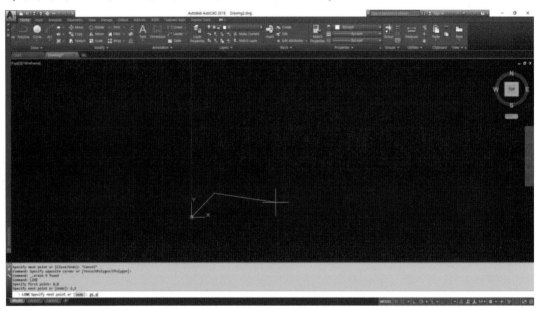

04 이후 명령창에 (@5,0)을 입력합니다.
좌표 값 앞에 '@'를 붙이면 이는 '증분'을 뜻합니다.
즉, 현재 좌표(2,2)를 기준으로 증분 좌표 값(상대좌표)를 입력하는 것입니다.

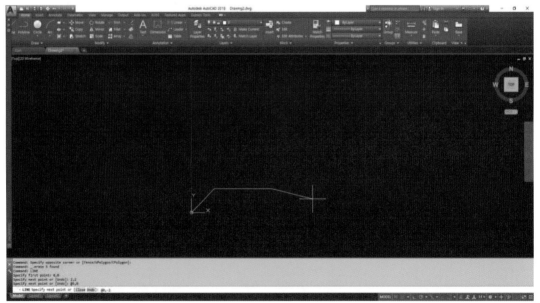

TIP 절대 좌표와 상대좌표
1. 절대 좌표 입력 방식
: (x좌표,y좌표)
2. 상대 좌표 입력 방식
: (@x증분,y증분)

05 다음 점으로는 (@0,-2)를 입력합니다.
증분 값을 입력하는 것이기 때문에 음수도 작용합니다.

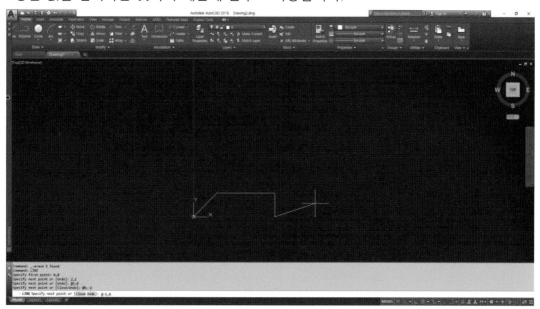

06 마지막으로 (@-7,0)을 입력해 원점으로 돌아갑니다.

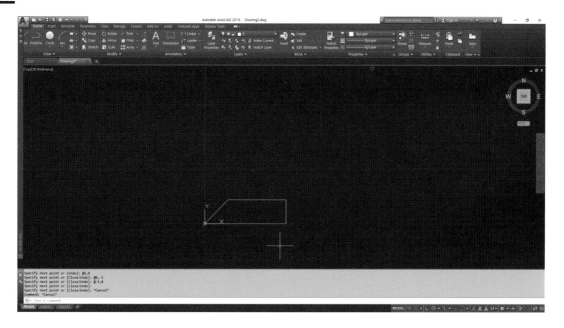

TIP 절대 좌표와 상대좌표
1. 절대 좌표 입력 방식
: (x좌표,y좌표)
2. 상대 좌표 입력 방식
: (@x증분,y증분)

3 AUTOCAD 극좌표

01 극좌표계란, 선의 길이와 각도 값을 통해 표현합니다. [Ex) (100,30˚)]
캐드에서는 이것을 '100<30'으로 입력합니다.

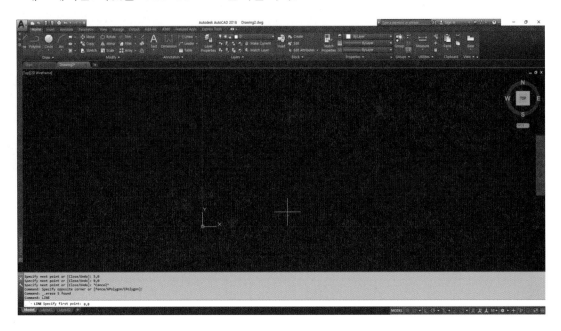

02 Line 명령을 실행합니다.

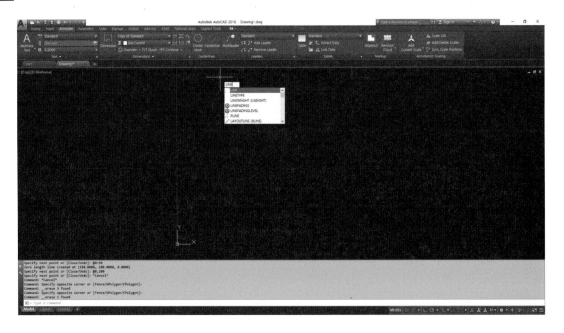

TIP 캐드에서 극좌표 입력 방식
: ('선의 길이'<'각도')

03 시작점은 원점(0,0)으로 입력해 지정합니다.

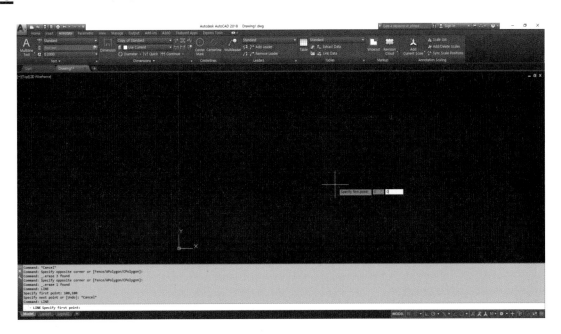

04 이후, 명령창에 '100<50'을 입력해 두번째 점은 극좌표를 활용한 점을 지정해보도록 합니다.

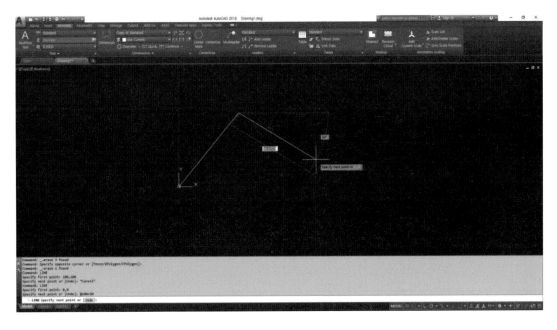

> **TIP** 캐드에서 극좌표 입력 방식
> : ('선의 길이'<'각도')

05 아래와 같이 길이가 100이고, x축으로부터 +50도 기울어진 선을 그었습니다.

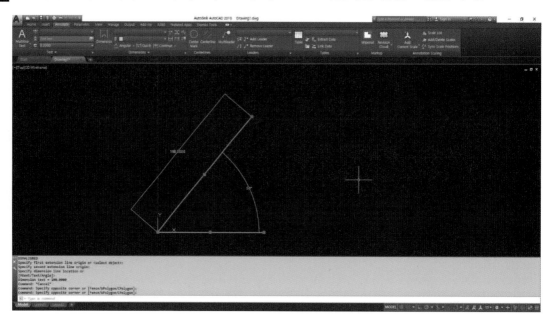

PART

5

: AUTOCAD
객체 편집 기능

그려 놓은 객체를 원하는 형태로 편집하는 대표적인 기능을 학습합니다.

INDEX

05 객체 편집 기능

5.1 | OFFSET(간격 띄우기)
알아보기

• OFFSET ?
: 오프셋(Offset)이란, 간격 띄우기 입니다.
선을 지정하고 해당 선과 일정한 간격을 가진 새로운 평행선을 생성하는 기능입니다.

1 직선을 오프셋 하기

01 새로운 도면을 시작하고, 길이 '150' 가량의 직선을 그립니다.
(정확한 방향과 치수는 중요하지 않습니다.)

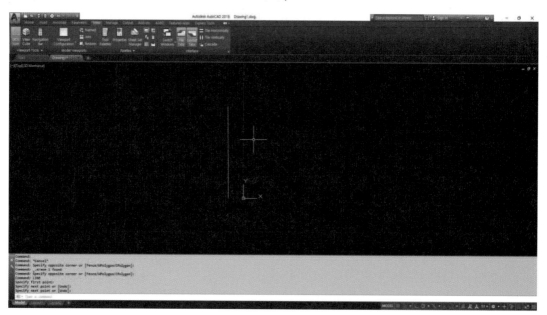

02 명령창에 'offset' 또는 'o'를 입력한 후 명령을 실행합니다.

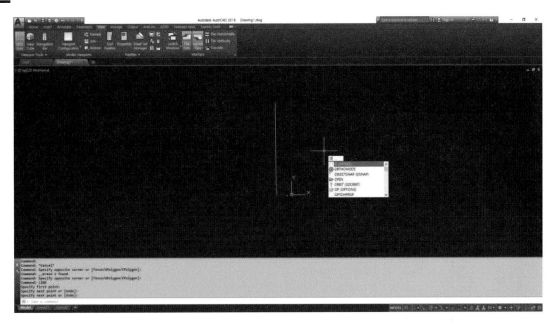

03 다음은 간격 띄우기를 할 거리를 입력하는 과정입니다.
띄울 거리(숫자)를 '20' 입력합니다.

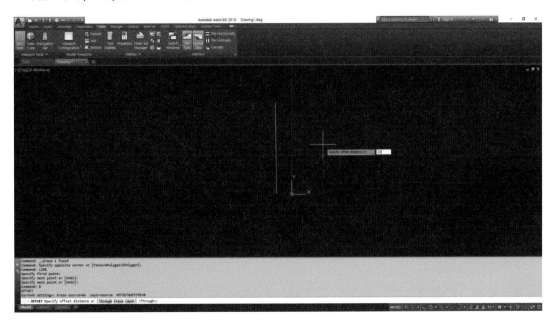

TIP 오프셋(Offset) 프로세스
Offset >> 띄울 거리(숫자) 입력 >> 객체 선택 > 띄울 방향 클릭 > 스페이스 바 또는
ESC (명령 종료)
(>> : 스페이스바를 의미합니다.)

04 간격을 띄울 객체로는 앞서 그려 놓은 직선을 선택합니다.

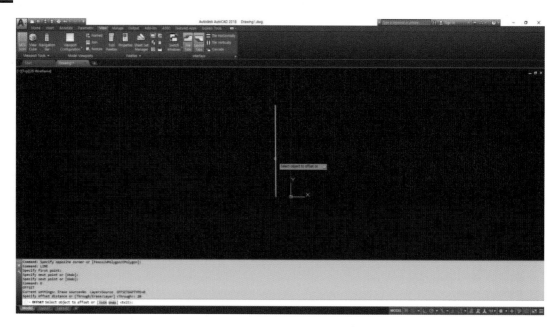

05 띄울 방향으로는 직선의 우측 부 임의의 지점을 클릭합니다.

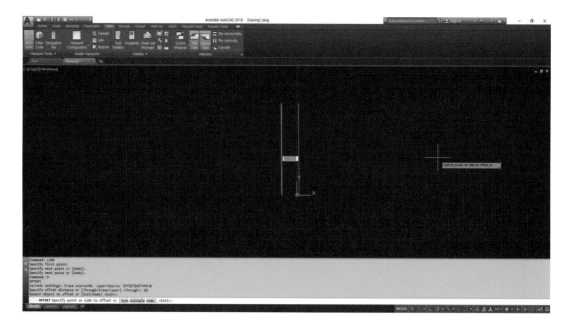

> **TIP** 오프셋(Offset) 프로세스
> Offset >> 띄울 거리(숫자) >> 객체 선택 > 띄울 방향 클릭 > 스페이스 바 또는 ESC
> (명령 종료)
> (>> : 스페이스바를 의미합니다.)

06 아래 그림과 같이 오프셋이 완료되면 스페이스 또는 ESC를 통해 명령을 종료합니다.
(오프셋 역시 자동 명령 종료가 아니기 때문에 작업을 마치면 명령을 종료해야 합니다.)

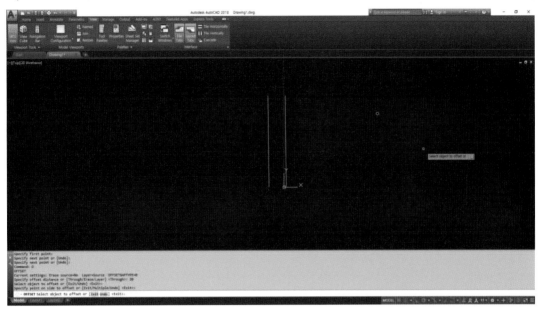

07 'Ctrl+z' 혹은 'undo' 명령을 통해 다시 처음 직선이 그려진 상태로 돌아갑니다.
명령창에 'offset' 또는 'o'를 입력한 후 명령을 실행합니다.
이번에는 '30'을 입력합니다.

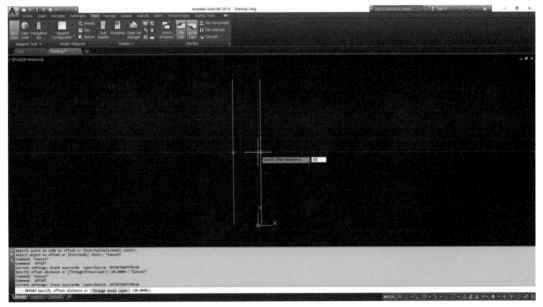

TIP 스페이스바와 ESC의 차이점 (명령종료)
스페이스 바 : 현재 명령의 다음 과정으로 넘기는 기능 (다음 과정이 명령 종료라면
명령 종료가 되는 원리)
ESC : 현재 어떤 명령이 진행되고 있는 지와 상관 없이 현재 진행 중인 명령을 완전히
종료하는 기능 (다음 과정과 상관 없이 명령이 종료되는 원리)

08 띄울 객체로는 그려 놓은 직선을 선택합니다.

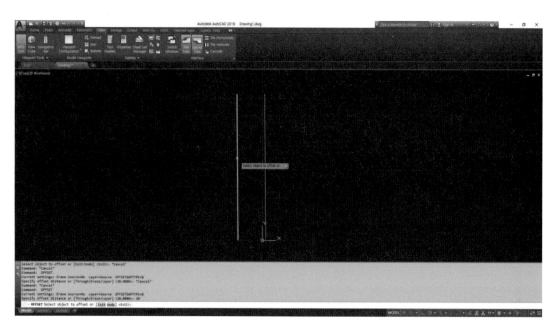

09 이번에는 좌측으로 간격 띄우기를 실행해 봅니다.
(명령을 종료하지 않고 계속해서 반복 작업을 진행해보도록 하겠습니다.)

TIP 오프셋(Offset) 반복작업
오프셋은 한번의 간격 띄우기 이후에도 계속해서 작업이 진행될 가능성이 있는
기능이기 때문에 자동 명령 종료가 아닙니다.
따라서, 같은 간격으로 여러 번 반복 작업이 가능합니다.

10 오프셋 명령을 종료하지 않고 계속해서 생성된 개체를 오프셋 해봅니다.
(띄울 객체와 방향은 반복 작업 중 변경이 가능하나, 이미 명령을 통해 고정된 간격
치수는 변경이 불가합니다.)

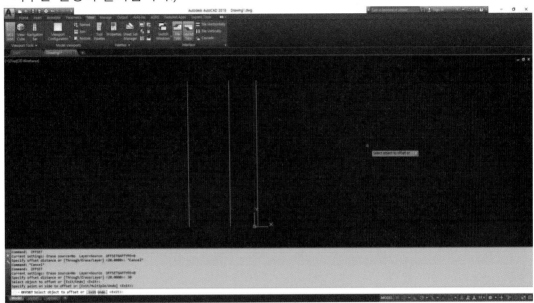

11 이처럼 오프셋 도구는 직선 도구와 마찬가지로 자동 명령 종료가 아니기 때문에
계속해서 반복 작업이 가능합니다.

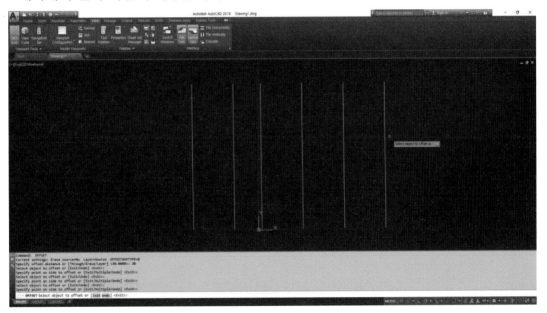

TIP 오프셋(Offset) 반복작업
오프셋은 한번의 간격 띄우기 이후에도 계속해서 작업이 진행될 가능성이 있는
기능이기 때문에 자동 명령 종료가 아닙니다.
따라서, 같은 간격으로 여러 번 반복 작업이 가능합니다.

2 원과 사각형을 오프셋 하기

01 이번에는 원을 그려보도록 합니다.
(정확한 치수는 중요하지 않습니다.)

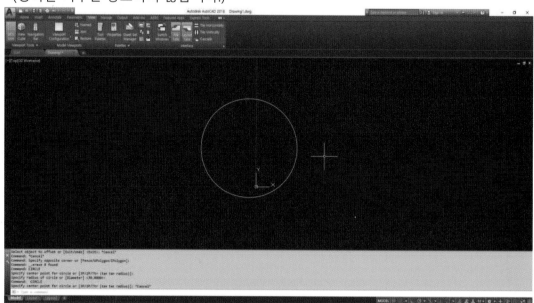

02 오프셋 명령을 통해 오프셋 기능을 실행합니다.

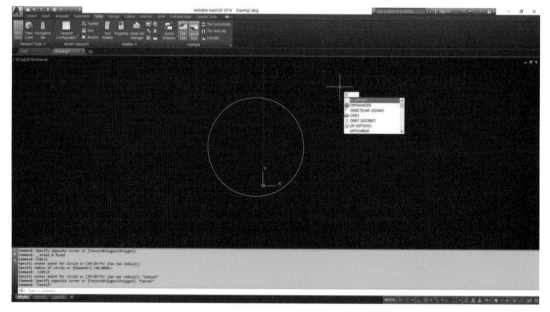

TIP 오프셋(Offset) 프로세스
Offset >> 띄울 거리(숫자) >> 객체 선택 > 띄울 방향 클릭 > 스페이스 바 또는 ESC
(명령 종료)
(>> : 스페이스바를 의미합니다.)

03 띄울 거리를 '10' 입력합니다.
(정확한 치수는 중요하지 않습니다.)

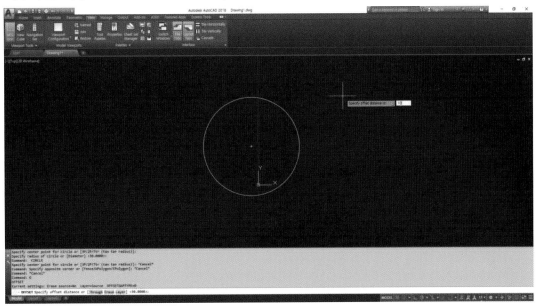

04 띄울 객체는 그려 놓은 원을 선택합니다.

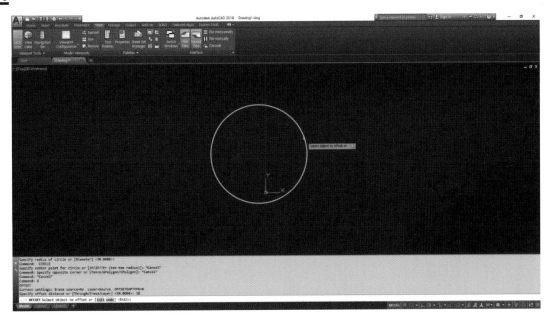

TIP 오프셋(Offset) 프로세스
Offset >> 띄울 거리(숫자) >> 객체 선택 > 띄울 방향 클릭 > 스페이스 바 또는 ESC
(명령 종료)
(>> : 스페이스바를 의미합니다.)

05 방향은 원의 중심 방향(안쪽 방향)으로 간격을 띄웁니다.

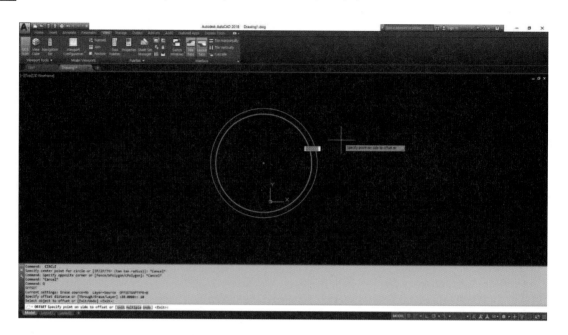

06 아래 그림과 같이 계속해서 간격을 띄워봅니다.

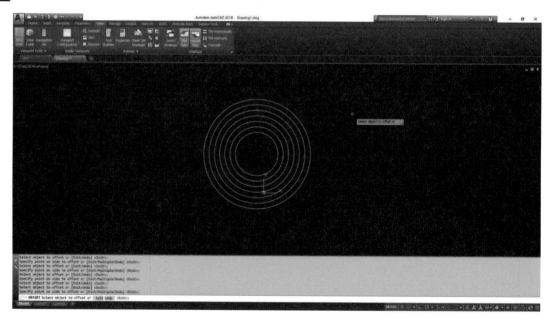

TIP 오프셋(Offset) 프로세스
Offset >> 띄울 거리(숫자) >> 객체 선택 > 띄울 방향 클릭 > 스페이스 바 또는 ESC
(명령 종료)
(>> : 스페이스바를 의미합니다.)

07 마찬가지로 사각형을 이용해서 오프셋 기능을 사용해봅니다.

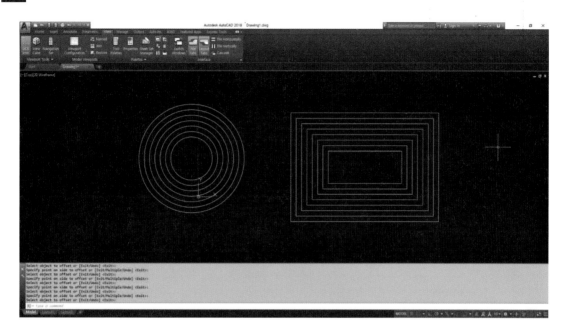

TIP 오프셋(Offset) 프로세스
Offset >> 띄울 거리(숫자) >> 객체 선택 > 띄울 방향 클릭 > 스페이스 바 또는 ESC
(명령 종료)
(>> : 스페이스바를 의미합니다.)

5.2 | EXTEND(연장하기)
알아보기

• EXTEND ?
: Extend(연장하기)란, 원하는 선을 연장하는 기능입니다.
연장하고자 하는 선이 연장되어 부착될 기준 선을 지정하고 연장할 선들을 선택해 연장
시키는 기능입니다.

1 단일 기준 객체에 여러 객체를 연장하기

01 새로운 도면을 시작하고, 아래 그림과 같이 가로 방향의 직선과
세로 방향의 직선을 그립니다.
(정확한 방향과 치수는 중요하지 않지만, 각 직선의 연장선이 교차될 수 있게 그립
니다.)

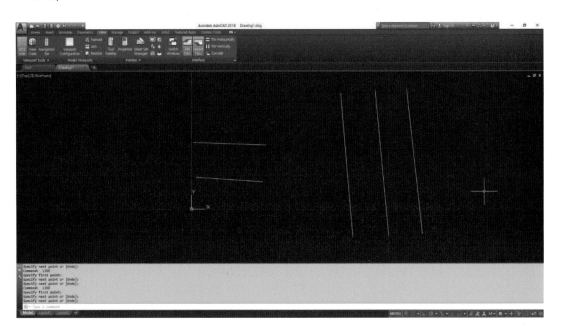

02 명령창에 'extend' 또는 'ex'를 입력해 명령을 실행합니다.

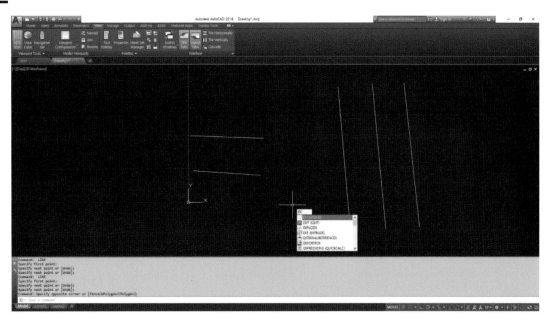

03 기준 객체를 선택하는 과정입니다. 기준 객체로는 세로 방향의 직선들 중 가운데에 위치한 직선을 선택합니다.
(기준 객체란, 연장할 객체가 연장되어 붙게 될 객체를 뜻합니다.)

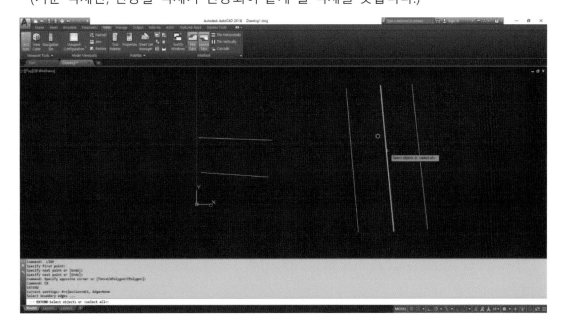

TIP Extend(연장하기) 프로세스
Extend >> 기준 객체 >> 연장할 객체 >> 스페이스 바 (명령종료)
(>> : 스페이스바를 의미합니다.)

04 기준 객체(가운데 직선)이 선택되었으면 스페이스 바를 눌러 다음 명령으로 넘어갑니다.

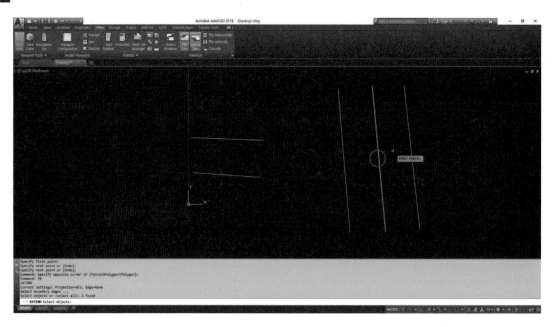

05 연장할 객체로는 가로 방향의 직선을 선택합니다.
이때, 연장할 객체에 마우스 커서를 올리면 새로 연장 될 선이 파란색 가이드 라인으로
미리 보여집니다.
클릭을 통해 객체를 연장해보도록 합니다.

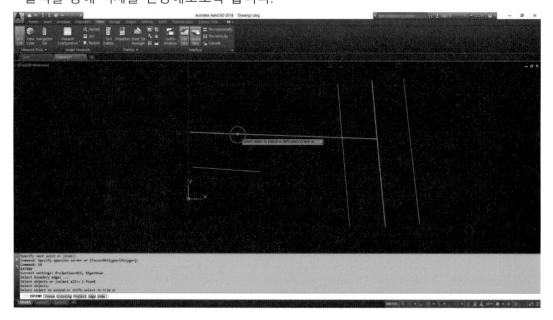

TIP Extend(연장하기) 프로세스
Extend >> 기준 객체 >> 연장할 객체 >> 스페이스 바 (명령종료)
(>> : 스페이스바를 의미합니다.)

06 바로 명령을 종료하지 않고, 아래에 위치한 가로선도 클릭해 연장해보도록 합니다.
(기준 객체는 고정된 상태에서 여러 선을 연장해 부착할 수 있습니다.)

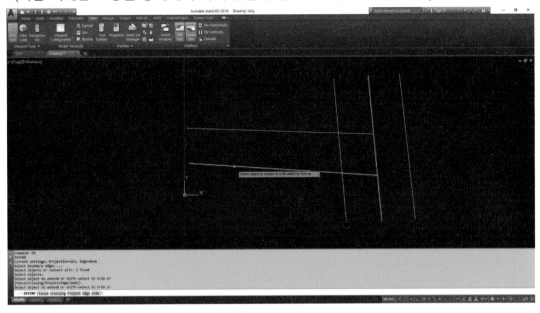

07 두 선 모두 연장되어 기준 객체에 부착된 것을 확인한 후 명령을 종료합니다.

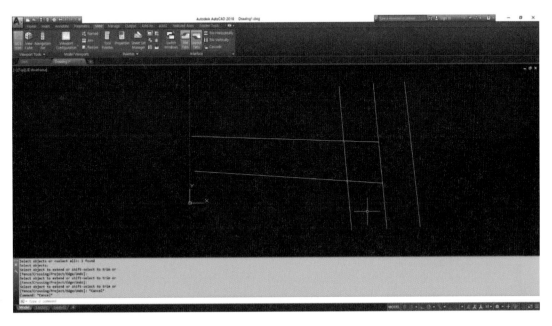

TIP Extend(연장하기) 프로세스
Extend >> 기준 객체 >> 연장할 객체 >> 스페이스 바 (명령종료)
(>> : 스페이스바를 의미합니다.)

2 두 가지 이상의 기준 객체에 여러 객체 연장하기

01 이번에는 두 가지의 객체를 기준 객체로 지정해보도록 하겠습니다.
('Ctrl+z' 혹은 'Undo'를 통해 초기 단계로 돌아가 작업을 시작합니다.)
'extend' 혹은 'ex'를 입력해 extend 명령을 실행합니다.

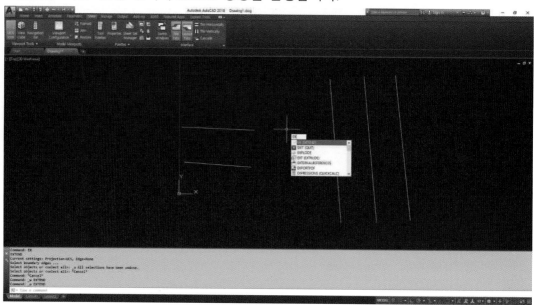

02 기준 객체로는 아래 그림과 같이 두 개의 직선을 선택합니다.
선택이 완료된 후 스페이스 바를 눌러 다음 명령으로 넘어갑니다.

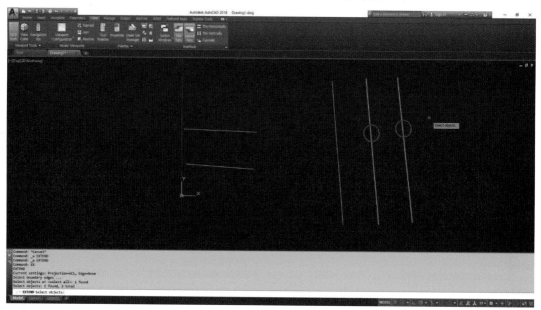

TIP Extend(연장하기) 프로세스
Extend >> 기준 객체 >> 연장할 객체 >> 스페이스 바 (명령종료)
(>> : 스페이스바를 의미합니다.)

03 연장할 객체로는 가로 선을 선택합니다.
선택하면 아래 그림과 같이 기준 객체들 중 더 가까운 객체에 부착되는 것을 알 수
있습니다.

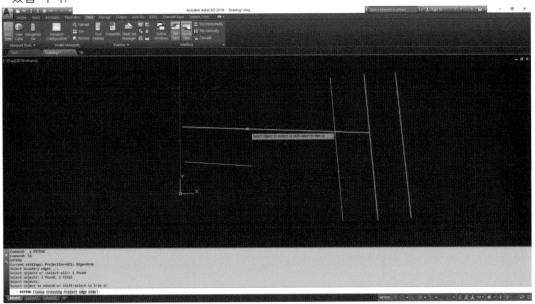

04 이후 이미 연장된 개체를 다시 선택하면 추가로 뒤에 있는 기준 객체 까지 연장되는
것을 알 수 있습니다.
이처럼, 기준 객체가 두가지 이상일 경우 가까운 객체부터 붙게 되고, 이후에 추가
연장이 가능합니다.

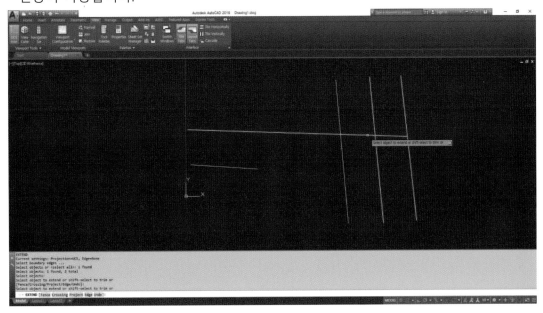

TIP Extend(연장하기) 프로세스
Extend >> 기준 객체 >> 연장할 객체 >> 스페이스 바 (명령종료)
(>> : 스페이스바를 의미합니다.)

05 아래에 위치한 가로방향 직선도 마찬가지로 반복 연장을 해보도록 합니다.

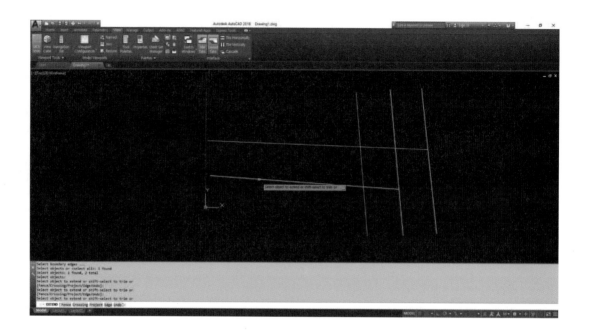

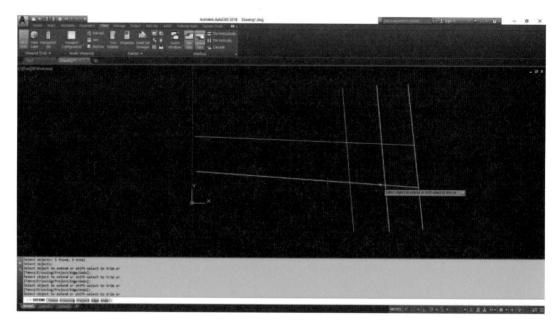

TIP Extend(연장하기) 프로세스
Extend >> 기준 객체 >> 연장할 객체 >> 스페이스 바 (명령종료)
(>> : 스페이스바를 의미합니다.)

3 EXTEND의 연장 방향 이해하기

01 아래 그림과 같이 가로 선을 하나 그리고, 해당 선의 양쪽에 세로 선을 그립니다.
명령창에 'extend' 혹은 'e'를 입력해 연장 기능을 실행합니다.

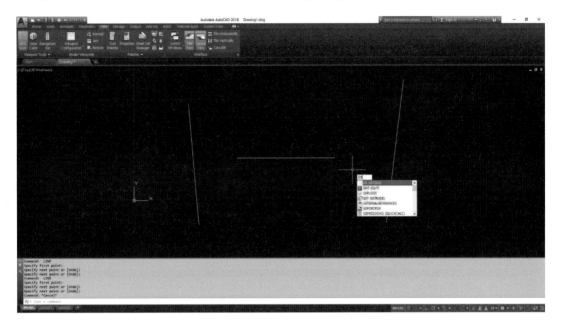

02 기준 객체로는 양쪽에 위치한 세로선을 모두 선택합니다.

> **TIP** Extend(연장하기) 프로세스
> Extend >> 기준 객체 >> 연장할 객체 >> 스페이스 바 (명령종료)
> (>> : 스페이스바를 의미합니다.)

03 연장할 객체로는 가로 선을 선택하되, 가로선의 중간 점 기준으로 우측 부분을 클릭하면 아래 그림과 같이 우측 선에 붙는 것을 확인할 수 있습니다.

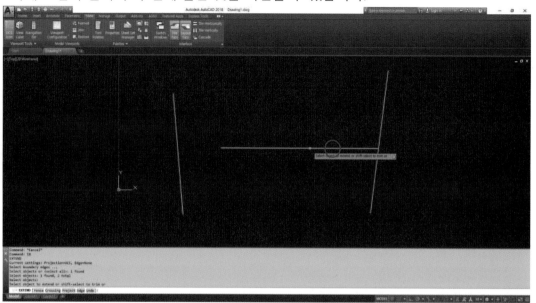

04 마찬가지로, 가로선의 중간 점 기준 좌측 방향에 마우스 커서를 올리면 아래 그림과 같이 좌측에 위치한 기준 선에 부착되는 것을 확인할 수 있습니다.
이것이 Extend의 연장 방향입니다. 연장 방향은 객체의 중간점을 기준으로 정해 집니다.

TIP Extend(연장하기) 방향
두 가지 이상의 기준 객체가 지정 되었을 때, 연장 객체의 연장 방향은 해당 객체의 중간점을 기준으로 정해집니다.

5.3 | Trim(자르기)
알아보기

- Trim ?
: Trim(자르기)란, 교차된 객체들 중 자르고자 하는 부분을 삭제하는 기능입니다.
즉, 이 기능은 교차가 된 객체들 끼리만 작동됩니다.
이때의 자르기 기준은 교차된 객체 들의 교차점 입니다.

1 단일 기준 객체에 여러 객체를 연장하기

01 아래 그림과 같이 4개의 세로선을 1개의 가로선이 관통하도록 (완전 교차) 그립니다.

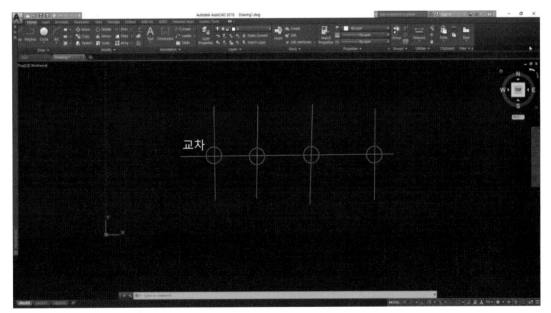

02 명령창에 'trim' 혹은 'tr'을 입력해 자르기 명령을 실행합니다.

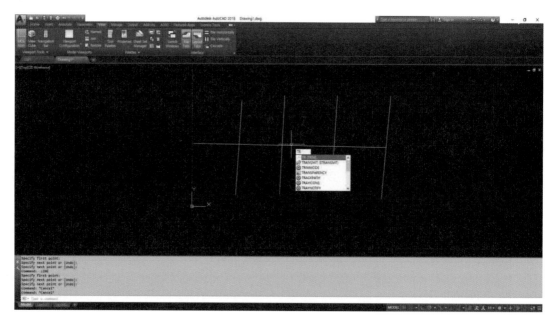

03 기준 객체로 가로선을 선택합니다.

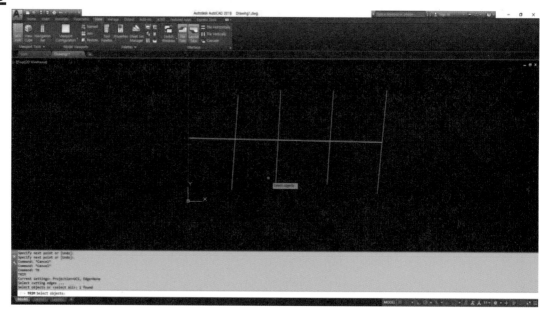

TIP Trim(자르기) 프로세스 – Extend 와 동일
Trim >> 기준 객체 >> 자를 객체 > 스페이스 바 (명령종료)
(>> : 스페이스바를 의미합니다.)
• Trim의 기준 객체
: Trim에서 지정하는 기준 객체는 칼로 비유하면 좋겠습니다.
자를 칼을 선택한다고 생각하면 쉽습니다.

04 기준 객체를 선택한 후 스페이스 바를 한번 눌러 다음 명령으로 넘어갑니다.

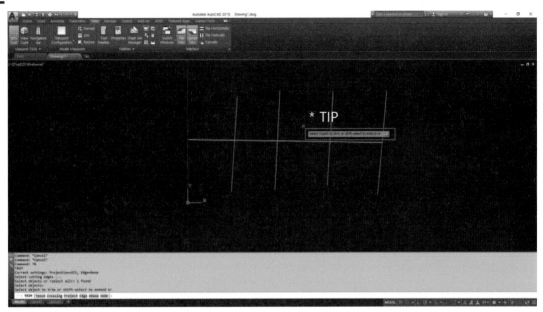

05 아래 그림과 같이 차를 객체를 선택해 잘라봅니다.
자르기의 기준은 앞서 설명한 것처럼 항상 교차점을 기준으로 절삭됩니다.

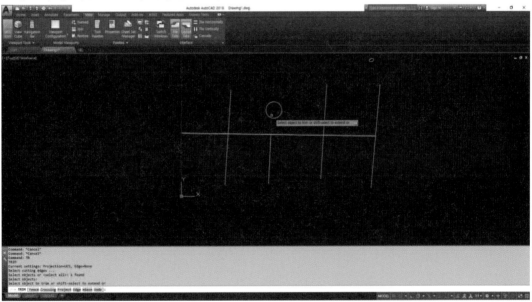

> **TIP** 작업자가 해야 할 것은 무엇인가?
> 명령을 진행하면서 작업자는 지속적으로 컴퓨터와 대화를 합니다.
> 이때, 항상 마우스 우측 (동적입력모드 On시) 혹은 명령창을 통해 컴퓨터는
> 작업자에게 무엇을 해줄 것을 요구합니다.
> 위 4번 항목의 표시된 부분을 읽어보면 자를 객체를 선택하거나, Shift 를 눌러
> extend로 변경하라고 되어 있습니다.(Shift는 뒤 과정에서 학습)
> 이처럼, 항상 컴퓨터가 무엇을 원하는지 확인하는 습관을 들이도록 합니다.

06 Trim도 역시 명령이 자동종료 되지 않습니다.
자를 객체를 추가로 선택해보도록 합니다.

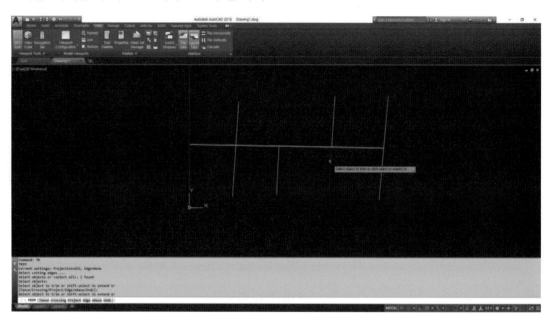

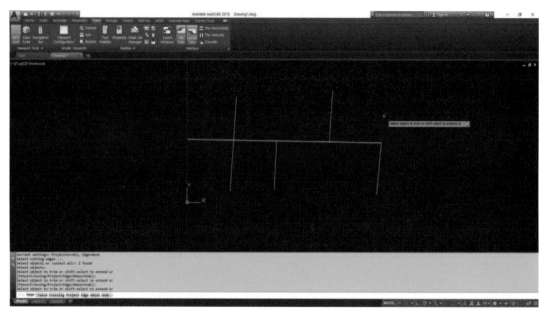

TIP Trim(자르기) 프로세스 – Extend 와 동일
Trim >> 기준 객체 >> 자를 객체 > 스페이스 바 (명령종료)
(>> : 스페이스바를 의미합니다.)
• Trim의 기준 객체
: Trim에서 지정하는 기준 객체는 칼로 비유하면 좋겠습니다.
자를 칼을 선택한다고 생각하면 쉽습니다.

2 두 가지 이상의 기준 객체에 여러 객체 자르기

01 이번에는 두 가지의 객체를 기준 객체로 지정해보도록 하겠습니다.
('Ctrl+z' 혹은 'Undo'를 통해 초기 단계로 돌아가 작업을 시작합니다.)

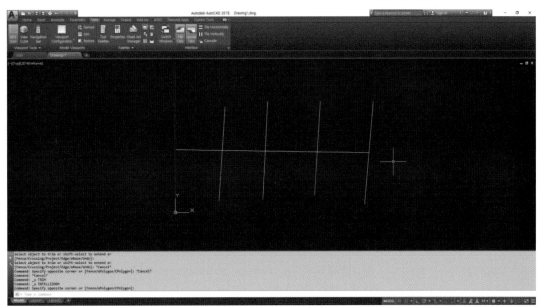

02 'trim' 혹은 'tr'를 입력해 trim 명령을 실행합니다.

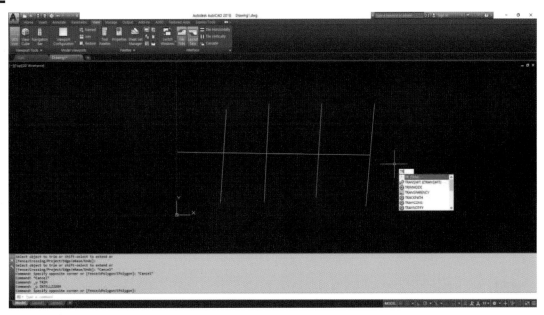

> **TIP** Extend(연장하기) 프로세스
> Extend >> 기준 객체 >> 연장할 객체 >> 스페이스 바 (명령종료)
> (>> : 스페이스바를 의미합니다.)

03 기준 객체로 모든 선을 선택하고 스페이스 바를 눌러 다음 명령으로 넘어갑니다.

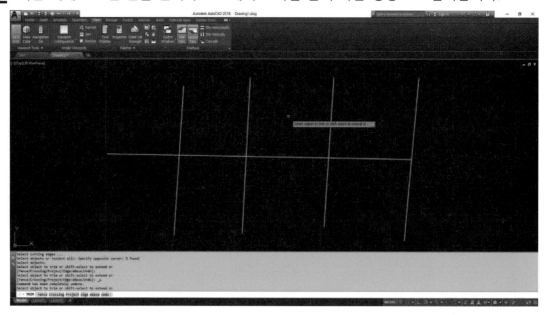

04 기준 객체가 모든 선이기 때문에 이후 선택할 자를 객체는 어떤 객체여도 잘리게 됩니다.
이때도 마찬가지로 기준은 객체와 객체의 교차점입니다.

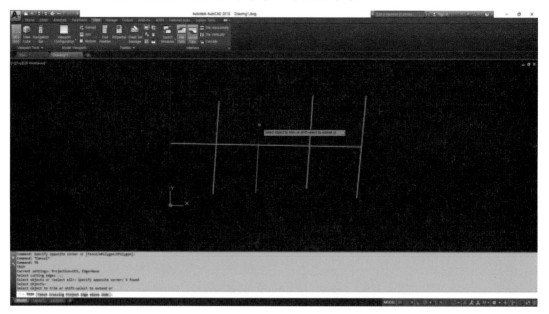

TIP Trim(자르기) 프로세스 – Extend 와 동일
Trim >> 기준 객체 >> 자를 객체 > 스페이스 바 (명령종료)
(>> : 스페이스바를 의미합니다.)
• Trim의 기준 객체
: Trim에서 지정하는 기준 객체는 칼로 비유하면 좋겠습니다.
자를 칼을 선택한다고 생각하면 쉽습니다.

05 아래 그림과 같이 객체를 자유롭게 잘라보도록 합니다.

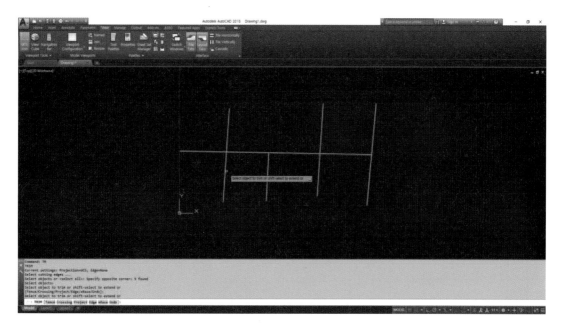

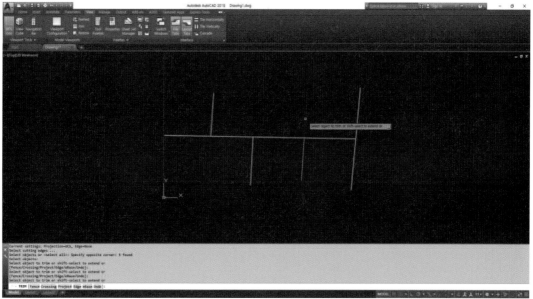

TIP Trim(자르기) 프로세스 – Extend 와 동일
Trim >> 기준 객체 >> 자를 객체 > 스페이스 바 (명령종료)
(>> : 스페이스바를 의미합니다.)
• Trim의 기준 객체
: Trim에서 지정하는 기준 객체는 칼로 비유하면 좋겠습니다.
자를 칼을 선택한다고 생각하면 쉽습니다.

5.4
알아보기

Extend – Trim Shift

• Shift ?
: Shift란, 사전 의미 그대로 무언가를 변환하는 기능입니다.
앞서 Extend와 Trim을 배우며 각각의 기능 프로세스가 완전히 같다는 것을 알 수 있었습니다.
그렇기 때문에 두 기능은 작동 중 서로 변환하여 사용이 가능합니다.

1 Extend 실행 중 Trim 기능 사용하기

01 아래 그림과 같이 4개의 세로선을 1개의 가로선이 서로 교차하지 않도록 그립니다.
(정확한 치수는 중요하지 않습니다.)

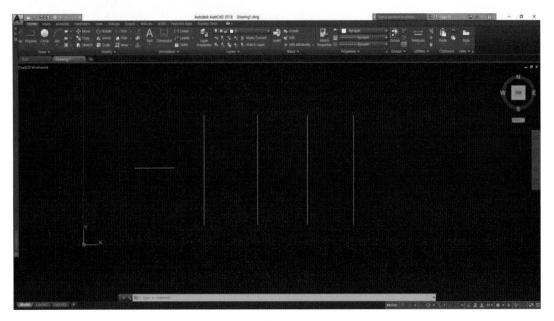

02 Extend 명령을 실행합니다.

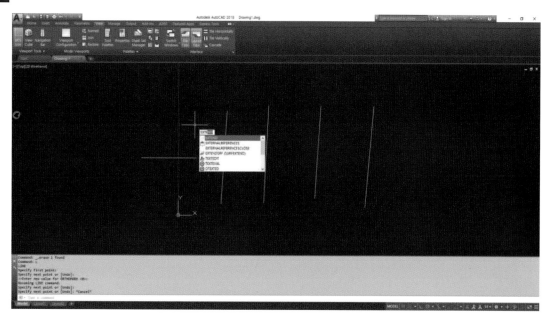

03 기준 객체로는 4개의 수직 선을 모두 선택합니다.
이후 아래 그림과 같이 가로선을 반복 연장해 마지막 수직선까지 모두 연장시킵니다.

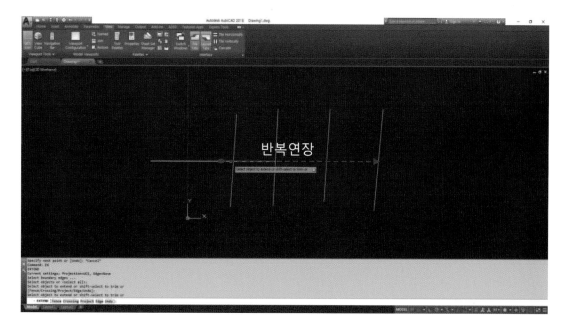

04 아래 그림과 같이 가로선을 반복 연장해 마지막 수직선까지 모두 연장시킵니다.

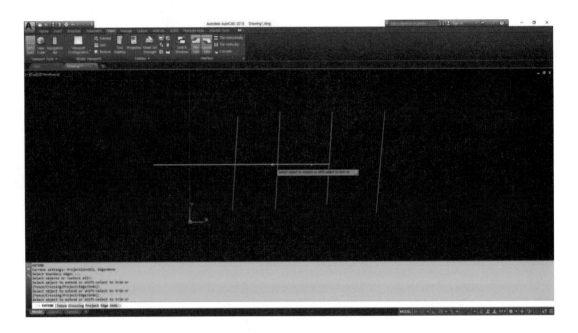

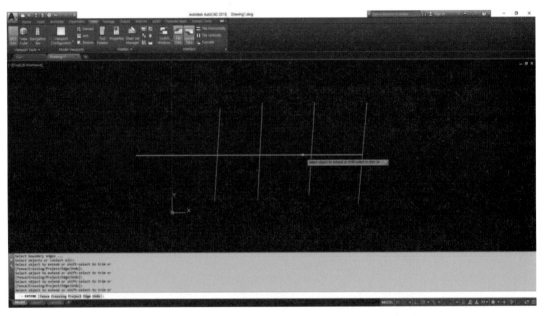

05 연장을 모두 진행한 후 명령을 종료하지 않은 상태에서 Shift 키를 누르고있으면
일시적으로 Trim 기능으로 변환됩니다.

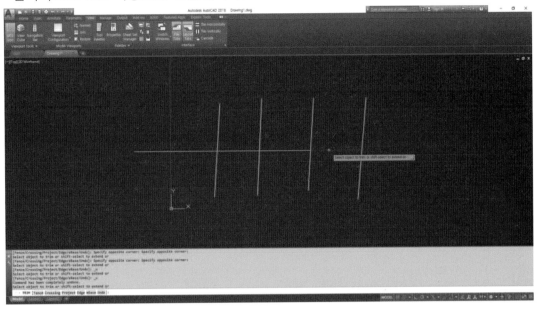

06 Shift를 누른 상태에서 Trim 기능을 일시적으로 사용해봅니다.

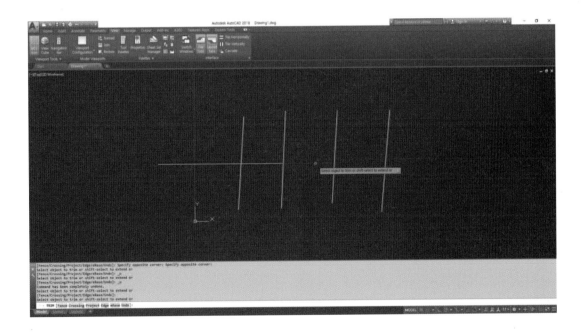

07 Trim 기능에서도 마찬가지로 Shift 키를 이용하면 Extend 기능으로 사용이 가능합니다.

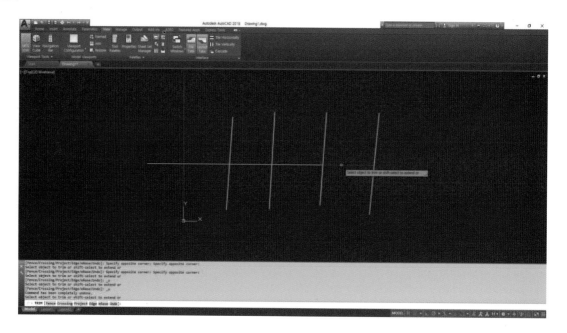

TIP Trim 과 Extend 기능의 Shift
간혹 Trim을 하거나, Extend를 하며 제도를 하다가 원하지 않은 객체를 자르거나
연장시키는 실수를 범합니다.
이때, Ctrl+z 혹은 Undo를 통해 다시 이전으로 되돌리면 직전에 했던 모든 작업이 다시
원점으로 돌아가게 됩니다.
이런 경우를 위해 Shift를 통해 실수로 자른 객체를 다시 연장하고 연장한 객체를 다시
자르며 재수정을 합니다.

(Trim과 Extend는 역기능이기 때문에 가능합니다.)

AUTOCAD

PART

6

: Tangent Line과
Fillet

객체에 접선(Tangent)을 그리는 방법을 학습하고, Fillet 기능과 Tangent line간의
연관성에 대해서 학습합니다.
더 나아가, 지금까지 배운 기능을 복습하며 정리합니다.

INDEX

06 Tangent Line과 Fillet

6.1 | 객체에 접선 그리기
알아보기

1 원에 접선 그리기

01 새로운 도면을 시작하고, 원을 그립니다.
(정확한 방향과 치수는 중요하지 않습니다.)

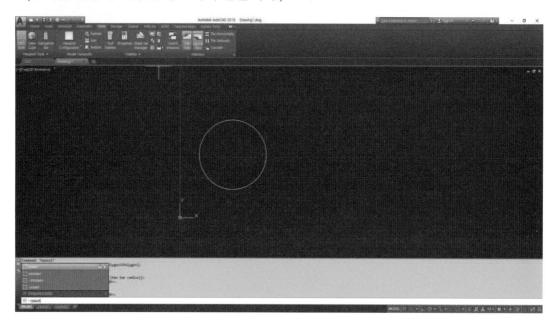

02 원에 접선을 그리기 위해서는 Osnap의 Tangent(접선) 기능이 체크되어 있어야 합니다.
명령창에 'Osnap'을 입력해 Osnap 설정창을 엽니다.

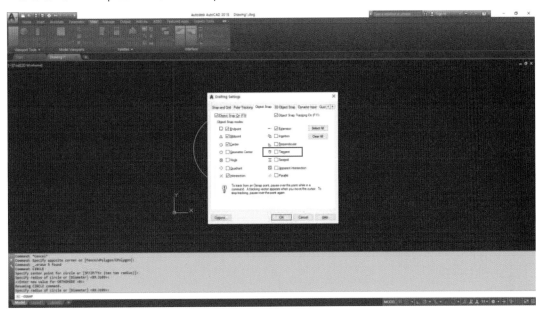

03 Tangent 기능에 체크합니다.

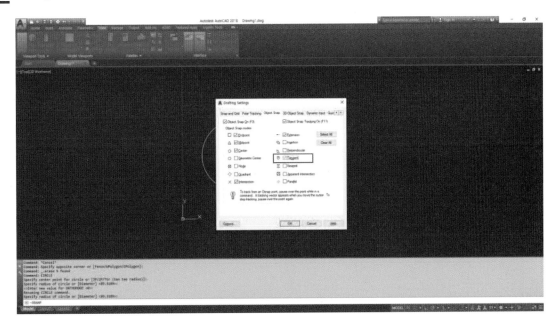

TIP Osnap On/Off (복습)
키보드의 F3 키를 이용해 Osnap 기능을 활성화/비활성화 할 수 있습니다.

04 OK를 눌러 Osnap 설정을 마친 후 Line 기능을 실행합니다.

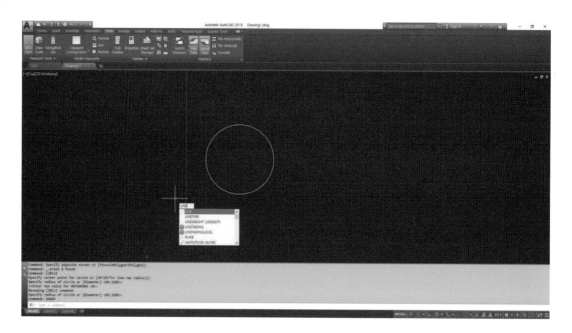

05 원 밖의 임의의 지점을 시작점으로 하고, 원의 주변부에 마우스 커서를 조정하면 아래 그림과 같이 Tangent 아이콘이 생성됩니다.
(이는 해당 선이 원의 접선(Tangent line)이라는 의미입니다.)

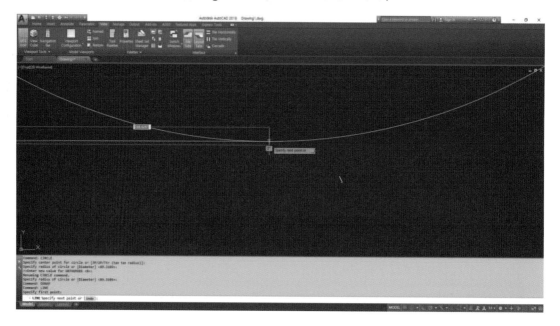

TIP Osnap 활성화 (복습)
오스냅이 활성화되면 해당 스냅에 해당하는 아이콘이 커서에 생성됩니다.

06 오스냅 아이콘이 생성됐을 때 클릭을 통해 끝점을 접선으로 지정합니다.

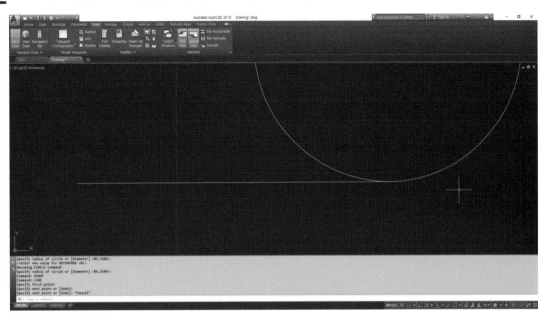

07 마찬가지로, 이번에는 직전에 그린 직선과 같은 점을 시작점으로 하고 원의 윗부분에 접하는 선을 그려보도록 합니다.

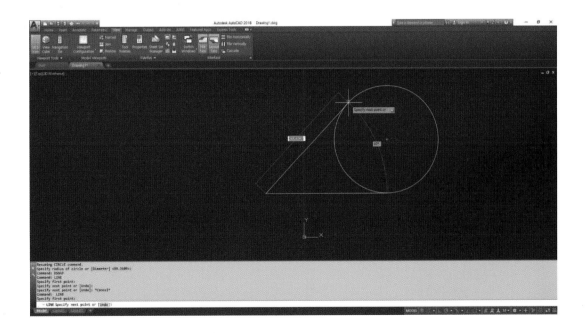

TIP Osnap 활성화 (복습)
오스냅이 활성화되면 해당 스냅에 해당하는 아이콘이 커서에 생성됩니다.

2 원에 접선 그리기 – Osnap의 일시적 On/Off

그동안, F3을 통해 Osnap을 켜고 끄며 사용했습니다.
이때, 이전 과정처럼 특이 상황에서만 사용하는 오스냅 모드(예:Tangent mode)를
사용하기 위해 필요시 마다 Osnap 설정창을 열어 설정을 하는 것은 능률을
저하시킵니다.

이때, 이러한 작업 능률을 높일 수 있는 것이 Osnap mode의 일시적 활성화입니다.

01 F3키를 눌러 Osnap 기능을 비활성화 합니다.

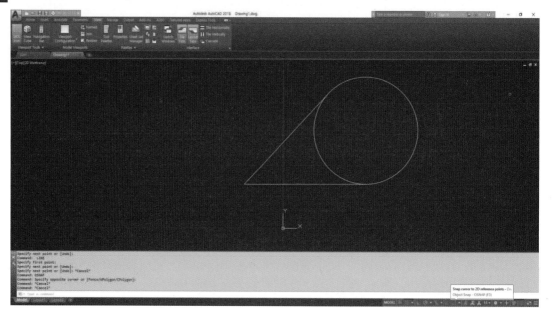

TIP Osnap On/Off 여부 확인
우측 하단의 Snap 아이콘이 파란색일 경우 활성화, 회색일 경우 비활성화입니다.

02 접선을 그렸던 것처럼 원의 외부에 임의의 지점을 시작점으로 한 직선을
그립니다.

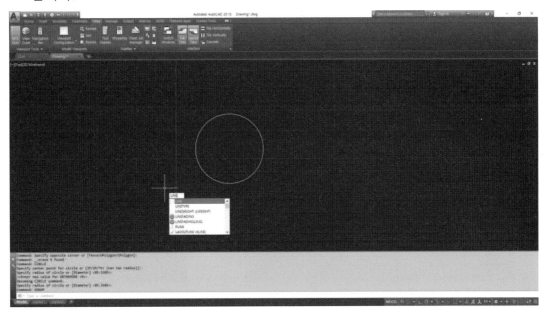

03 일반적으로 오스냅이 꺼져있으면 원의 접하는 지점에 정확하게 끝점을 지정할 수
없습니다.
이때, Shift+마우스 우클릭을 합니다.

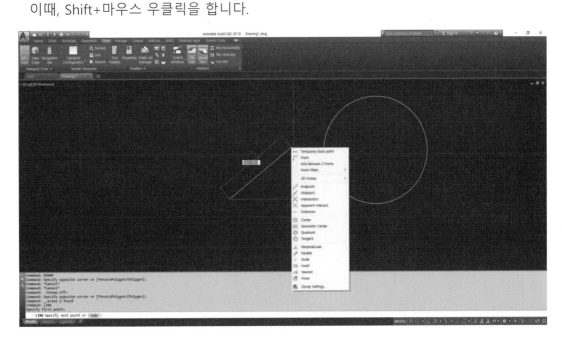

TIP Osnap 활성화 (복습)
오스냅이 활성화되면 해당 스냅에 해당하는 아이콘이 커서에 생성됩니다.

04 Shift+우클릭을 하게 되면 Snap mode 리스트창이 생성됩니다.
여기서 일시적으로 사용하고자 하는 Osnap mode를 선택하면 해당 기능을 켤 수 있습니다.
생성된 리스트에서 Tangent를 클릭합니다.

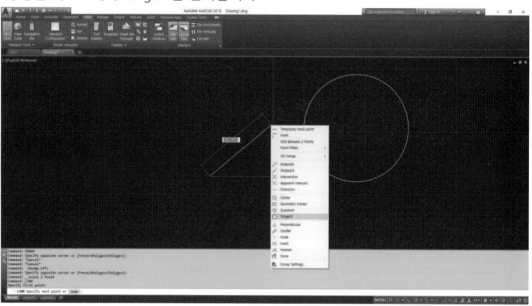

05 일시적으로 활성화 된 스냅 기능을 이용해 원에 접선을 그립니다.

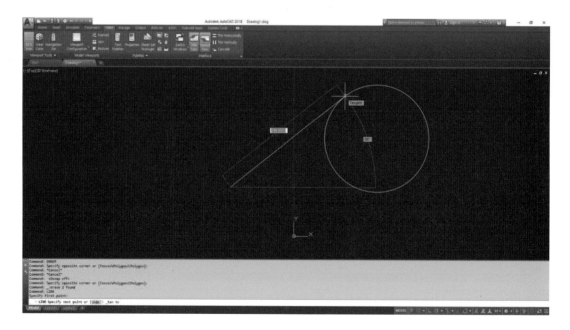

TIP Osnap 한번만 켜기
Shif + 마우스 우클릭 > 원하는 Snap mode 선택

06 이번에는 아래에 접하는 접선을 그려보겠습니다.
Line 명령을 활성화합니다.

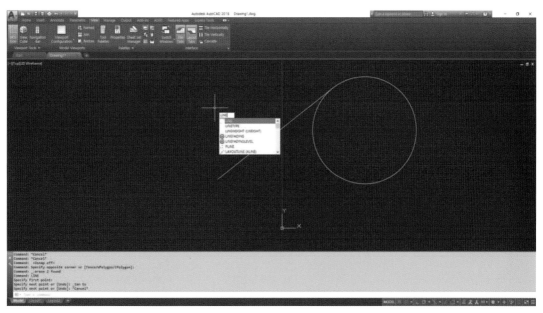

07 시작점을 지정하기 전, Shift+우클릭을 이용해 일시적으로 End point 스냅을 활성화해 이전에 그린 직선의 끝점을 시작점으로 지정합니다.

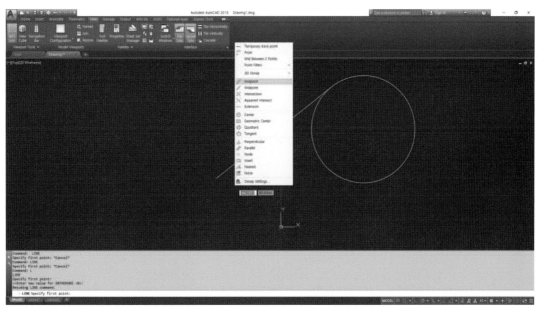

TIP Osnap 한번만 켜기
Shif + 마우스 우클릭 > 원하는 Snap mode 선택

08 이후 다시 스냅을 일시적으로 켜 Tangent 를 선택합니다.

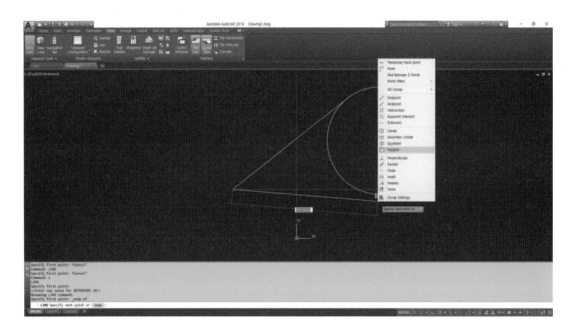

09 일시적으로 활성화된 스냅을 이용해 원의 아랫부분에 접하는 선을 그립니다.

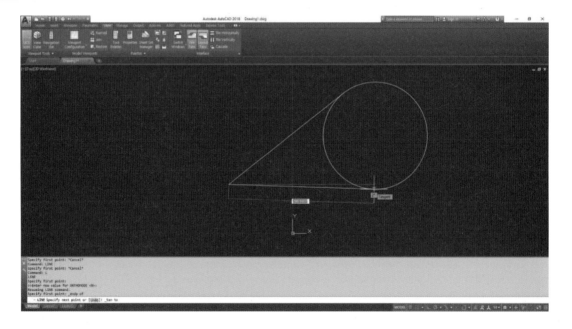

3 두 원에 동시에 접하는 접선 그리기

01 아래 그림처럼 두 개의 교차되지 않은 원을 그립니다.
(정확한 치수는 중요하지 않습니다.)

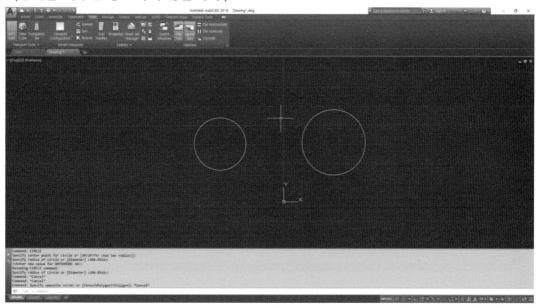

02 Line 명령을 실행한 후 Shift+마우스 우클릭으로 Tangent 스냅을 켭니다.

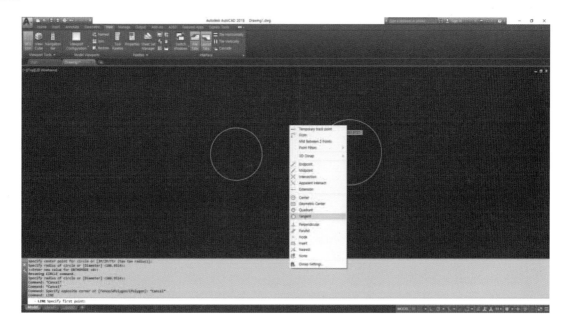

03 아래와 같이 시작점과 끝점 모두 Tangent 기능을 이용해 그립니다.

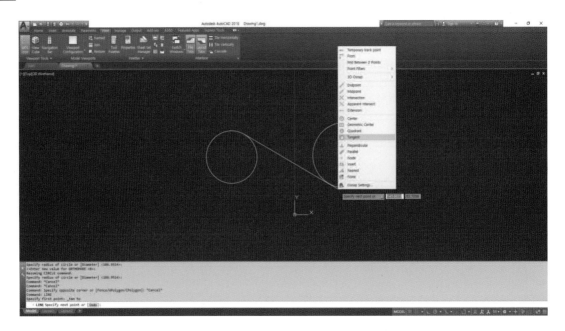

04 이후 같은 방법으로 아래 그림과 같이 작업을 진행합니다.

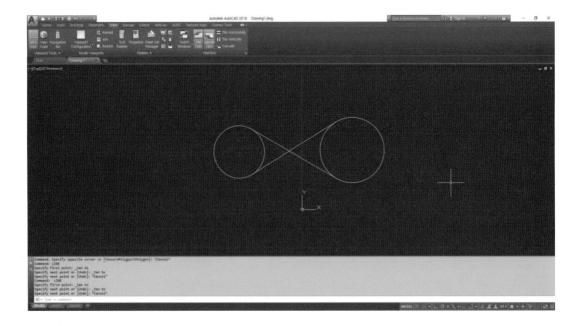

4 두 직선에 접하는 원 그리기

01 이번에는 반대로 두 개의 직선에 동시에 접하는 원을 그려보도록 합니다.
아래 그림과 같이 한 점에서 만나는 두 직선을 그립니다.

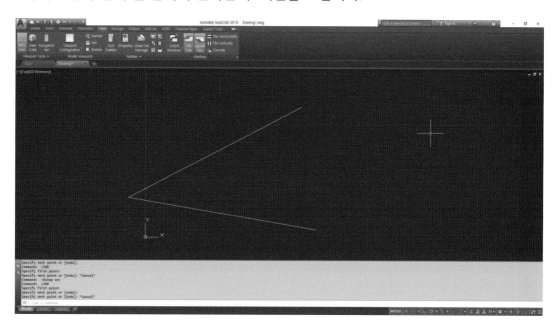

02 원을 그리기 위해 Circle 명령을 실행합니다.

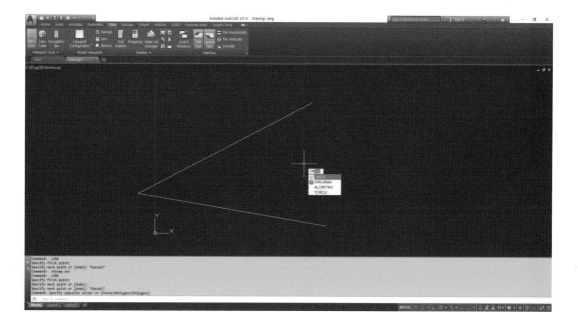

03 Circle 명령이 실행된 상태에서 중심점을 지정하지 말고, 그대로 명령창에 't'를 입력하고 스페이스바를 누릅니다.

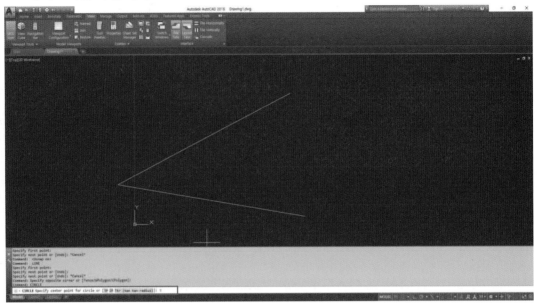

TIP 명령창을 항상 확인하자 – 명령 프로세스 변환

3번 과정에서 아래 명령창을 유심히 살펴보면 아래와 같습니다.

⊙ ▾ **CIRCLE** Specify center point for circle or [3P 2P Ttr (tan tan radius)]: T

여기서 [ ] 안의 문구를 주목해 보면 [3P 2P Trt (tan tan radius)] 의 문구가 보이고, 각 문구는 회색 말풍선으로 묶여 있습니다.

이는, 보통의 원을 그리는 기본적인 프로세스라면 아래의 검은색 선의 과정을 따르지만, 여기서 이 각각의 프로세스 중에는 다른 프로세스로 변환할 수 있는 경우의 수가 [ ] 을 통해 주어집니다. (파란색 점선으로 표시)

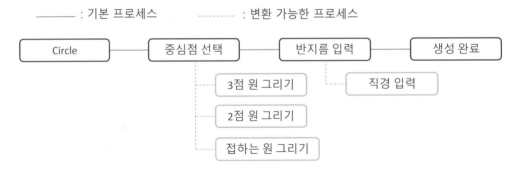

이때, 다른 프로세스로 변환하는 방법은 명령창에 파란색 글씨로 기재된 부분을 입력하면 해당 기능으로 변경됩니다.

04 접하려는 두 선을 차례로 선택합니다.

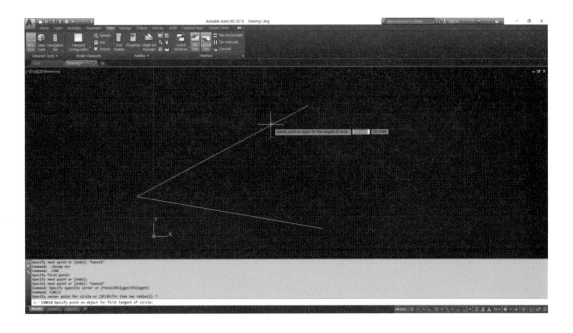

05 접하려는 두 선을 차례로 선택합니다.
(순서는 중요하지 않습니다.)

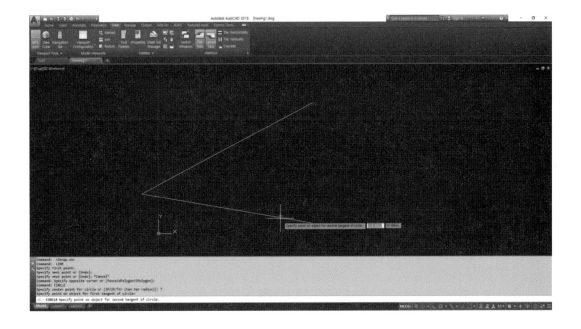

06 두 접선을 선택한 후 반지름을 입력하라는 명령어를 확인하면 '100'을 입력합니다.
(정확한 치수는 중요하지 않습니다.)

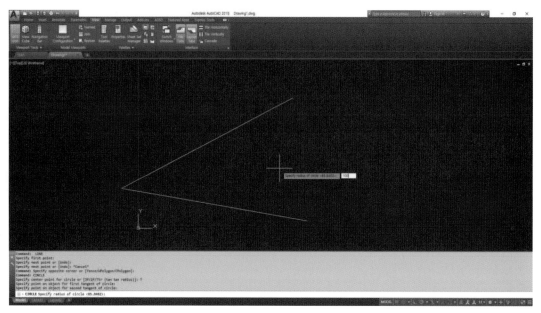

07 아래 그림과 같이 두 직선에 접하는 원을 그릴 수 있습니다.
(이 도면을 계속 사용해 다음에 학습할 7.2장을 진행합니다.)

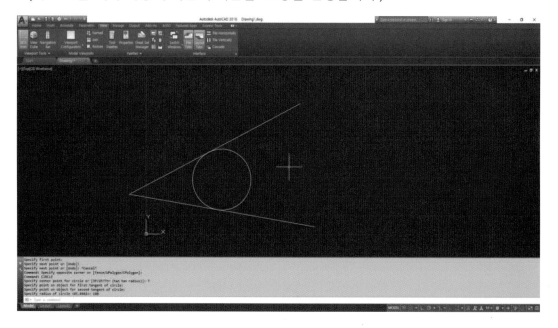

6.2 알아보기 | Fillet(모따기)

Fillet (모따기)는 한 점에서 만나는 두 직선의 꼭지점을 원하는 반지름(혹은 직경)을 가진 호의 형태로 만들어 주는 기능 입니다.

1 Fillet 원리 이해하기

01 앞서 학습한 7.1장의 마지막 작업한 도면을 가지고 계속 진행하도록 합니다.

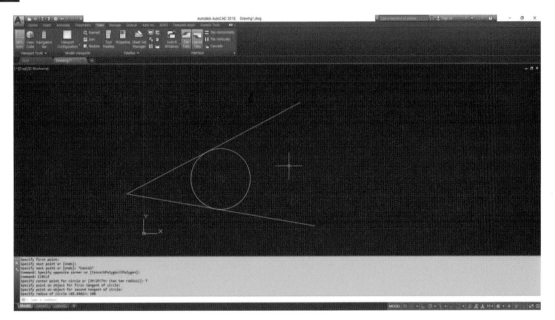

02 먼저, Trim 명령어를 통해 Trim 기능을 실행합니다.

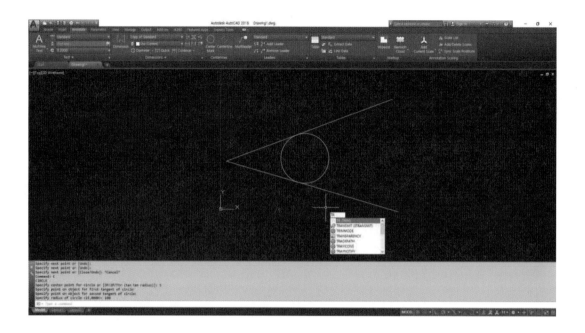

03 기준 객체는 두 개의 접선과 원을 모두 선택합니다.

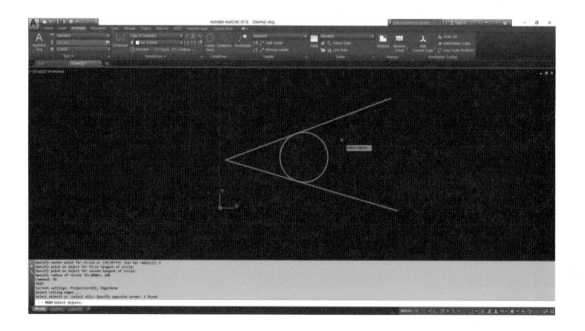

04 이후 직선과 원의 접점을 기준으로 아래 그림과 같이 나머지 객체를 지웁니다.

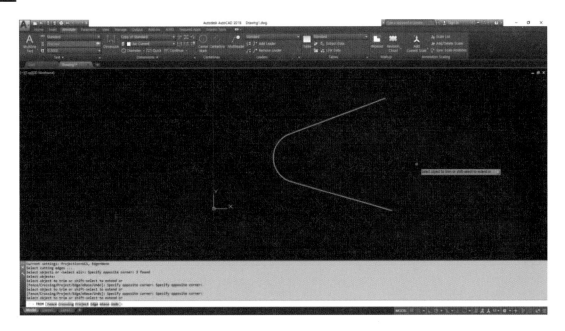

7.1장에서 두 직선에 접하는 원을 그리고, Trim을 통해 이처럼 두 접선의 꼭지점을 원하는 반지름을 지닌 호의 형태로 만들어준 일렬의 프로세스를 한번에 할 수 있도록 함축된 기능이 Fillet 입니다.

2 Fillet

01 이제, 본격적으로 Fillet 기능을 학습해보도록 하겠습니다.
아래 그림과 같이 한 점에서 만나는 두 직선을 그립니다.
(정확한 치수는 중요하지 않습니다.)

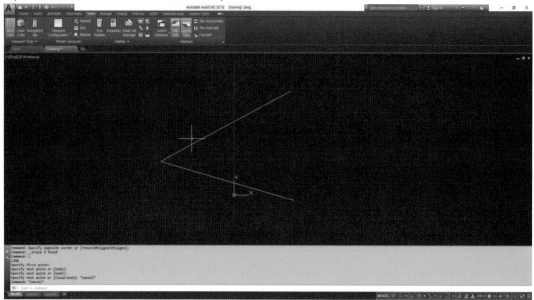

02 명령창에 'fillet' 혹은 'f'를 입력해 Fillet 명령을 실행합니다.

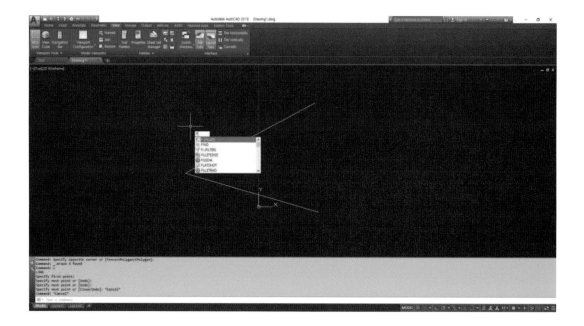

03 Fillet 반지름을 지정하기 위해 명령창에 'r'을 입력한 후 스페이스 바를 한번 누릅니다.

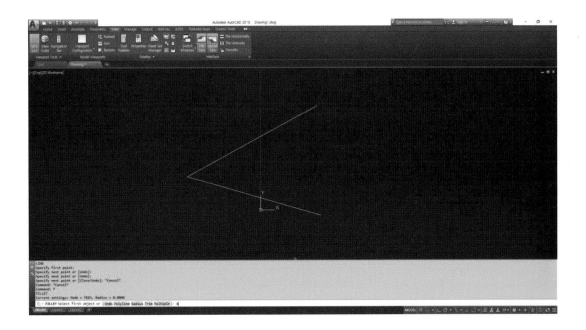

04 이후 '100'을 입력합니다.
(이 치수는 fillet 반지름이며, 따라하기에서는 정확한 치수는 중요하지 않습니다.)

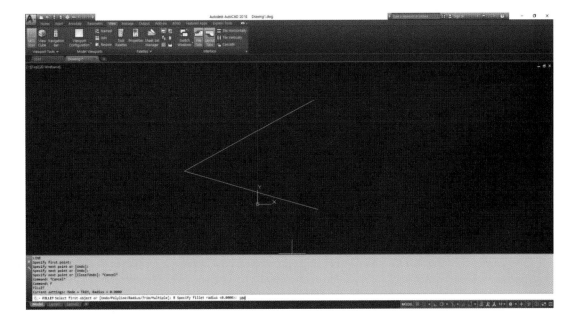

05 아래 그림과 같이 Fillet 할 두 직선을 차례로 선택합니다.

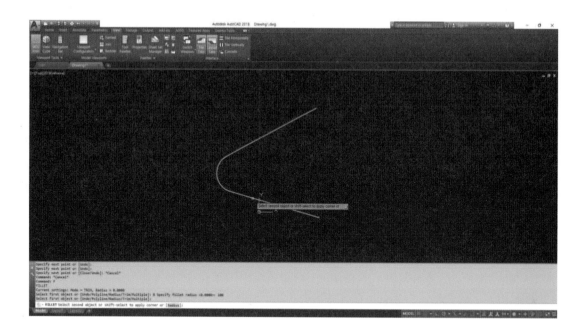

06 아래 그림처럼 한 점에서 만나는 두 직선의 꼭지점이 지정한 반지름을 가진 호의
형태로 변경된 것을 확인할 수 있습니다.

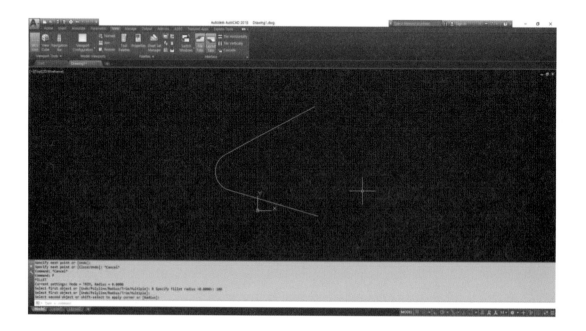

복습
정리하기

Fillet(모따기)

지금까지 학습한 여러 기능을 이용해 아래 그림과 같은 제도 작업을 해보도록 하겠습니다.

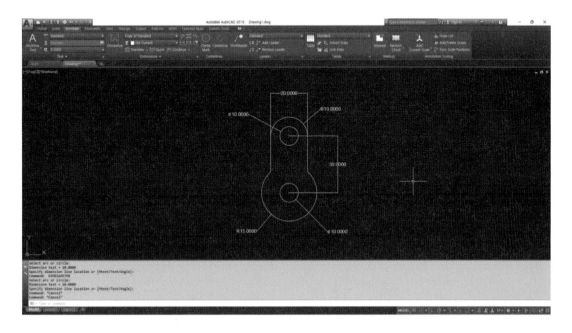

01 먼저, 임의의 지점을 중심점으로 한 원을 그립니다.

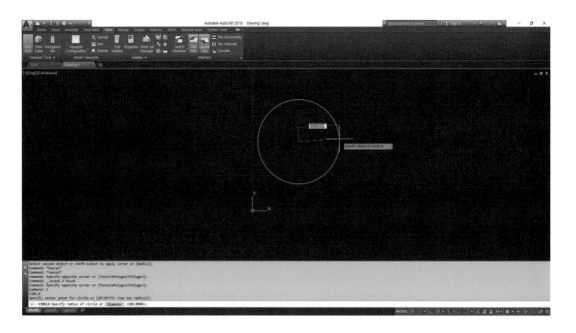

02 이때, 원의 반지름을 입력하는 것이 아닌 직경(Diameter)를 입력하기 위해 명령창에 'd'를 입력한 후 스페이스 바를 한번 누릅니다.

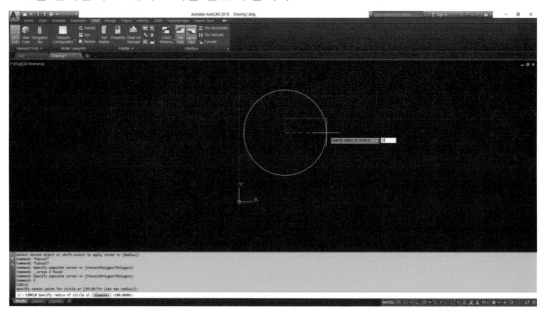

TIP 원 생성 – 직경과 반지름
원을 생성할 때 입력할 수 있는 치수로는 직경과 반지름이 있습니다.
(직경은 지름과 같고, 반지름은 그의 절반인 값입니다.)
기본 입력모드는 반지름 입력 모드이며, 직경 입력모드로 전환하기 위해서는 명령창에 'd'(Diameter)를 입력하면 활성화됩니다.

03 직경 입력 모드가 활성화되면 '10'을 입력합니다.

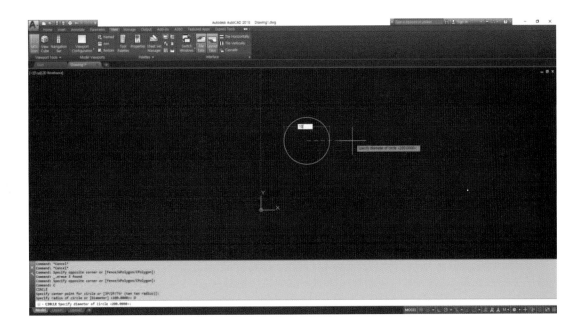

04 다음은 Line 명령을 실행합니다.

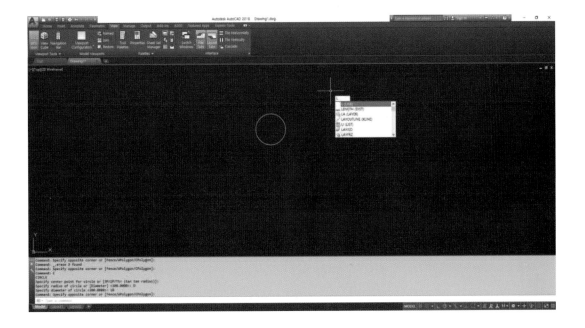

05 그린 원의 중심을 시작점으로 시작합니다.
(Osnap의 중심점 모드를 활성화 하면 스냅을 잡을 수 있습니다.)

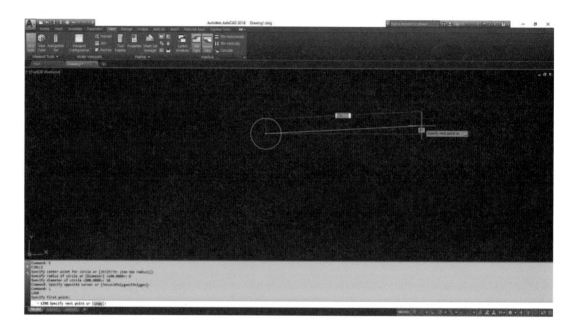

06 'F8'을 이용해 직교모드를 활성화하고 수평 방향으로 임의의 길이를 가진 직선을
그립니다.
(이는 일종의 임시 가이드라인으로, 정확한 치수는 중요하지 않습니다.)

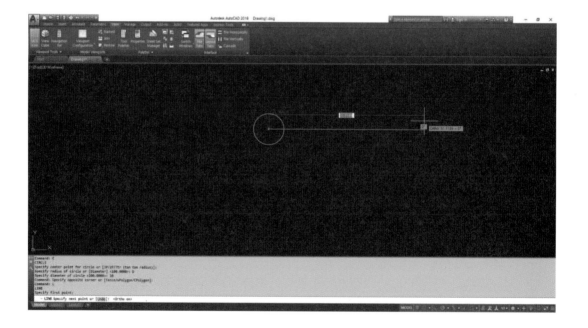

07 직선을 그린 후 'F8'을 눌러 직교모드를 비활성화 합니다.

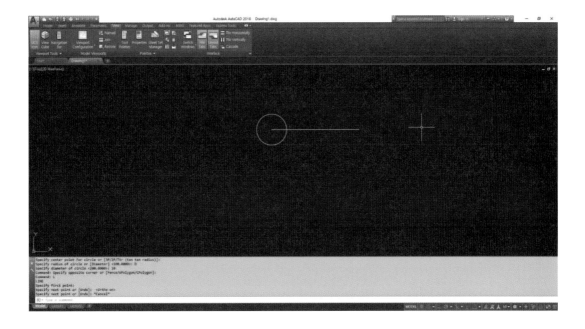

08 다음은 Offset 명령을 실행합니다.

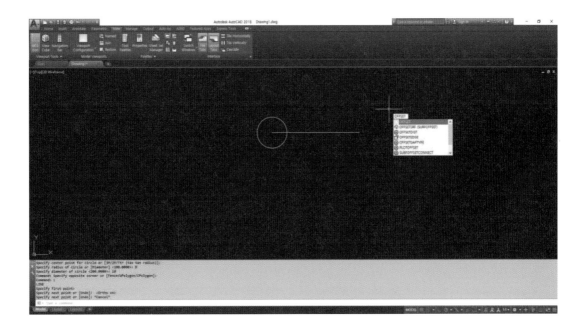

09 간격 띄우기 값으로는 '30'을 입력합니다.

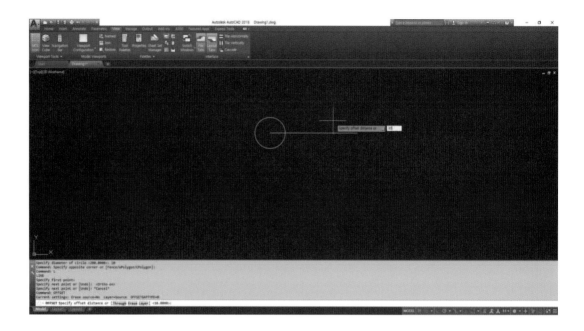

10 직전에 그은 직선을 띄울 객체로 선택한 후 방향은 아래 방향으로 오프셋을
실행합니다.

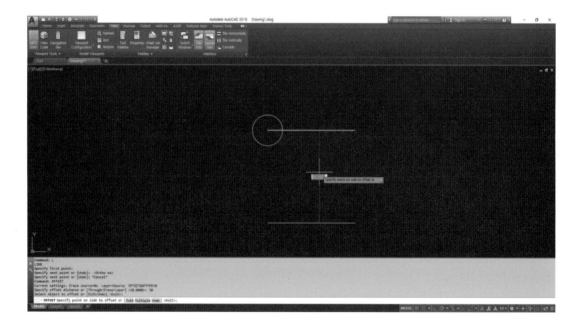

11 간격띄우기를 실행한 후 스페이스 바를 눌러 명령을 종료합니다.

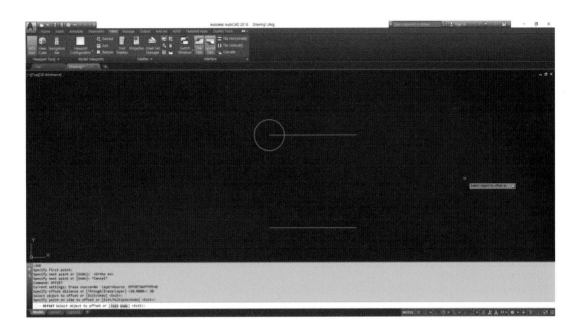

12 직전의 오프셋 과정을 통해 생성된 직선의 끝점을 원의 중심점으로 하여 새로운 원을 그립니다.
(이 역시 직경이 '10'인 원을 그리기 위해 'd'를 입력합니다.)

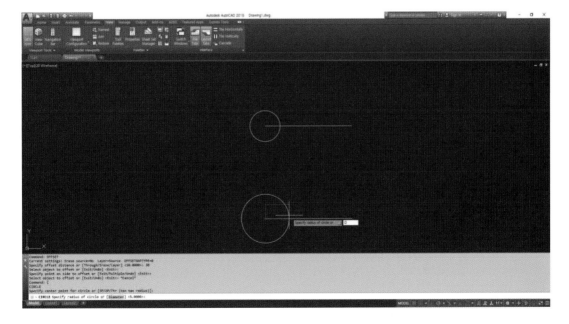

13 위에 위치한 원과 동일하게 직경(Diameter) 값을 '10'으로 입력합니다.

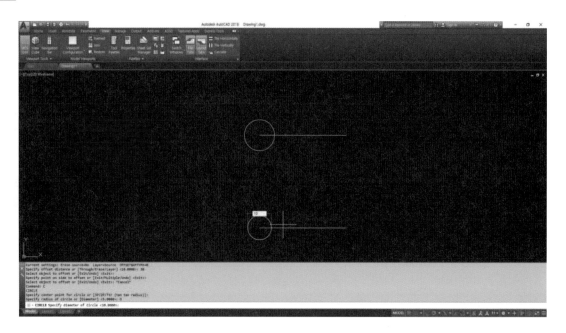

14 Line 명령을 실행합니다.

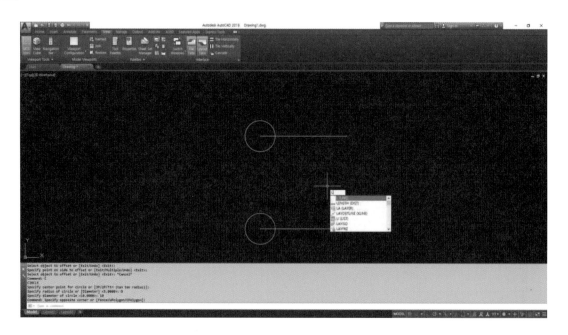

15 두 원의 중심점을 동시에 가로지르는 직선을 그립니다.

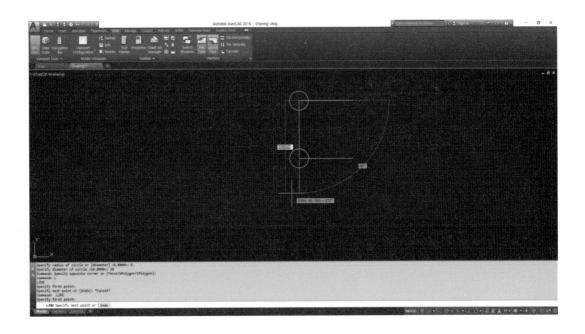

16 두 원의 중심점을 동시에 가로지르는 직선을 그립니다.
(이 역시 임시 가이드 라인으로 정확한 치수는 중요하지 않습니다.)

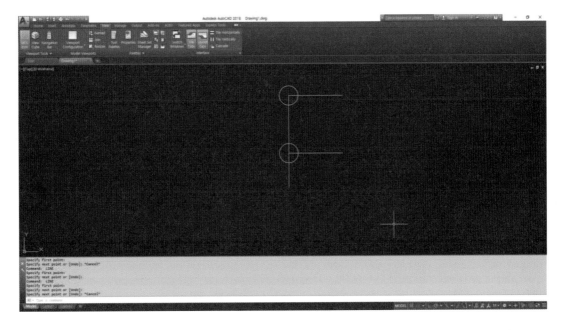

17 Offset 명령을 실행합니다.

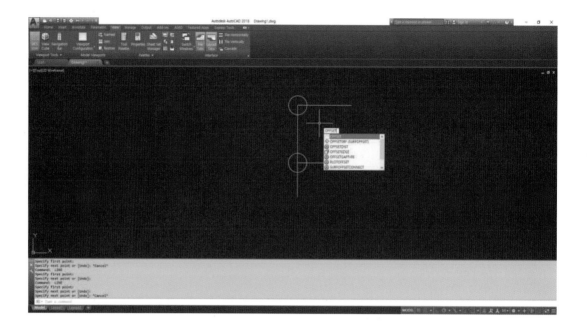

18 띄울 간격으로 '10'을 입력합니다.

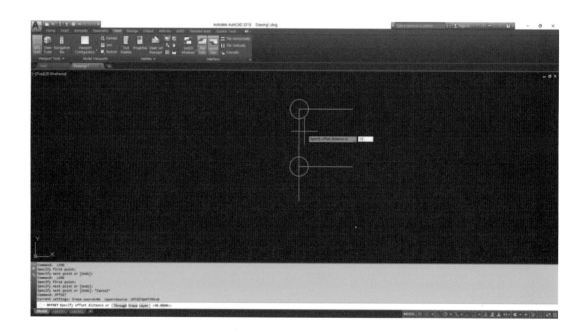

19 직전 과정에서 만든 선을 띄울 객체로 선택한 후 우측 방향으로 오프셋을 실행합니다.

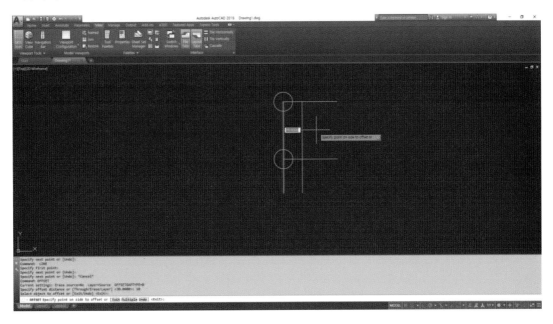

20 오프셋 명령을 종료하지 않고, 계속해서 반복 간격 띄우기를 실행해보겠습니다. 이번에는 좌측 방향으로 간격 띄우기를 실행합니다.

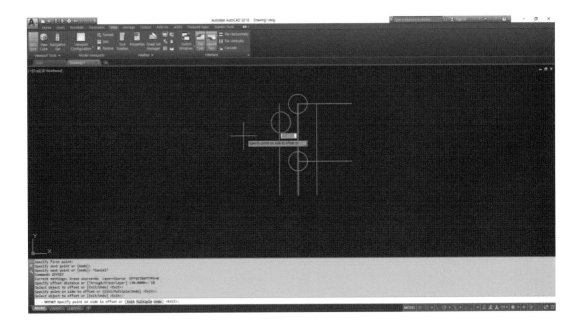

21 양 방향으로 간격 띄우기가 완료된 후 오프셋 명령을 종료합니다.

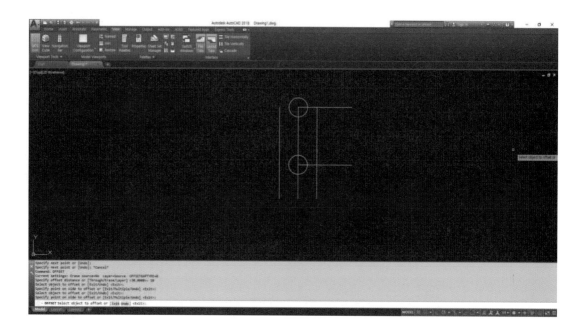

22 원 그리기 명령을 실행합니다.

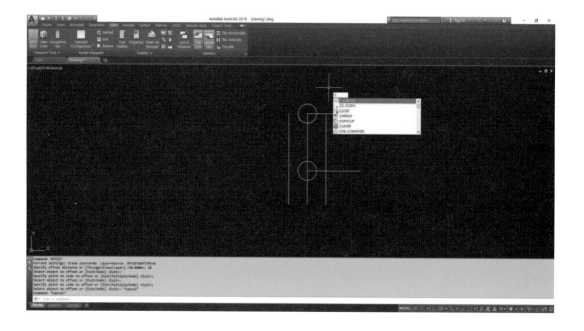

23 새로 그릴 원의 중심점은 위쪽에 위치한 원과 같은 중심점을 지정합니다.

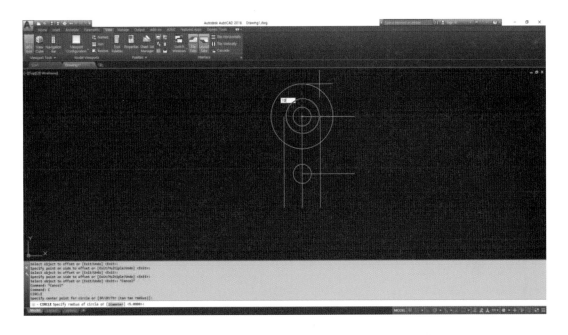

24 이후 이번에는 반지름이나 직경 값을 입력하는 것이 아닌, 직접 원의 끝점을 지정해
원을 그려보도록 합니다.
원의 끝점으로는 앞서 간격을 띄운 직선의 끝점으로 합니다.

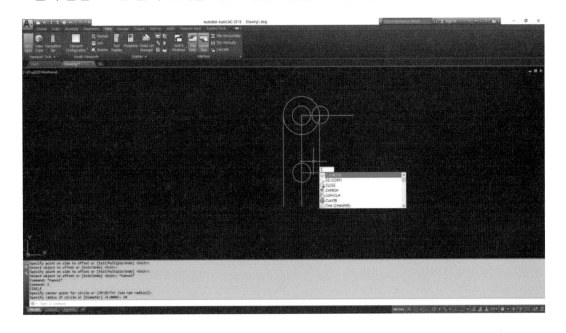

25 원 명령이 종료된 후 반복 명령(스페이스바)를 통해 다시 원 명령을 실행합니다.
이번 원도 마찬가지로 아래에 위치한 원과 같은 중심점을 가진 원을 그립니다.

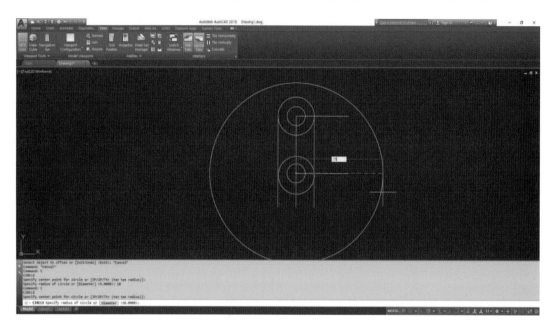

26 이후 원의 반지름은 '15'를 입력합니다.

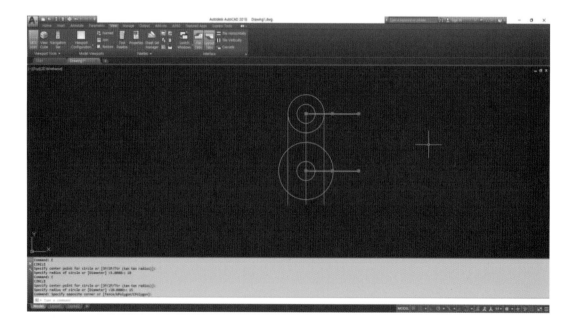

27 이후 아래 그림에서 선택된 두 직선을 Erase 명령을 통해 삭제합니다.

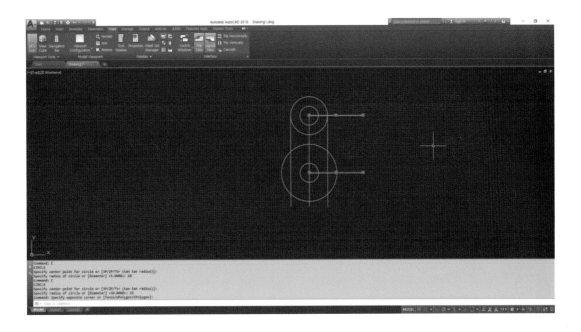

28 아래와 같이 제도가 되었다면 다음 작업을 계속해서 진행합니다.

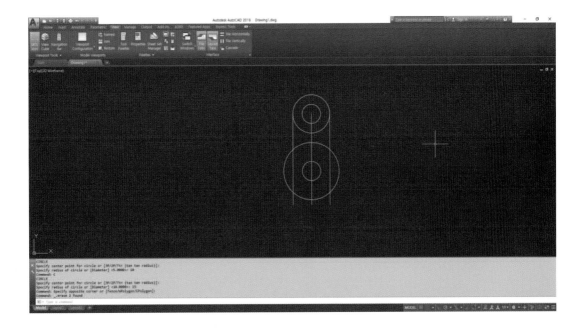

29 Trim 명령을 실행하고 기준 객체로는 현재 도면 안에 있는 모든 객체를 선택합니다.

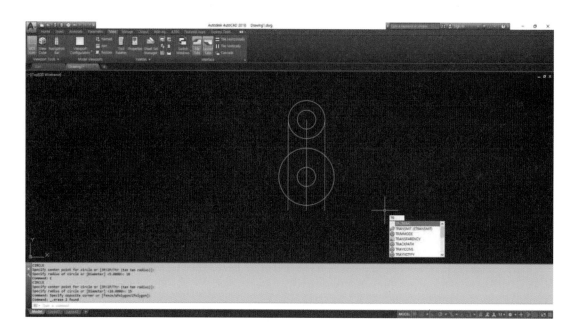

30 이후 아래 그림과 같이 Trim을 통해 불필요한 선을 모두 지우도록 합니다.
이렇게 해서 지금까지 학습했던 기능들을 복습해보았습니다.
(작업이 완료된 도면은 저장합니다.)

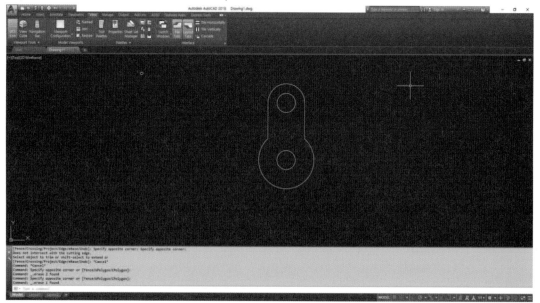

TIP 도면 저장
좌측 상단의 오토캐드 아이콘을 클릭 > Save As > Drawing > 파일 저장 경로 지정 >
파일 이름 지정 > 저장

AUTOCAD

PART

7

: 객체 이동

객체를 원하는 위치에 이동시키고, 복사시키는 등 객체 이동의 모든 것을 다룹니다.
더 나아가, 이 이동에서 Reference 기능을 활용하는 방법을 학습합니다.

INDEX

07 객체 이동

7.1 2차원 객체 그리기(직선/원/사각형)
알아보기

이번에는 객체를 이동하고 복사하는 방법을 학습합니다.
앞서 학습한 복습작업에서 이동과 복사를 알았다면 더욱 쉽고 빠른 작업이 가능합니다.
이처럼, 이동과 복사는 매우 기본적이면서 중요한 기능입니다.

1 객체 이동하기

01 앞의 복습 단계에서 저장한 도면을 열어 만든 개체를 그대로 이용하겠습니다.

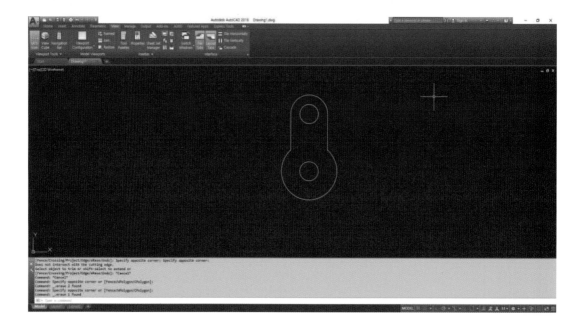

---

02 명령창에 'move' 혹은 'm"을 입력해 객체 이동 명령을 실행합니다.

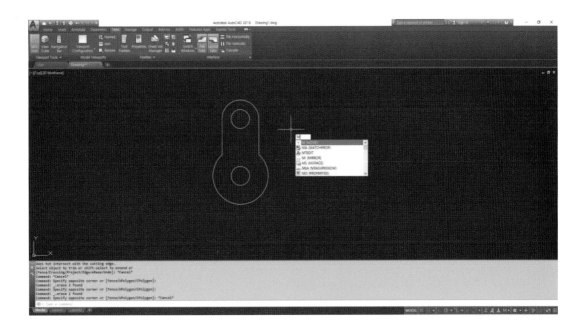

03 이동할 객체는 도면 내에 존재하는 객체를 모두 선택합니다.

TIP Move 기능 프로세스
Move >> 객체선택 >> 기준점 선택 >> 이동점 선택

(>> : 스페이스바 입니다.)

04 이동 기준점은 위에 위치한 원의 중심점을 선택합니다.

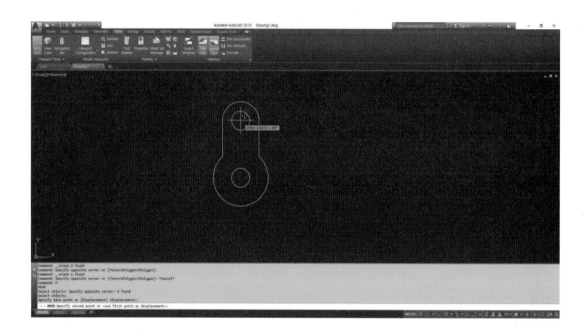

05 이동 기준점을 지정한 후 다음 명령에서 클릭하는 지점이 해당 객체가 이동할 위치입니다. 마우스를 이용해 객체를 원하는 곳에 이동시켜봅니다.

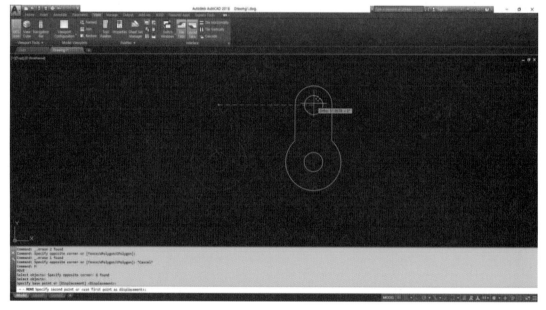

> **TIP** Move 기능 프로세스
> Move >> 객체선택 >> 기준점 선택 >> 이동점 선택
>
> (>> : 스페이스바 입니다.)

2 객체 이동 – Snap 활용

<u>01</u> 다음은 Osnap 기능을 활용해 원하는 위치에 정확하게 객체를 이동시켜보겠습니다. 아래 그림과 같이 앞서 만든 객체의 우측 임의의 지점에 한점에서 만나는 두 직선을 그립니다.

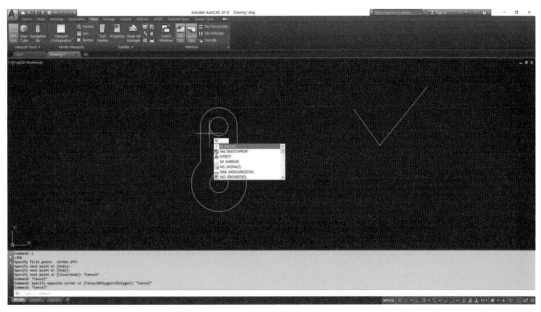

<u>02</u> 이동 명령을 실행합니다.
(이동 객체는 좌측의 객체를 모두 선택합니다.)

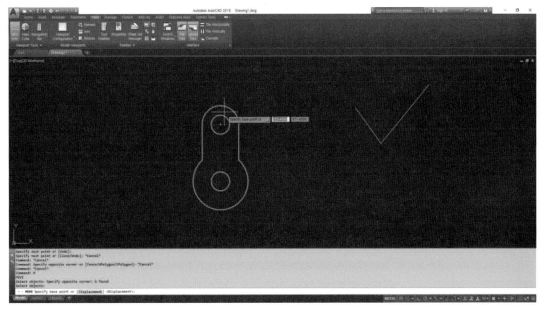

03 이동 기준점은 위에 위치한 원의 중심점입니다.
(Osnap이 작동하지 않는다면 'F3'키를 이용해 스냅을 활성화시킵니다.)

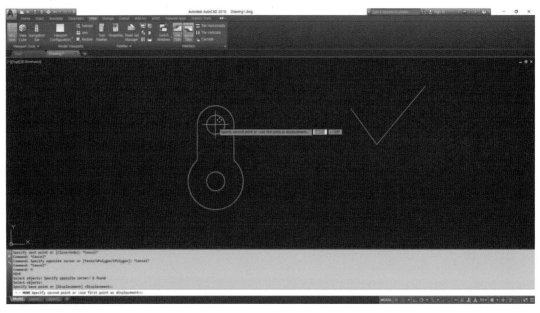

04 이동 점은 두 직선의 교점으로 합니다.
이처럼 스냅을 이용해 이동하면 원하는 위치에 정확하게 이동이 가능합니다.

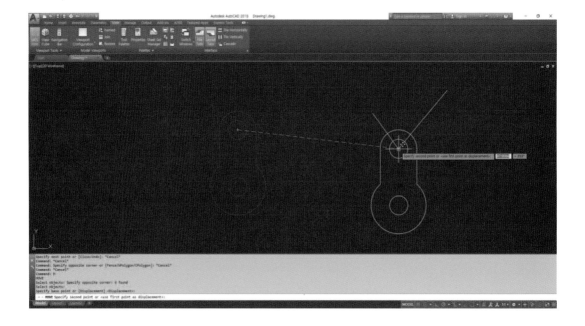

3 객체 이동 – 직교모드 활용

01 아래 그림과 같이 앞서 사용한 두 직선은 삭제합니다.
이동 명령을 실행합니다.

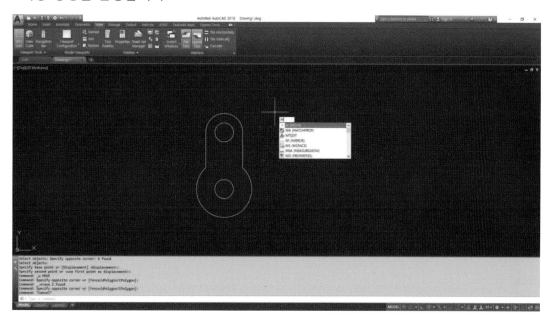

02 이동할 객체는 앞서 그린 객체를 모두 선택합니다.

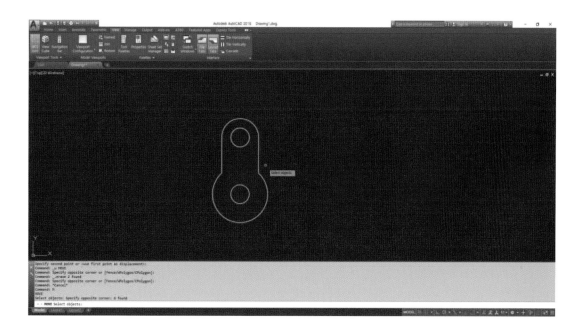

03 이동 기준점은 위에 위치한 원의 중심점입니다.
(Osnap이 작동하지 않는다면 'F3'키를 이용해 스냅을 활성화시킵니다.)

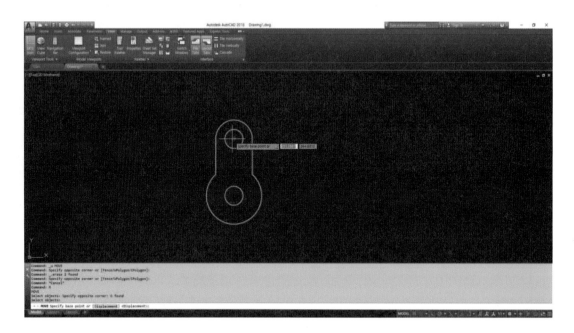

04 이동 점을 선택할 때 'F8'키를 통해 직교보드를 활성화 하면 수직/수평축에
이동점이 고정되어 정교한 이동이 가능합니다.

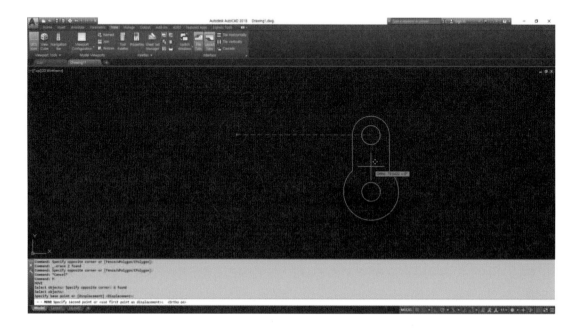

4 객체 이동 – 상대좌표 활용

01 이번에는 상대 좌표를 활용해 임의의 방향을 따라 원하는 치수만큼 이동시켜보도록 하겠습니다.

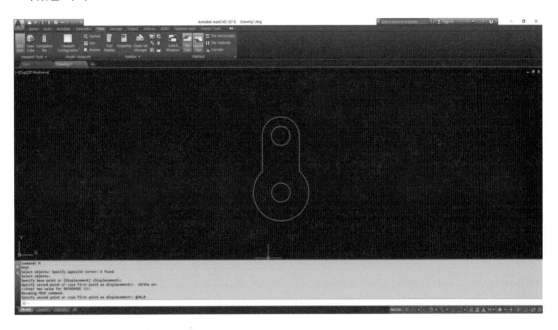

02 이동 명령을 실행한 후 이동 객체와 이동 기준점은 앞선 단계와 마찬가지로 지정합니다. 이후, 이동점을 선택하기 전, 명령창에 '@30,0'을 입력하면, +x축 방향으로 '30'만큼 이동하게 됩니다.

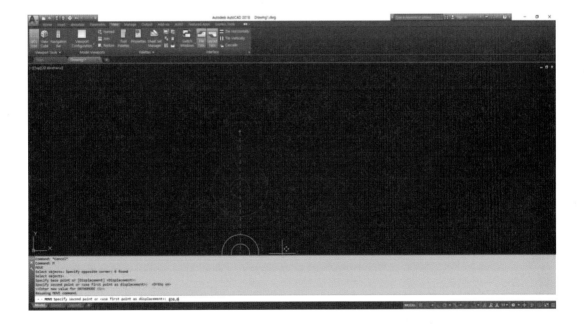

5 객체 복사 (CP/CO)

01 객체 복사의 프로세스나 방식은 이동 기능과 동일합니다.
(단지, 자동 종료가 아닌 것만 다릅니다.)
명령창에 'co' 혹은 'cp' 혹은 'copy'를 입력합니다.

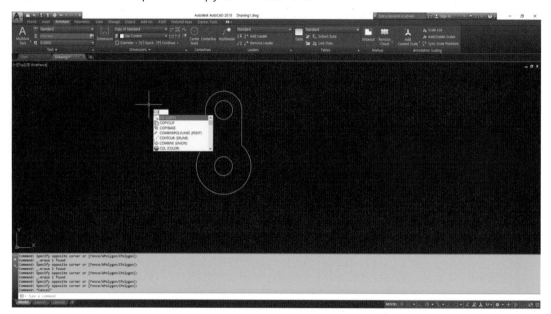

02 복사할 객체는 전체 선택 합니다.

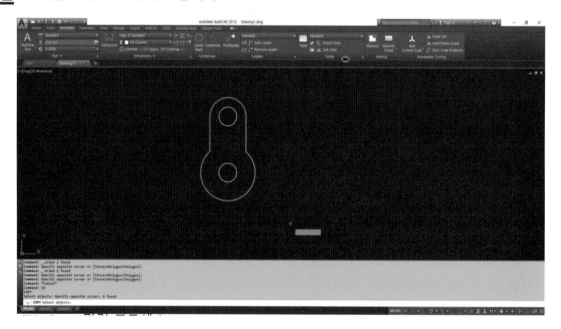

TIP Copy 명령 프로세스
copy >> 객체선택 >> 기준점 선택 >> 복사점 선택 >> 명령종료
(>> : 스페이스바 입니다.)

03 복사 할 지점을 지정해 복사합니다.

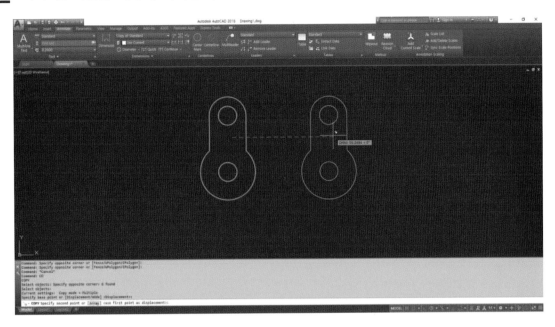

04 객체 복사는 이동과 다르게 명령이 자동 종료되지 않습니다.
따라서 원하는 만큼 복사를 반복적으로 사용할 수 있습니다.

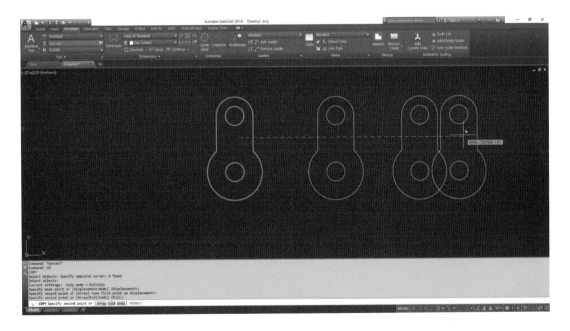

> **TIP** Copy 명령 프로세스
> copy >> 객체선택 >> 기준점 선택 >> 복사점 선택 >> 명령종료
>
> (>> : 스페이스바 입니다.)

05 자유롭게 복사해 본 후 스페이스 바를 통해 명령을 종료합니다.

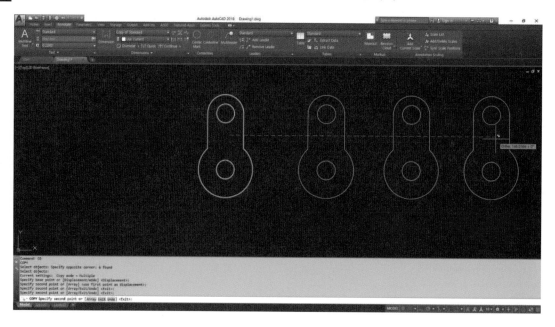

TIP Copy 명령 프로세스
copy >> 객체선택 >> 기준점 선택 >> 복사점 선택 >> 명령종료

(>> : 스페이스바 입니다.)

6 객체 복사 (CP/CO) – 상대좌표 활용

01 복사 명령을 실행한 후 객체를 모두 선택합니다.

02 복사 기준점은 위에 위치한 원의 중심점으로 합니다.

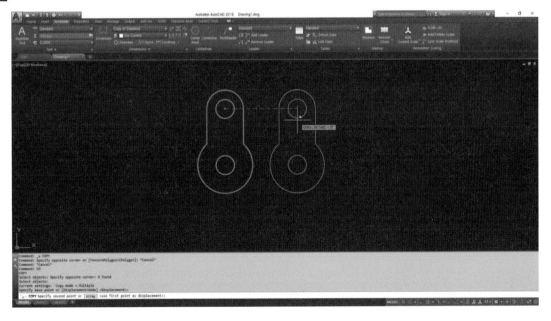

03 복사 기준점은 위에 위치한 원의 중심점으로 합니다.

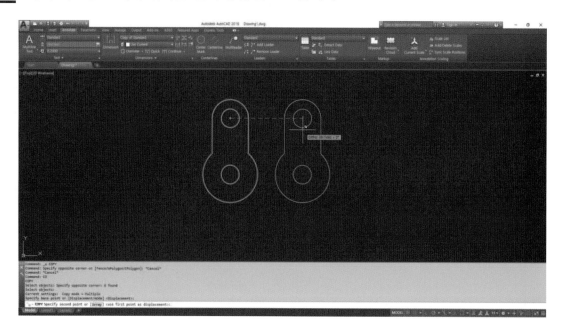

04 복사 점을 클릭하는 대신 상대 좌표를 활용해보겠습니다.
명령창에 '@30,10'을 입력합니다.

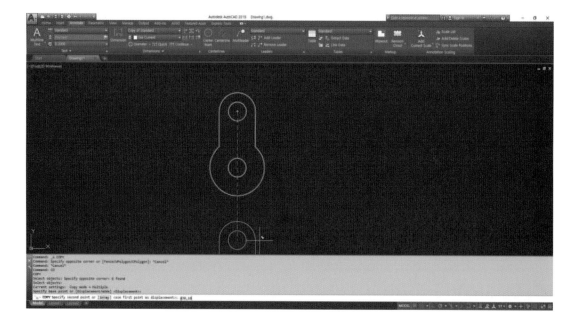

05 아래 그림과 같이 상대 좌표에 따라 복사가 되는 것을 확인할 수 있습니다.
이처럼, 상대좌표를 이용해 복사를 임의의 방향을 따라 원하는 치수만큼 복사 시킬
수 있습니다.

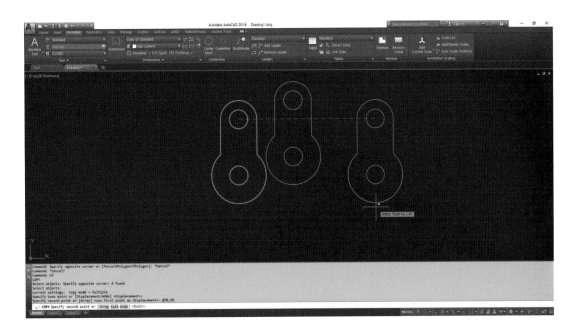

7 객체 복사 (CP/CO) – 반복 복사

01 일정한 간격으로 여러 객체를 복사하고자 할 때 활용할 수 있는 방법입니다.
Line 명령을 실행합니다.

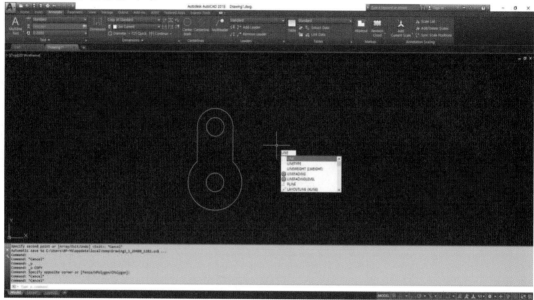

02 위에 위치한 원의 중심점을 시작점으로 하고, 수직하게 위로 올라가는 직선을 그립니다.
(아래 그림 참고/직교모드 활용)

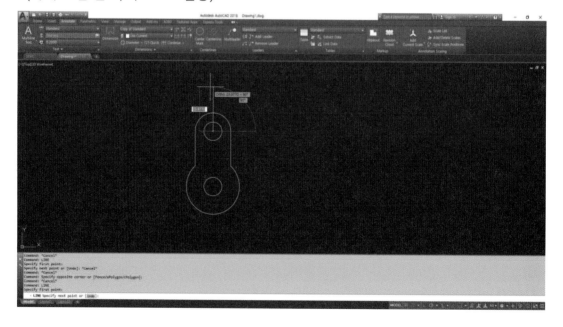

03 Offset 명령을 실행합니다.

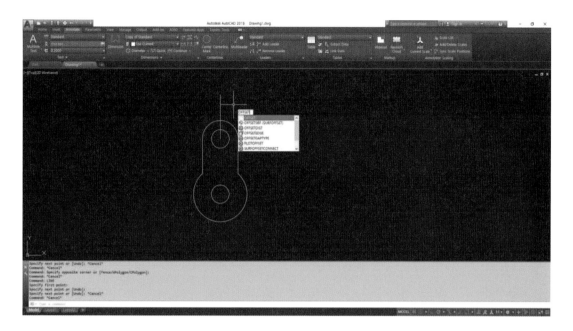

04 간격 띄우기 값은 '40'을 입력합니다.

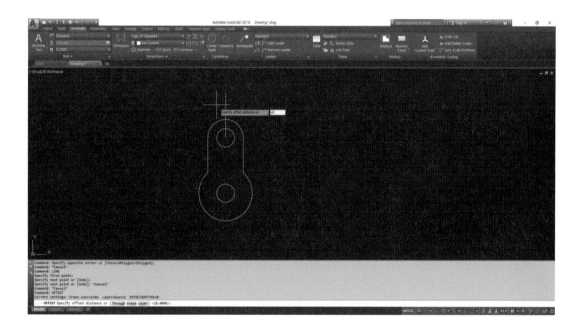

05 Offset 할 객체는 앞서 그린 객체를 선택하고, 방향은 객체 기준 좌측 방향으로
지정해 간격 띄우기를 실행합니다.

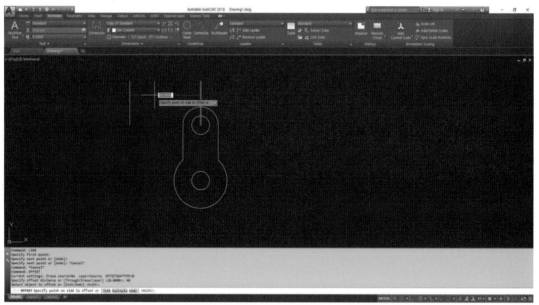

06 이후 오프셋 명령을 종료하고, 복사 명령을 실행합니다.

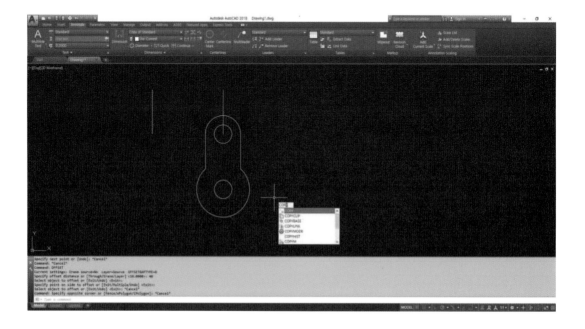

07 복사할 객체로는 아래 그림과 같이 선택합니다.
(직선만 제외)

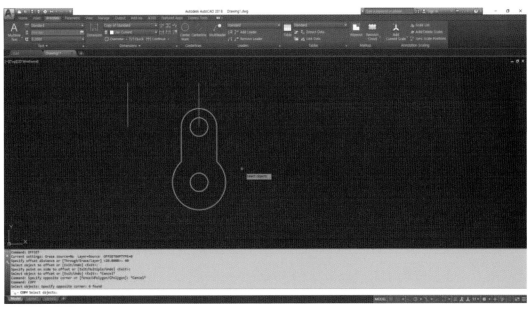

08 기준점은 좌측에 위치한 직선의 아래 끝점을 지정합니다.
(스냅이 잡히지 않는 다면 'F3'키를 이용해 스냅을 활성화합니다.)

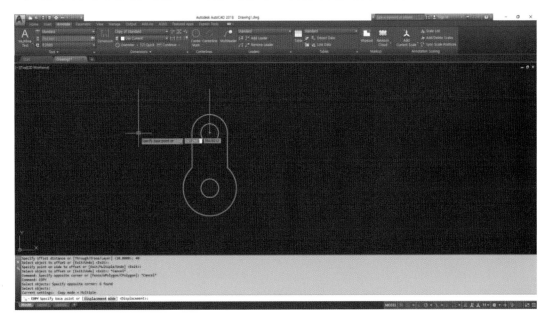

09 복사 점으로는 우측에 위치한 직선의 끝점을 지정합니다.
(아래 그림 참고)

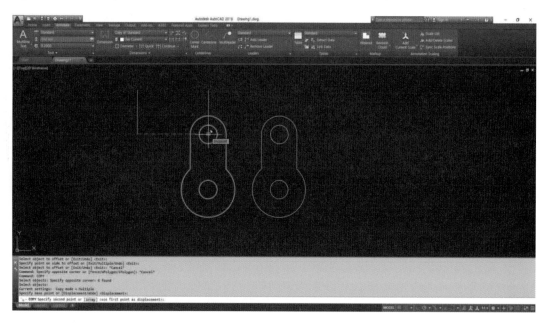

10 복사 명령은 앞서 언급한 것과 가이 자동 명령 종료가 되지 않습니다.
즉, 반복 작업이 가능한데, 아래 그림과 같이 계속해서 새로 만들어지는 객체의 일정
지점(교재에서는 원의 중심점)을 복사점으로 선택하면 같은 간격을 가진 여러 객체를
복사할 수 있습니다.

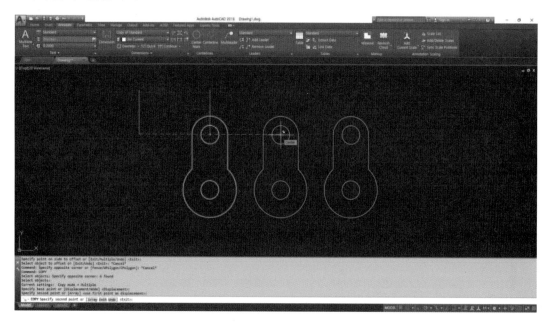

7.2
알아보기

회전(Rotate)

1 회전(RO)

01 회전 기능을 사용해보기 위해 임의의 사각형을 그립니다.
(치수는 중요하지 않습니다.)

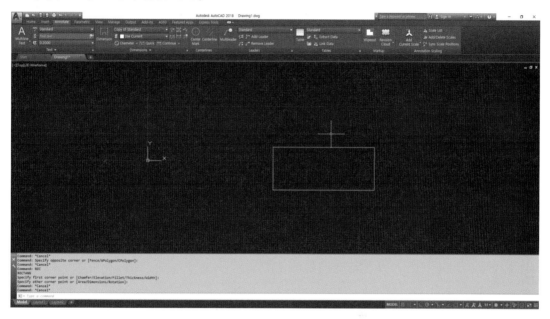

02 명령창에 'ro' 또는 'rotation'을 입력합니다.

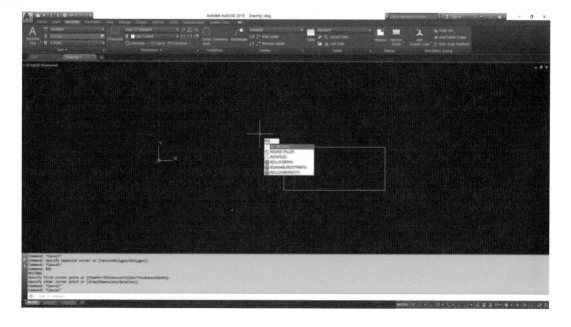

03 회전시킬 객체는 직사각형을 선택합니다.

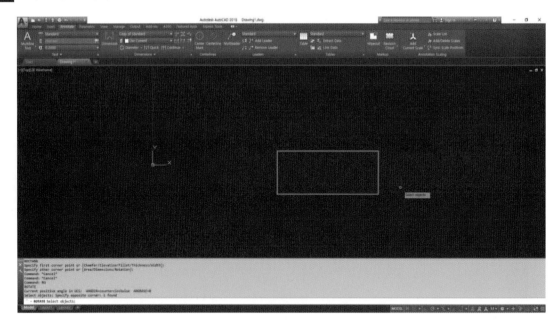

04 회전의 중심(축)은 사각형의 꼭지점을 선택합니다.

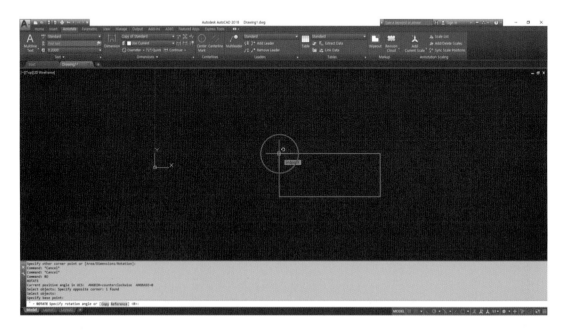

TIP 회전 명령 프로세스
Rotation >> 객체 선택 >> 회전 중심 선택 > 각도 설정
(>> : 스페이스 바를 의미합니다.)

05 회전의 각도는 임의의 지점을 클릭해도 되지만, 각도를 입력하는 것이 정확합니다.
'30'을 입력해 30도 회전시킵니다.

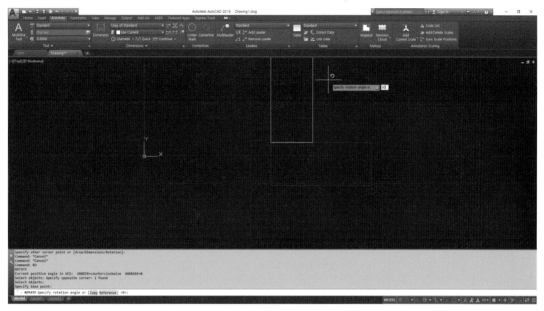

06 선택한 객체가 지정한 중심을 축으로 30도 회전한 것을 알 수 있습니다.

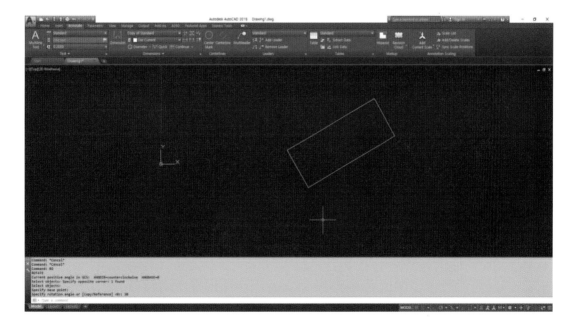

TIP 회전 명령 프로세스
Rotation >> 객체 선택 >> 회전 중심 선택 > 각도 설정
(>> : 스페이스 바를 의미합니다.)

2 객체 회전 – Reference 활용

01 30도 기울어진 객체를 그대로 사용하겠습니다.
회전 명령을 실행합니다.

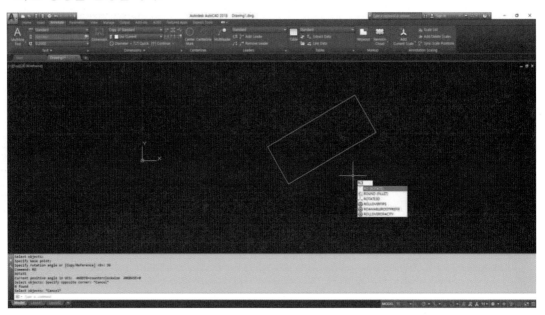

02 회전 객체를 선택합니다.

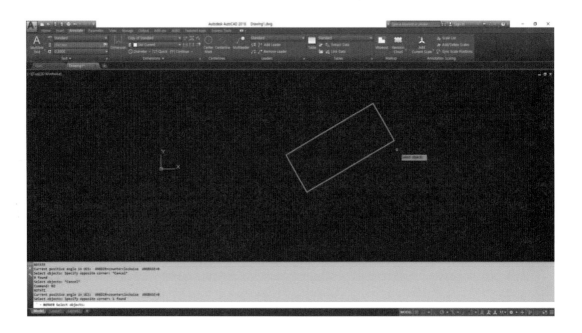

03 회전 중심을 아래와 같이 설정합니다.

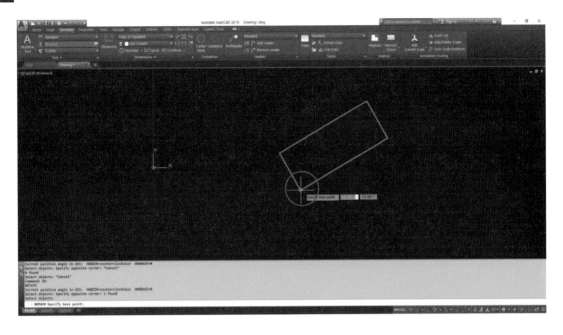

04 명령창에 'r' 을 입력하여 Reference 설정 모드를 활성화합니다.

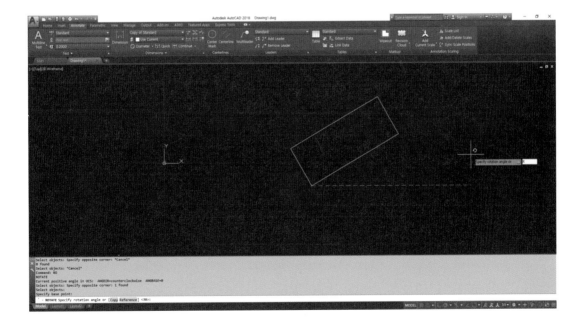

05 아래 그림과 같이 직사각형의 아래 양 꼭지점을 선을 그리듯 차례로 클릭합니다.
(지금 지정한 경로(모서리)는 회전의 Reference 선입니다.)

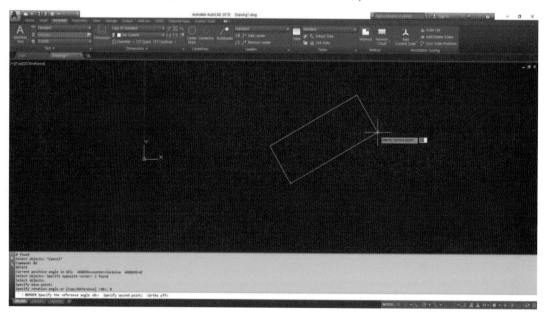

06 이후 명령창에 '0'을 입력합니다.

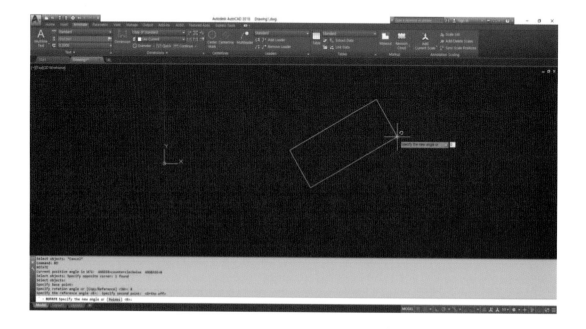

07 앞서 지정한 Reference 경로(선)이 0도(x축)에 평행하게끔 객체가 회전되는 것을
알 수 있습니다.

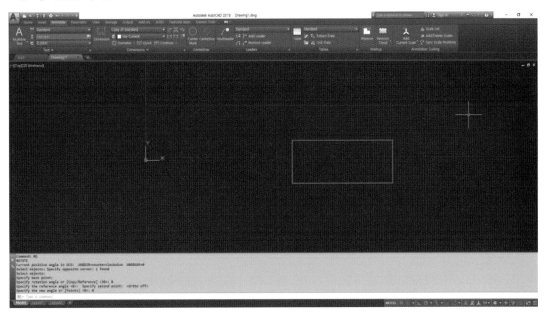

TIP 회전 각도
회전 명령에서 지정하는 각도는 원점을 중심으로 x축을 0도로 한 시계 반대 방향으로의
각도 값입니다.
즉, 90도는 y축이 됩니다.

3 객체 회전 – Reference 활용 - 2

01 두 개의 직사각형 (한 객체는 30도 회전)을 그린 후 회전 명령을 실행합니다.

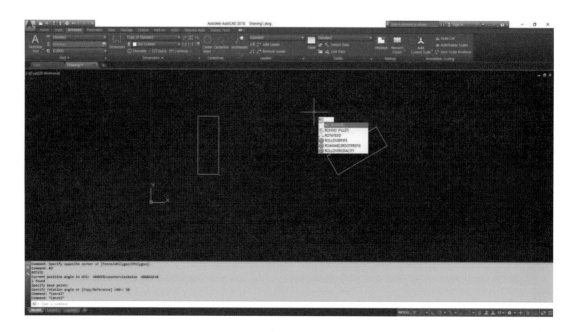

02 회전할 객체는 좌측에 수직 객체를 선택합니다.

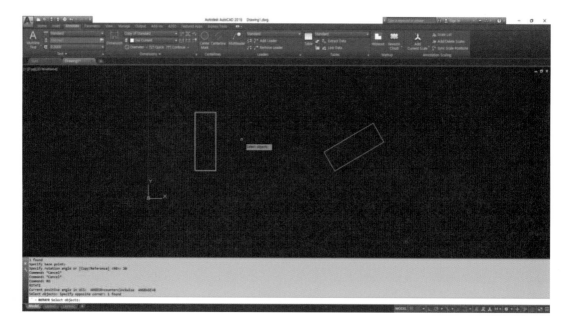

03 회전 중심을 아래와 같이 설정합니다.

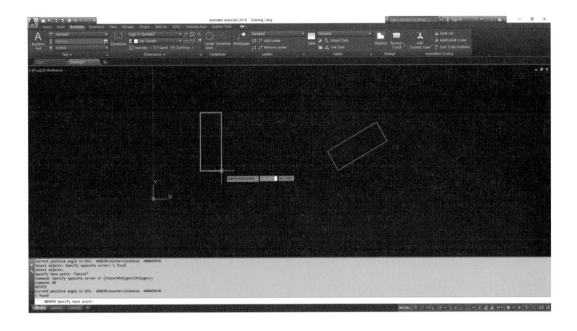

04 명령창에 'r' 을 입력하여 Reference 설정 모드를 활성화합니다.

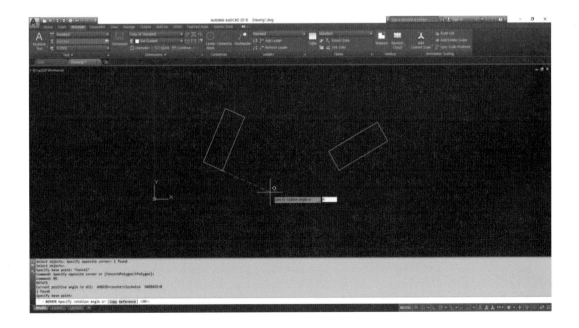

05 아래 그림과 같이 직사각형의 우측 하단 꼭지점과 우측 상단 꼭지점을 선을 그리듯 차례로 클릭합니다.
(지금 지정한 경로(모서리)는 회전의 Reference 선입니다.)

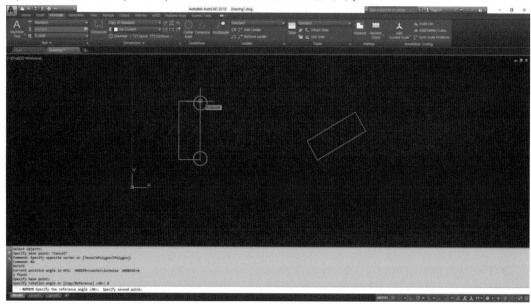

06 이후 명령창에 'p'을 입력합니다.

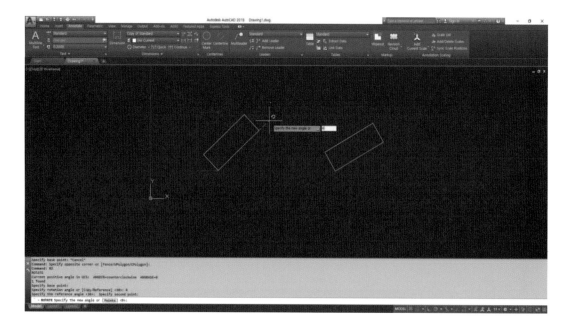

07 우측에 위치한 30도 회전된 사각형의 꼭지점을 선택합니다.
(아래 그림 참고)

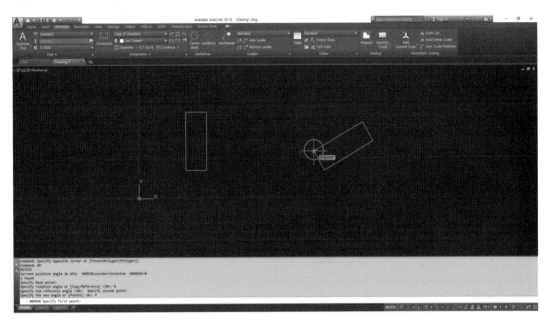

08 다음으로 아래 그림과 같이 다른 꼭지점을 선택합니다.
(Reference 경로를 지정하는 것과 동일한 방식입니다.)

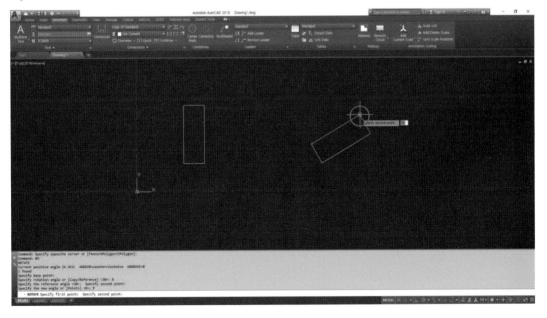

09 아래 그림과 같이 객체의 Reference 경로가 지정한 경로와 평행하도록 회전된 것을
알 수 있습니다.

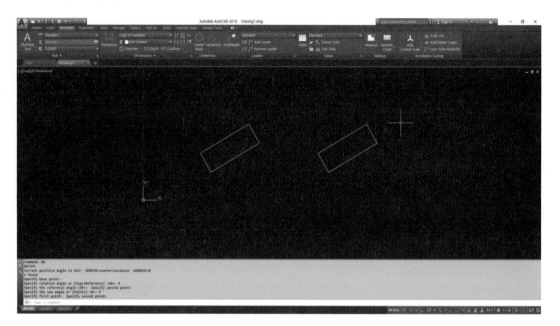

7.3 스케일(확대/축소)
알아보기

1 스케일 (SC)

01 스케일은 회전과 유사한 방식입니다.
임의의 직사각형을 그린 후 명령창에 'sc' 혹은 'scale'을 입력합니다.

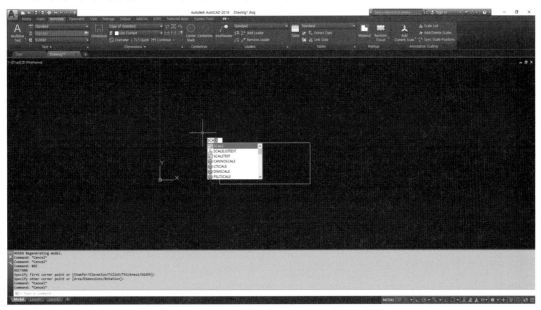

02 배율을 조정할 객체를 선택합니다.

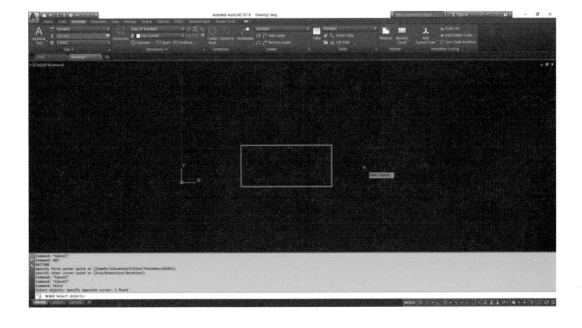

03 배율의 중심으로 꼭지점을 선택합니다.

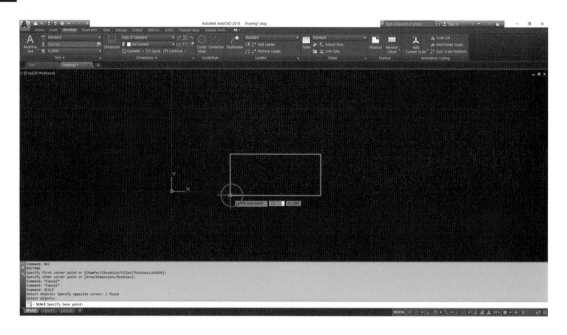

04 명령창에 '2'를 입력해 2배 확대합니다.

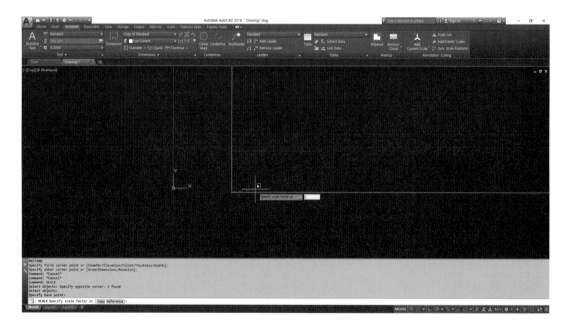

TIP 스케일 명령 프로세스
Scale >> 객체 선택 >> 배율 중심 선택 > 배율 설정
(>> : 스페이스 바를 의미합니다.)

2 스케일(SC) – Reference 활용

01 아래 그림과 같이 두개의 크기가 각기 다른 직사각형을 그립니다.
Scale 명령을 실행합니다.

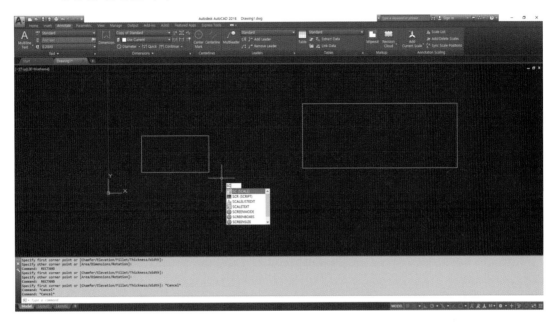

02 상대적으로 작은 객체를 선택합니다.

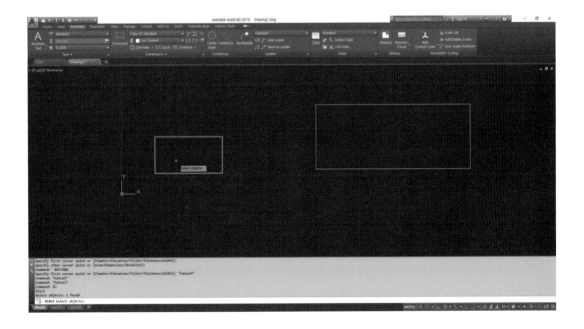

03 배율의 중심으로 꼭지점을 선택합니다.

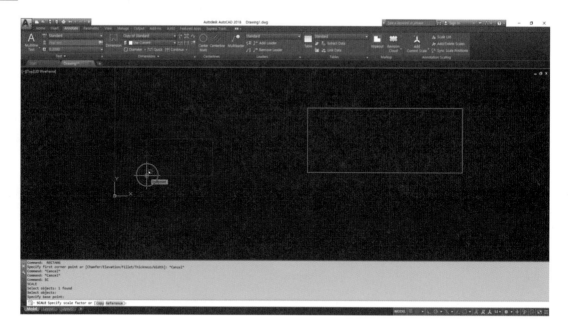

04 회전과 마찬가지로 'r'을 입력해 Reference 설정 모드를 활성화합니다.

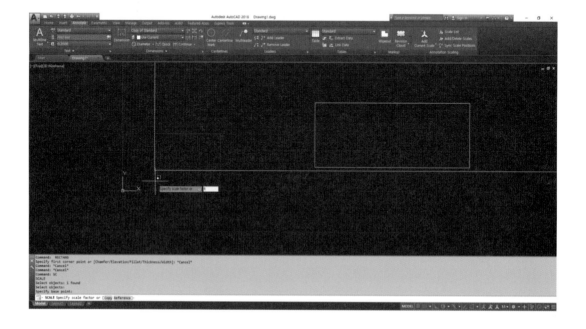

05 아래 그림과 같이 직사각형의 양 꼭지점을 차례로 선택해 해당 객체의 밑변을 Reference 경로로 설정합니다.

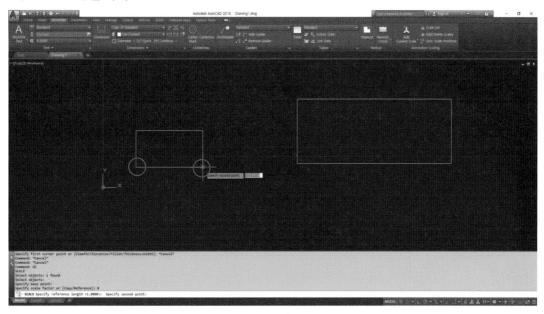

06 이후 수치를 입력하면 해당 Reference 경로의 길이가 입력한 치수와 동일하게 끔 확대/축소 됩니다.
('3'을 입력해봅니다.)

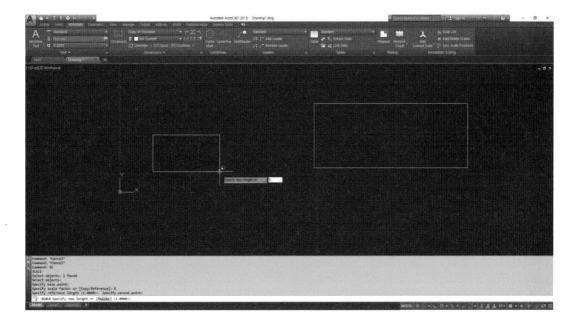

07 Reference 경로의 길이가 3이 되도록 객체의 배율이 변경된 것을 알 수 있습니다.

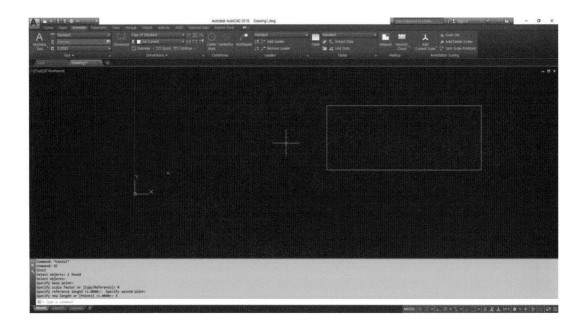

3 스케일(SC) – Reference 활용 - 2

01 아래 그림과 같이 두개의 크기가 각기 다른 직사각형을 그립니다.
Scale 명령을 실행합니다.

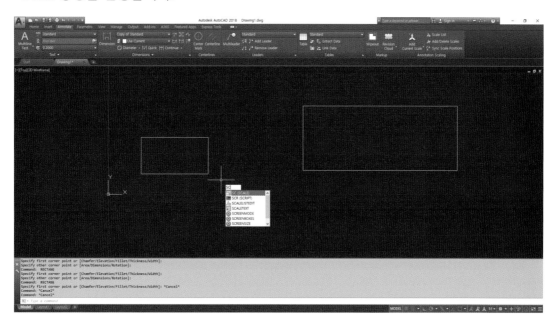

02 상대적으로 작은 객체를 선택합니다.

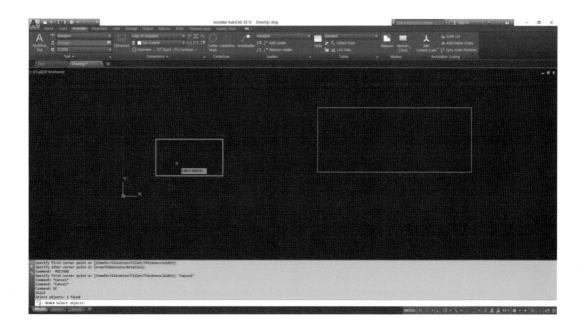

03 배율의 중심으로 꼭지점을 선택합니다.

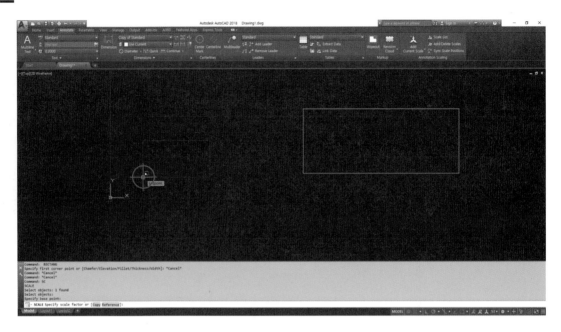

04 회전과 마찬가지로 'r'을 입력해 Reference 설정 모드를 활성화합니다.

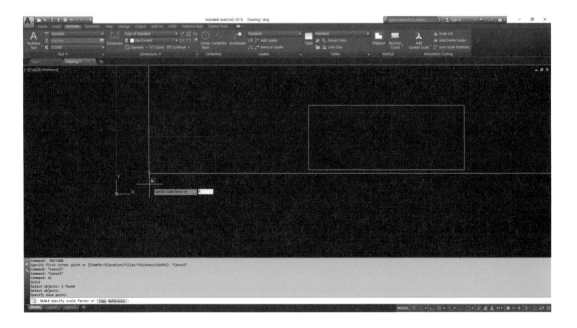

05 아래 그림과 같이 직사각형의 양 꼭지점을 차례로 선택해 해당 객체의 밑변을 Reference 경로로 설정합니다.

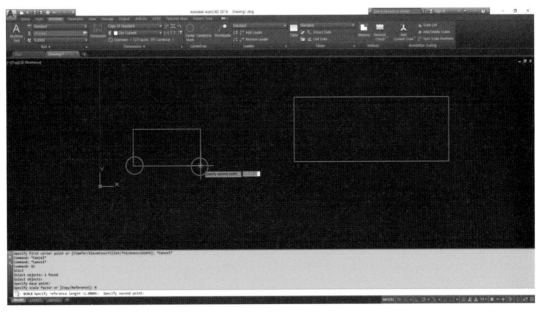

06 명령창에 'p'를 입력합니다.

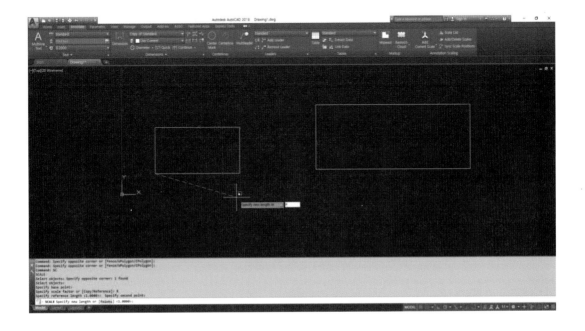

07 아래 그림과 같이 상대적으로 큰 직사각형의 아래 두 꼭지점을 차례로 선택합니다.

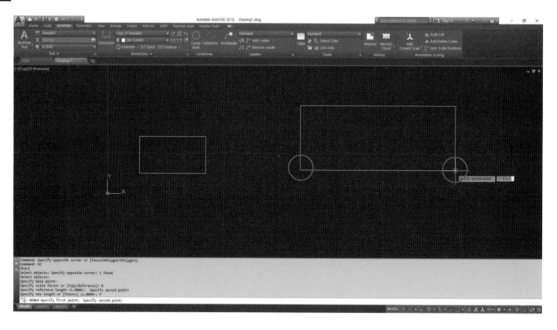

08 아래 그림과 같이 Reference 선이 두번째로 그은 선과 길이가 동일하도록 스케일이 변경된 것을 알 수 있습니다.

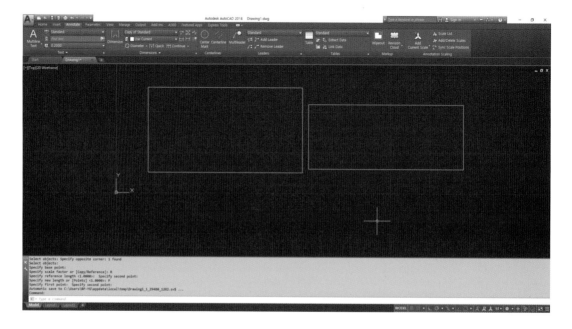

7.4 알아보기 | 대칭(Mirror : 거울)

1 미러 (Mirror)

01 아래 그림과 같이 수직한 선, 기울어진 선, 임의의 객체를 그립니다.
(여기서 두 선은 대칭 축이 되며, 임의의 객체는 대칭이동할 객체입니다.)

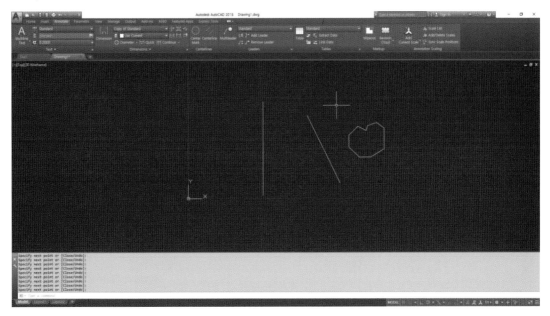

02 명령창에 'mirror'을 입력합니다.

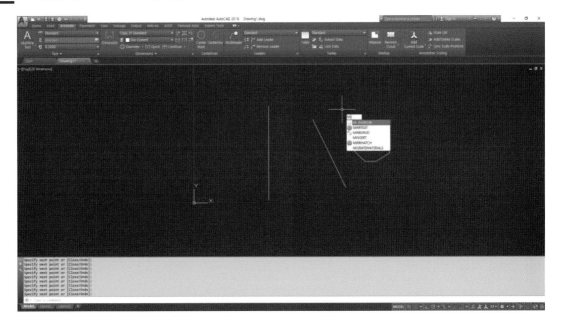

03 대칭이동할 객체를 선택합니다.

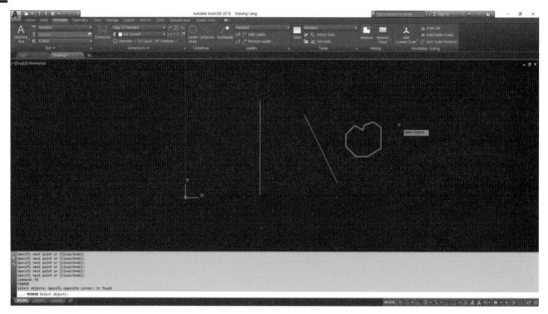

04 다음은 대칭 축을 지정하는 과정입니다.
이때, 대칭 축은 미리 그려둔 선을 이용하는 경우가 많습니다.
따라서, 앞서 미리 그려 놓은 수직한 선의 각 끝점을 차례로 클릭합니다.

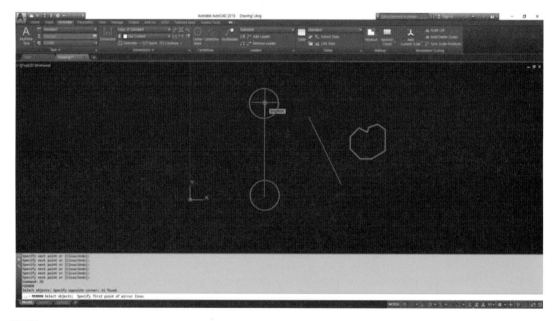

> **TIP** 미러(대칭이동/복사) 프로세스
> Mirror >> 대칭 이동할 객체 선택 >> 대칭 축 그리기
>
> (>> : 스페이스바를 의미합니다.)

05 대칭 이동이 완료되며 마우스 커서 옆 혹은 명령창에 생성되는 문구가 확인됩니다.
이는 대칭 이동을 한 후 원본 객체를 지울지에 대한 여부를 묻는 문구입니다.

'No'를 선택할 시 원본객체는 유지되며, 'Yes'를 선택할 시 원본 객체는 삭제됩니다.

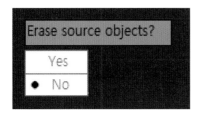

> ⌐⌐ ▾ **MIRROR** Erase source objects? [Yes No] <No>:

06 현재 'No'에 선택이 되어 있으니, 스페이스 바를 한번 눌러 종료합니다.

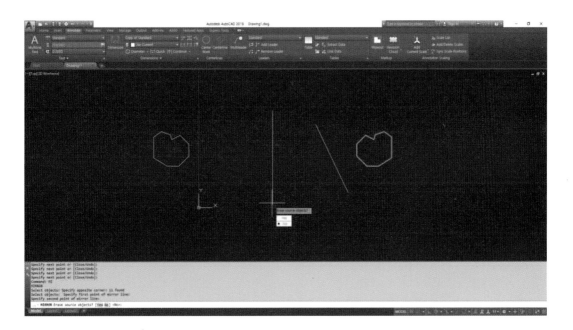

> **TIP** 미러(대칭이동/복사) 프로세스
> Mirror >> 대칭 이동할 객체 선택 >> 대칭 축 그리기
>
> (>> : 스페이스바를 의미합니다.)

07 이번에는, 같은 객체를 기울어진 축으로 대칭시켜 보겠습니다.

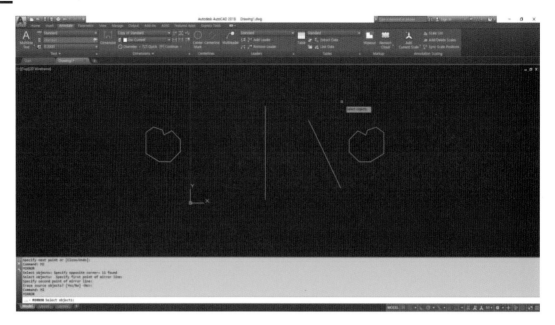

08 미러 명령을 입력해 실행합니다.

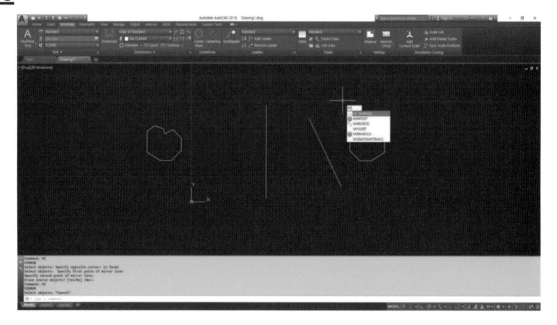

TIP

TIP. 미러(대칭이동/복사) 프로세스
Mirror >> 대칭 이동할 객체 선택 >> 대칭 축 그리기

(>> : 스페이스바를 의미합니다.)

09 대칭시킬 객체를 선택합니다.

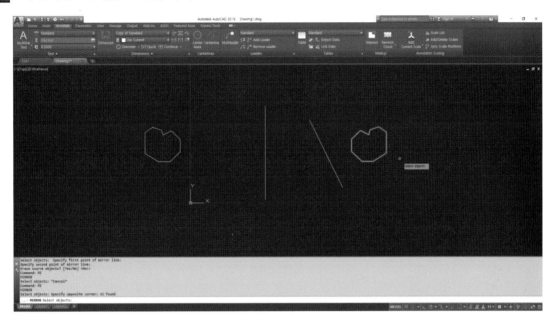

10 다음은 대칭 축을 지정하는 과정입니다.
앞서 미리 그려 놓은 기울어진 선의 각 끝점을 차례로 클릭합니다.

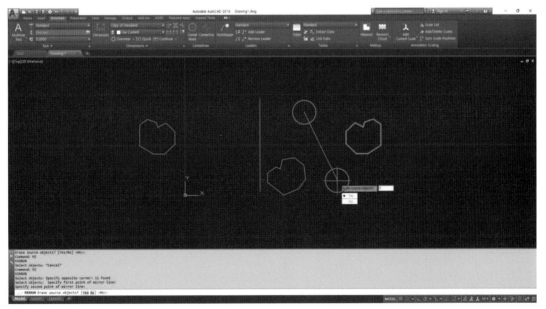

TIP

TIP. 미러(대칭이동/복사) 프로세스
Mirror >> 대칭 이동할 객체 선택 >> 대칭 축 그리기

(>> : 스페이스바를 의미합니다.)

11 이번에는 원본 객체를 삭제해보도록 하겠습니다.
명령창에 'y'를 입력한 후 스페이스 바를 한번 누릅니다.

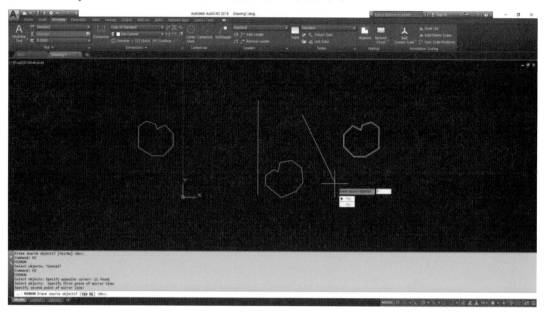

12 아래와 같이 대칭이동이 완료되면서 원본 객체는 삭제되었습니다.

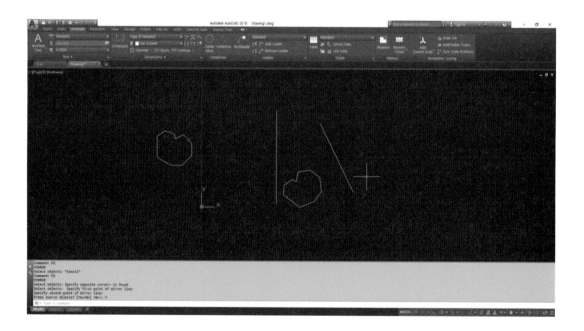

TIP 미러(대칭이동/복사) 프로세스
Mirror >> 대칭 이동할 객체 선택 >> 대칭 축 그리기

(>> : 스페이스바를 의미합니다.)

PART

: 레이어

8

모든 프로그램에서 가장 중요한 개념인 레이어에 대해 학습합니다.
레이어를 이해하고, 레이어 특성(선 색상, 선 두께 등)을 설정하는 방법을 익히며 설정한
특성을 다른 객체에 일치시키는 방법을 배웁니다.
더 나아가, 지금까지 배운 내용을 토대로 예제 작업을 통해 복습하며 정리합니다.

INDEX

08 레이어(Layer)

8.1 레이어의 이해
알아보기

Auto CAD 뿐 만 아니라, 여타 2D 및 3D CAD에 항상 등장하는 개념이 레이어(Layer)
입니다. 가장 공통적으로 사용되는 개념이 레이어인 만큼 레이어에 대한 이해는
필수적입니다.

1 레이어의 정의

 레이어란, 프로그램 안에 존재하는 일종의 분류 체계입니다.
작업자는 레이어를 통해 오브젝트들을 해당 오브젝트의 정보에 따라 카테고리화 하고
분류합니다.
 즉, 레이어 안에는 단순 오브젝트의 개념만 포함되는 것이 아니라 정보의 개념도
존재합니다. (물론 여기서의 정보는 작업자 당사자만이 정의하는 정보입니다.)

 예를 들어, CAD 내에 건물이 존재한다고 하면, 해당 건물에는 벽이 존재할 것이고,
벽에는 창이나 문이 존재할 것입니다.
 이때, 벽과 창, 그리고 문을 각기 다른 레이어로 묶어 두는 것이 레이어 분류방식입니다.
더 쉬운 비유로는 셀로판지(비닐)를 들 수 있습니다.
총 3장의 셀로판지가 있고 각각의 셀로판지에 벽, 창, 문을 그린 후 겹쳐 보면 하나의
건물이 될 수 있습니다. 이후 수정해야 할 요소가 있다면 해당 요소가 그려져있는
셀로판지(레이어)만 꺼내서 수정하면 편리합니다.
 이렇게 작업자는 레이어로 오브젝트를 분류하고 다른 레이어로 분류를 해 두면 각각의
레이어끼리는 각기 다른 설정(선 두께, 선 색, 선 종류 등)을 할 수 있습니다.

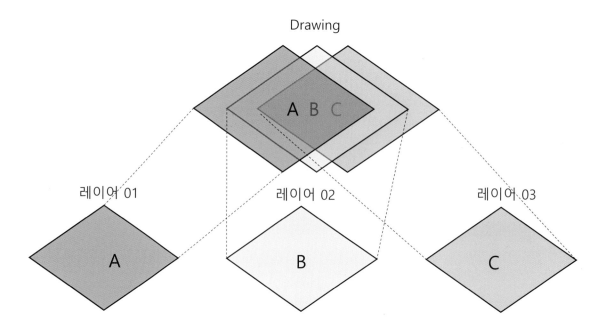

2 레이어 만들기

01 새로운 도면으로 시작합니다.

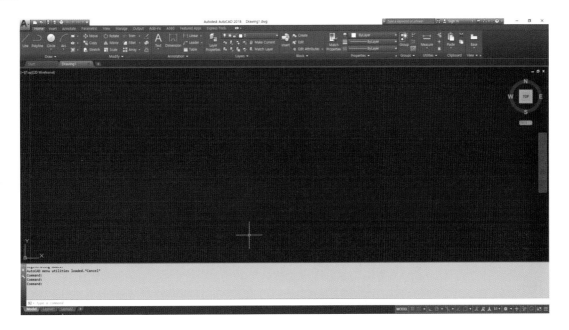

02 직선을 하나 그어봅니다.

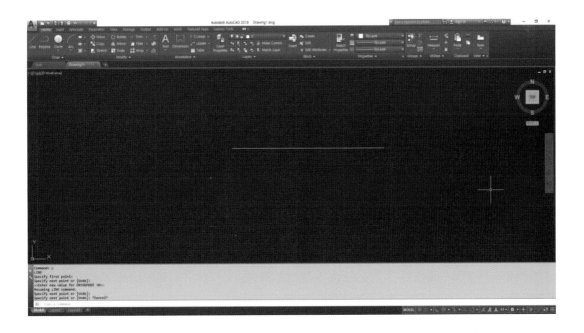

03 작성한 선을 선택하면 우측 상단 바의 Properties 란에서 확인할 수 있는 요소가
총 3가지 있습니다.
이에 대한 설명은 하단 TIP을 참고합니다.

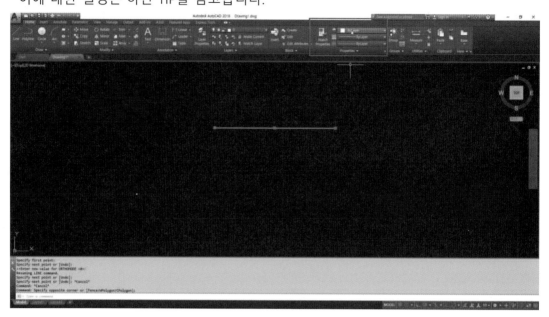

TIP Properties(특성)

개체(레이어)의 대표적인 3가지 특성은
아래와 같습니다.

(1) 선 색상
(2) 선 두께
(3) 선 패턴

그리고, 이 3가지 요소 모두 'BY LAYER'로 지정되어 있는 것을 알 수 있습니다.
즉, 이 객체는 현재 레이어가 지정되어 있고 항상 레이어의 색상, 두께, 패턴을 따라
가게 되는데, 이것이 레이어 세팅이 중요한 이유입니다.
(레이어 분류를 잘 해두면 일괄적인 오브젝트 객체 관리가 가능합니다.)

물론, 저 3가지 요소 모두 객체별로 지정 및 변경이 가능하지만, 그 방식은
레이어를 완전히 무시하는 작업 방식이기 때문에 추후에 발생할 문제에 대한 수정
혹은 도면 관리에 있어 매우 좋지 않은 방식입니다.

따라서, 항상 객체의 설정은 BY LAYER로 지정한 상태에서 레이어를 총괄합니다.

04 상단 탭의 Layer Properties를 클릭합니다.

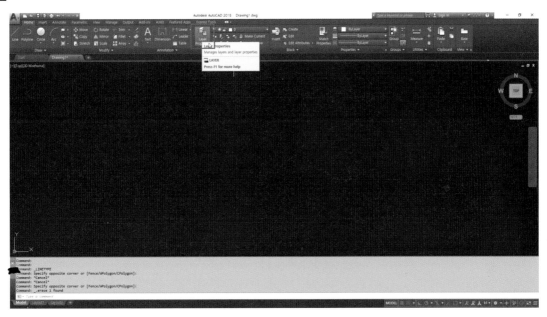

05 생성된 창이 이 도면 내에 존재하는 모든 레이어를 관리할 수 있는 창입니다.
기본 레이어는 '0'이름을 가진 레이어가 존재하며, 이 레이어는 지울 수도, 이름을
변경할 수 도 없는 기본 레이어입니다.

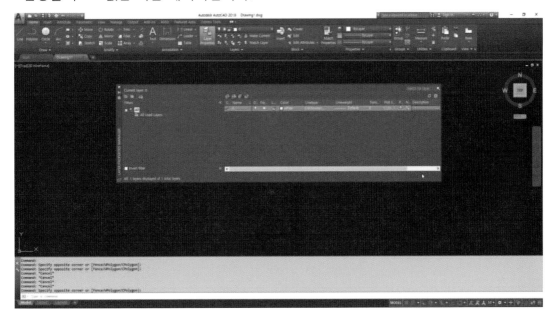

06 총 3개의 레이어를 새로 만듭니다. 이때, 레이어 이름은 자동으로 설정되어지며 변경이 가능합니다.

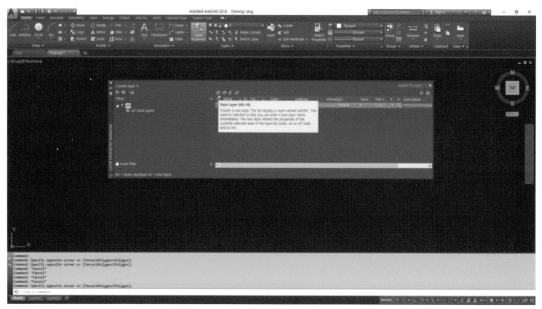

07 생성된 레이어들 중 Layer 01에 마우스 우클릭을 하면, 아래와 같은 창이 생성되고 여기서 Rename Layer를 클릭합니다.

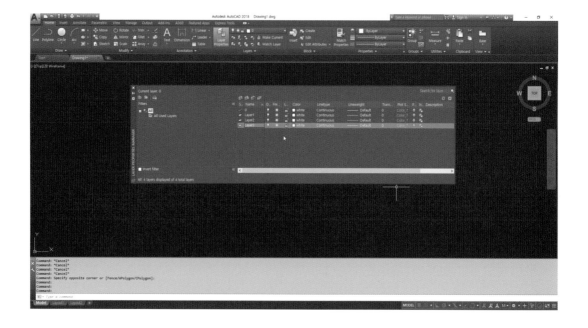

08 이후 새 이름을 'A-Wall'로 변경합니다.

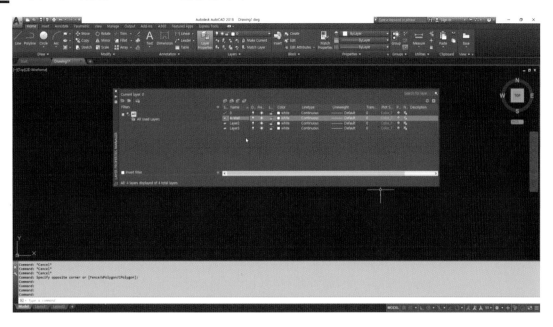

09 같은 방법으로 아래 그림을 참고하여 레이어 이름을 각각 변경합니다.
이렇게 레이어를 만들고, 어떻게 분류할 것인가 카테고리를 정하여 레이어 이름을
지정하는 것이 레이어 세팅의 첫번째 단계입니다.

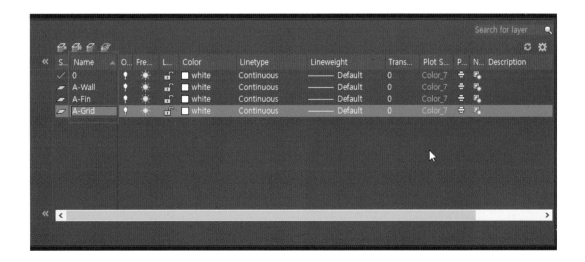

8.2 알아보기 | 레이어 특성 설정

이번 장에서는 레이어 특성을 설정하는 방법을 학습합니다.
각 레이어 별로 표시 색/두께/패턴을 변경할 수 있습니다

1 레이어 특성 – 표시 색

01 가장 먼저 'A-Wall' 레이어의 색상을 변경해보도록 하겠습니다.
Layer Properties를 클릭해 레이어 설정 창을 엽니다.

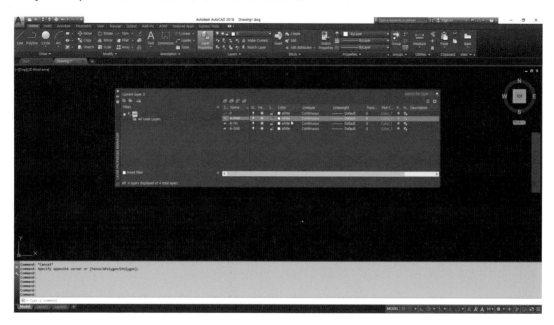

02 이후 아래 표시된 부분을 클릭합니다.
(변경하고자 하는 레이어 우측의 Color 란)

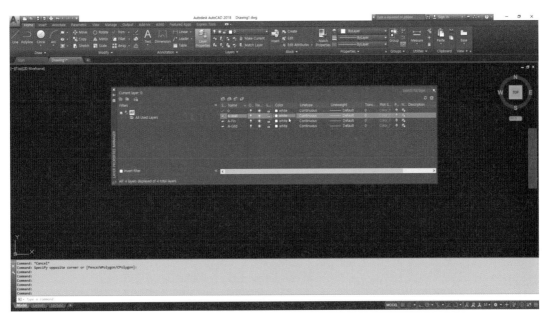

03 색상을 선택할 수 있는 창이 생성되면 표시된 곳에 위치한 노란색 색상을 클릭한 후
'OK'를 눌러 설정을 완료합니다.

04 'A Wall'레이어의 색상이 노란색(yellow)로 변경된 것을 확인할 수 있습니다.

05 마찬가지로, A-Fin 레이어는 하늘색으로 변경합니다.

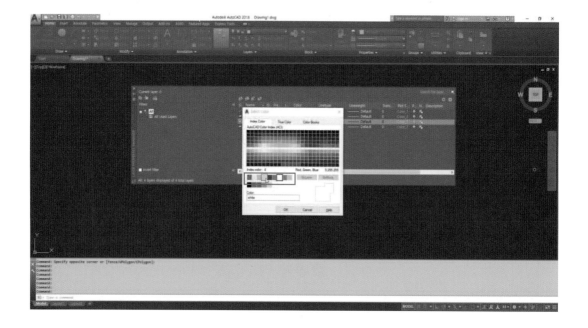

06 마지막으로, A-Grid 레이어는 빨간색으로 변경합니다.
레이어 표시 색 설정을 마치고 다음으로 넘어갑니다.

2 레이어 특성 – 선 패턴

다음은 레이어 선 패턴을 변경하는 방법입니다.
보통 선 패턴에는 대표적으로 실선, 은선, 점선, 1점/2점 쇄선 등이 있습니다.
이처럼 분류한 정보를 선 색상 뿐 만 아니라 선 패턴으로도 표현합니다.

01 A-Grid 레이어의 패턴을 중심선으로 변경하기 위해 레이어 우측에 있는 Line type란을
클릭합니다.

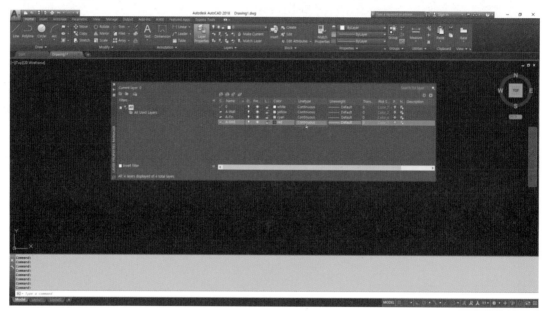

02 현 도면 안에서 사용 가능한 패턴 종류입니다.
현재는 기본적인 실선만 존재하니, 새로운 패턴을 불러와보도록 하겠습니다.
Load를 클릭합니다.

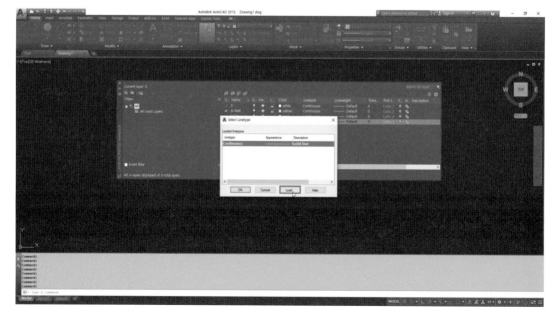

03 라이브러리 안에 존재하는 다양한 패턴 중 원하는 패턴을 골라 현 도면 안으로 불러오면 사용이 가능합니다.
'CENTER'를 찾아 선택하고 OK를 눌러 불러옵니다.

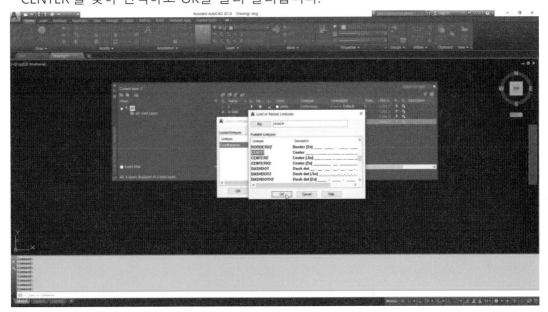

04 불러와진 패턴(CENTER)을 선택하고 OK를 눌러 적용합니다.

3 현재 레이어 변경

<u>**01**</u> 현재 레이어란, 작업 시 그리는 도형이 자동으로 속하게 될 레이어 입니다.
레이어 설정창의 레이어 이름 좌측에 체크 표시가 되어 있는 것이 현재 설정된
현재 레이어 입니다.

원하는 레이어를 더블 클릭해 현재 레이어를 변경할 수 있습니다.

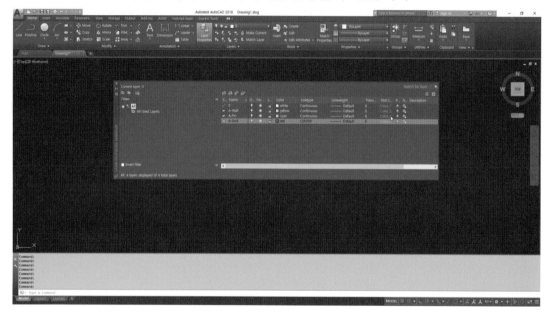

<u>**02**</u> 'A-Wall'레이어를 더블 클릭해 현재 레이어로 설정합니다.

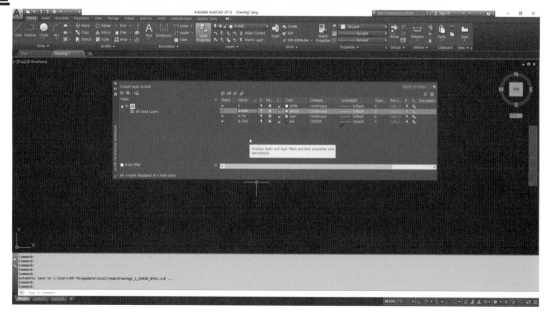

03 현재 레이어는 꼭 레이어 설정 창이 아니라, 상단 바의 레이어 이름을 드롭다운 해
선택 및 변경이 가능합니다.

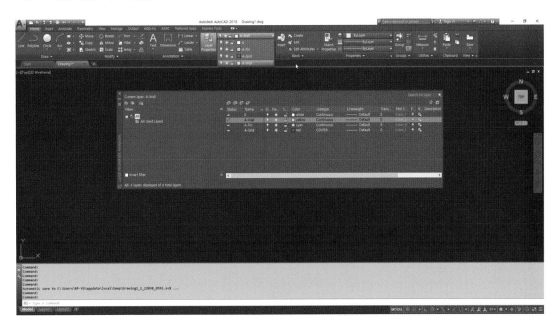

4 레이어 삭제

01 레이어를 삭제하는 방법을 학습하기 위해 임의로 한 개의 레이어를 새로 만들어줍니다.

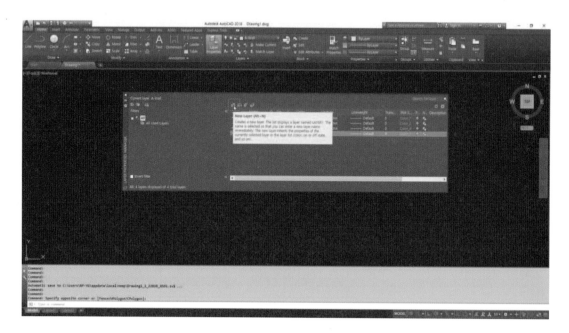

02 삭제하고자 하는 레이어를 선택한 후 상단의 삭제 아이콘을 클릭하면 삭제할 수 있습니다.

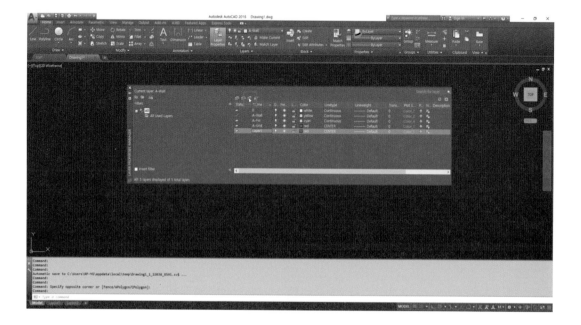

03 직전 과정에서 새로 만든 레이어를 삭제합니다.

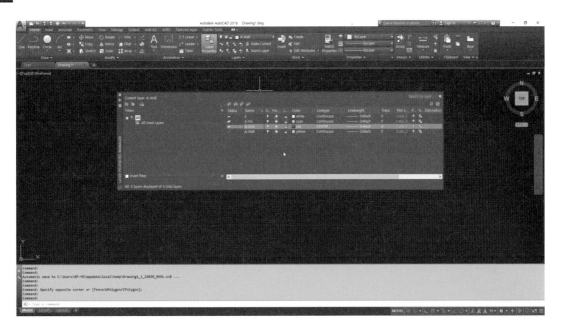

04 이후, 레이어 설정이 마무리되면 레이어 설정창을 꺼줍니다.
보통 작업시에는 레이어 설정창을 끄고 작업을 하는 것이 편합니다.

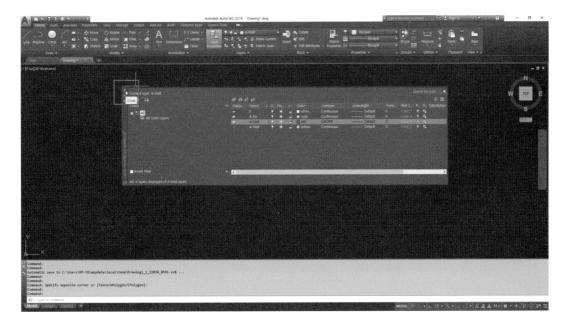

5 개체 레이어 변경

01 이미 그려진 개체의 레이어를 변경하는 방법을 학습해보기 위해 임의의 선을 그립니다.

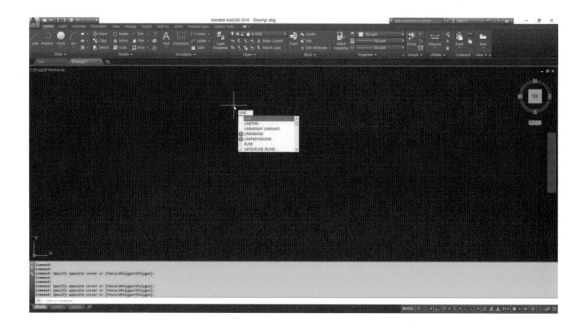

02 현재 레이어가 A-Wall로 설정되어 있기때문에 아래와 같이 노란색 선(지정해준 색상)이 생성되었습니다.

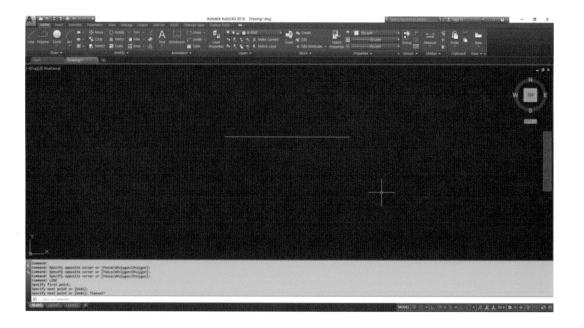

03 상단 바의 레이어 이름을 드롭다운 해 현재 레이어를 'A-Grid'로 변경합니다.

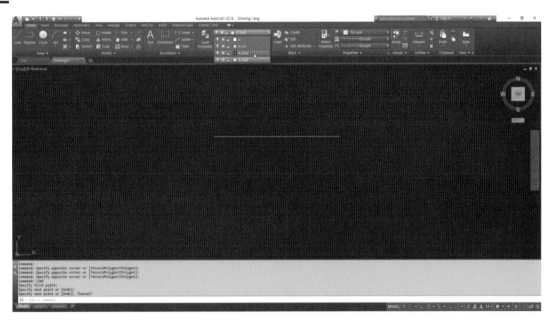

04 마찬가지로, 선을 그려보며 레이어가 변경된 것을 확인합니다.

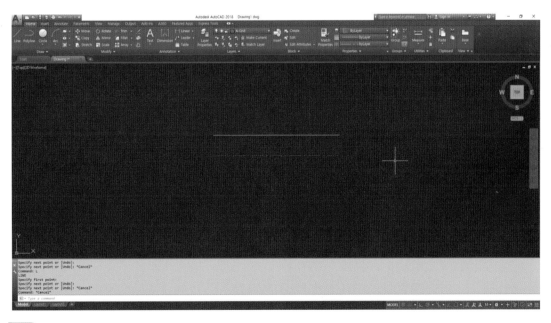

TIP 레이어 변경 프로세스-1
객체 선택 > 상단 탭 레이어 이름 드롭다운 > 변경할 레이어 선택

05 'A-Fin' 레이어로 변경한 후 해당 선도 그립니다.

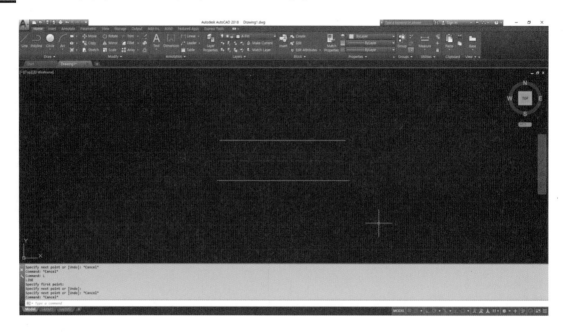

06 제일 마지막에 그린 선(A-Fin 레이어)을 선택합니다.
개체를 선택하면 그 객체의 레이어를 상단 바를 통해 확인할 수 있습니다.

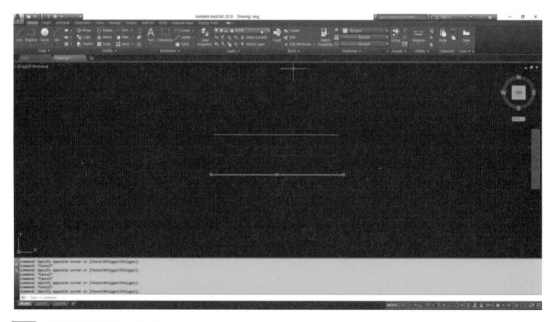

TIP 레이어 변경 프로세스-1
객체 선택 > 상단 탭 레이어 이름 드롭다운 > 변경할 레이어 선택

07 객체가 선택된 상태에서 상단 바의 레이어 이름을 드롭다운한 후 'A-Wall'을
클릭합니다.

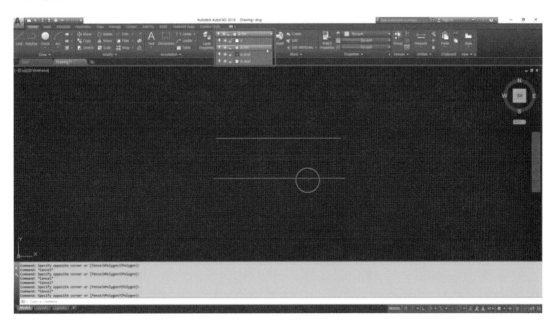

08 선의 레이어가 선택한 레이어로 변경되는 것을 알 수 있습니다.

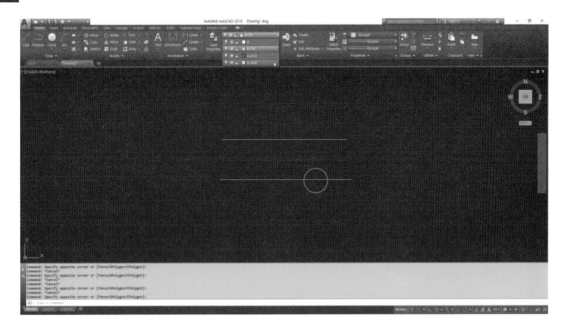

TIP 레이어 변경 프로세스-1
객체 선택 > 상단 탭 레이어 이름 드롭다운 > 변경할 레이어 선택

8.3
알아보기

특성 일치(MA)

특성 일치(서식 복사)란, 기준(원본) 객체의 모든 특성을 다른 객체에 적용하는 것입니다. 즉, 이 기능을 이용하면 원하는 객체의 레이어로 다른 객체를 동일하게 변경할 수 있습니다.

1 특성일치(MA)

01 아래 그림처럼 두 개의 서로 다른 레이어에 속한 사각형을 그립니다.

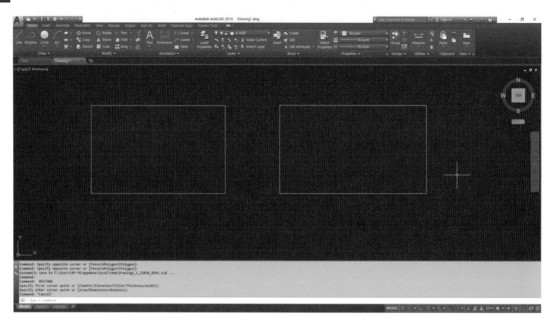

02 서식 복사를 하기 전, 해당 객체의 특성을 확인해봅니다.
객체 특성(모든 특성)은 'Ctrl+1'키를 통해 특성창을 띄워 확인할 수 있습니다.
'Ctrl+1'키를 눌러 특성창을 띄워봅니다.

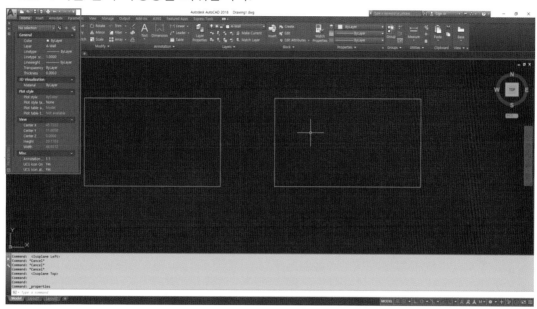

03 특성을 확인하고자 하는 객체를 선택하면 해당 객체의 모든 특성을 확인 및 관리할 수
있습니다.

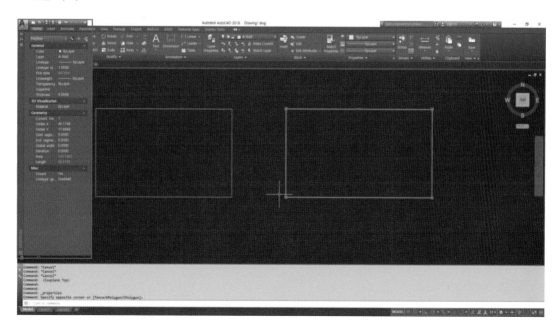

04 이 특성창을 통해서도 레이어 및 그 외 여러 특성을 변경할 수 있습니다.

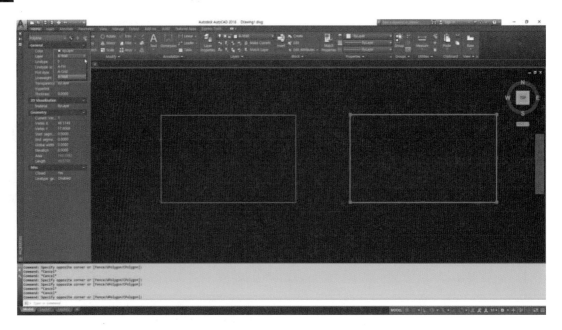

05 특성창 좌측 상단에 위치한 아이콘을 클릭하면 특성창을 접을 수 있습니다.
작업 시에는 보통 접어두었다가, 확인 및 변경이 필요할 때 펼쳐서 보면 편리합니다.

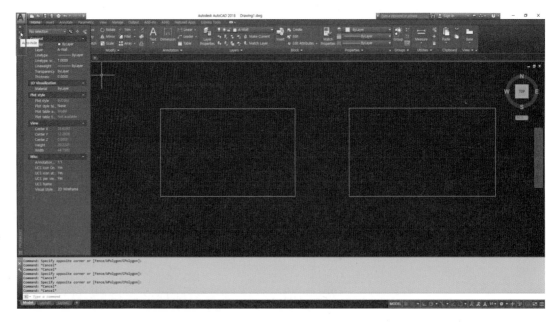

TIP 특성일치(MA) 프로세스
Matchprop >> 원본 객체 선택 > 변경할 객체 선택
(>> : 스페이스바를 의미합니다.)

06 본격적으로 서식(특성)을 복사해보도록 하겠습니다.
명령창에 'ma' 혹은 'matchprop'를 입력해 명령을 실행합니다.

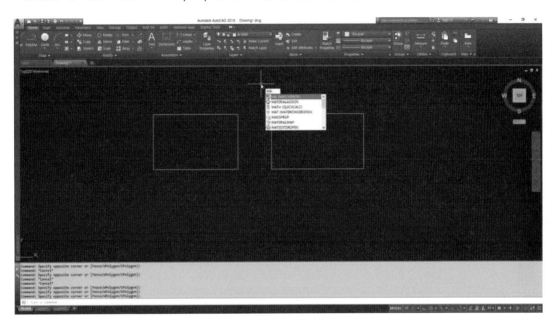

07 원본 객체는 'A-Wall' 레이어(노란색)를 지닌 객체로 선택합니다.

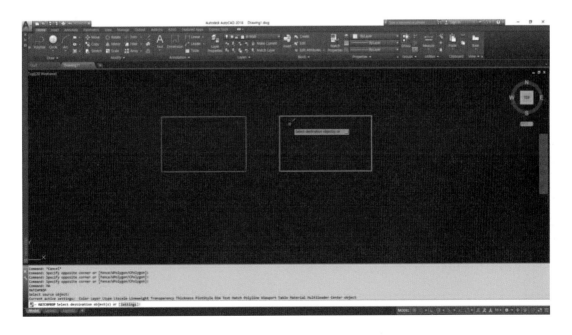

> **TIP** 특성일치(MA) 프로세스
> Matchprop >> 원본 객체 선택 > 변경할 객체 선택
> (>> : 스페이스바를 의미합니다.)

08 변경할 객체로는 나머지 객체를 선택합니다.

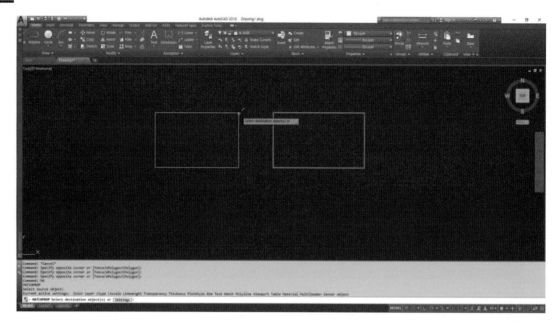

09 변경할 객체의 레이어 및 모든 특성이 원본 객체의 레이어와 특성으로 변경된 것을 알 수 있습니다.

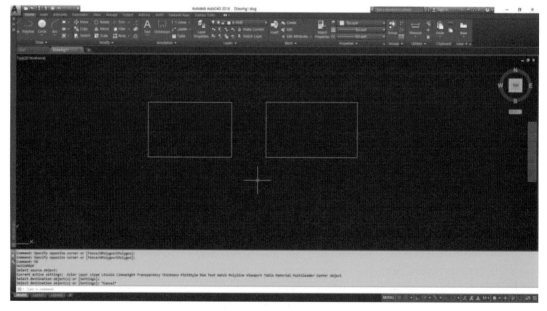

> **TIP** 특성일치(MA) 프로세스
> Matchprop >> 원본 객체 선택 > 변경할 객체 선택
> (>> : 스페이스바를 의미합니다.)

2 레이어 On/Off

01 아래 그림과 같이 각기 다른 레이어를 지닌 3개의 객체를 생성합니다.

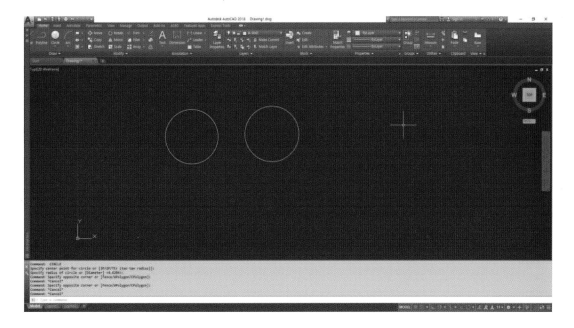

02 상단 바의 Layer Properties를 클릭해 레이어 설정창을 엽니다.

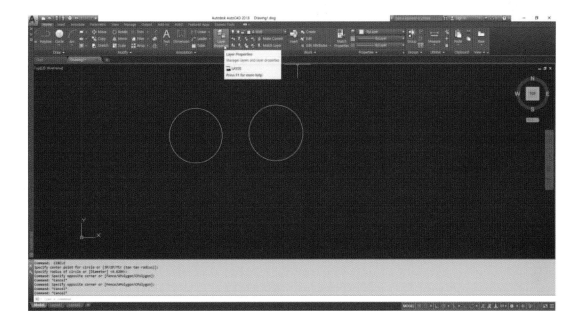

03 끄고자 하는 레이어의 이름 우측에 위치한 전구 아이콘을 클릭하면 전구가 꺼지며
동시에 해당 레이어에 포함된 모든 객체가 뷰에서 숨겨집니다.

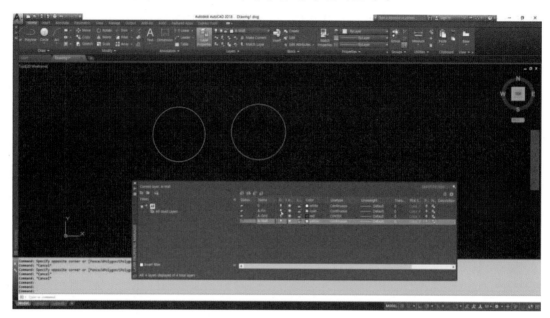

04 A-Fin 레이어를 위에 기재된 방법으로 끕니다.

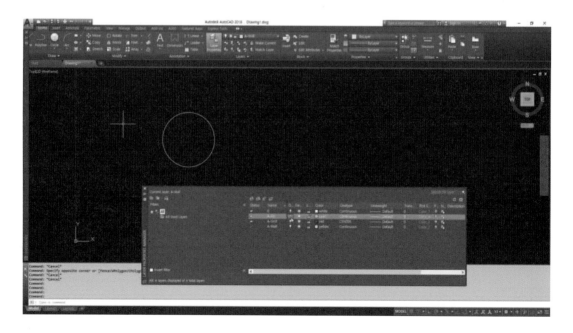

05 같은 방법으로 자유롭게 레이어를 꺼보고, 다시 전구 아이콘을 클릭해 이번에는 레이어를 켜보도록 합니다.

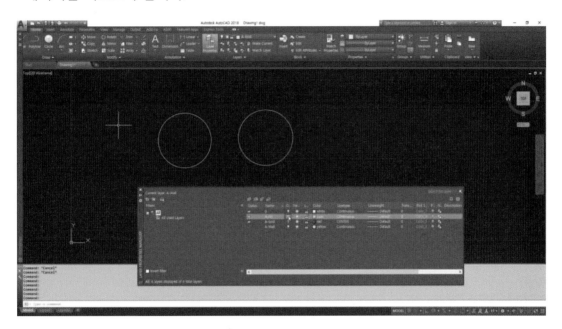

복습 정리하기 | 자주 활용하는 기능

지금까지 배운 내용을 토대로 간략한 손목시계를 그려보겠습니다.

01 새로운 도면으로 시작합니다.

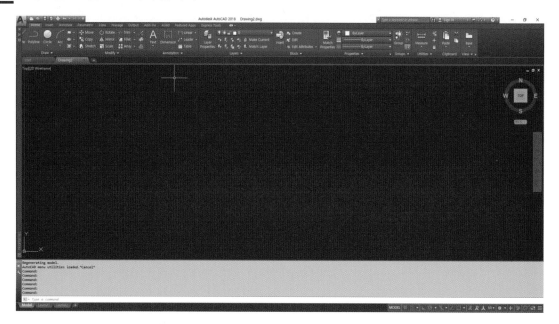

02 가장 먼저 레이어 설정창을 켭니다.

03 아래 그림을 참고하여 다음을 진행합니다.
(1) 레이어 생성 (2) 레이어 이름변경 (3) 레이어 선 색상 변경 (4) 레이어 선 패턴변경

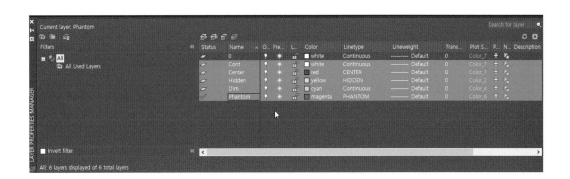

04 레이어 세팅이 마무리 되면 레이어 설정을 종료합니다.

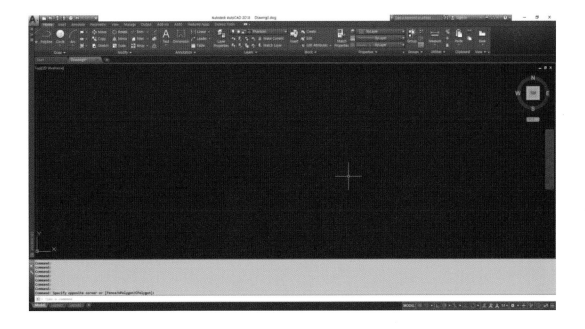

05 현재 레이어로는 Cont 레이어를 선택합니다.
(Cont = Continuous / 실선을 의미합니다.)

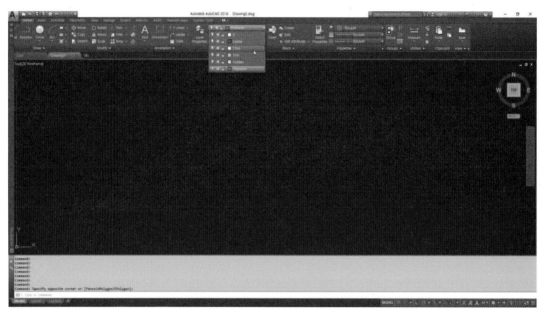

06 임의의 지점을 시작점으로 한 수직 선을 그립니다.
(이는 단순 가이드라인이니 정확한 치수는 상관없습니다.)
- Point : Using 'F8'

07 이후 해당 선의 레이어를 Center로 변경합니다.
(Center : 중심선/1점쇄선)

08 아래 그림과 같이 해당 선을 양쪽 방향으로 '10'씩 간격띄우기를 실행합니다.
- Point : Offset

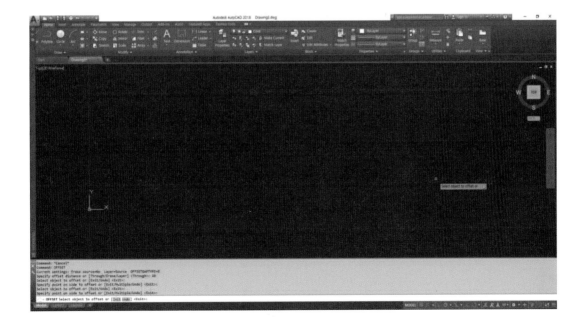

09 Osnap을 입력해 스냅 설정창을 열고, Midpoint에 체크합니다.

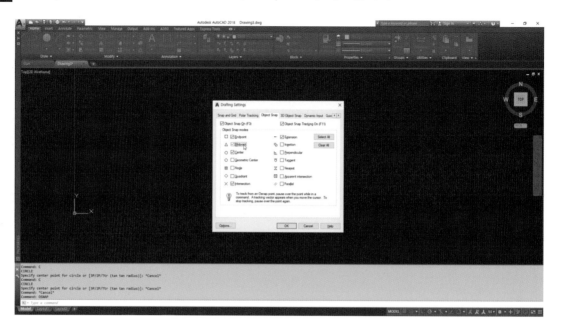

10 원 명령을 실행합니다.
- Point : Circle

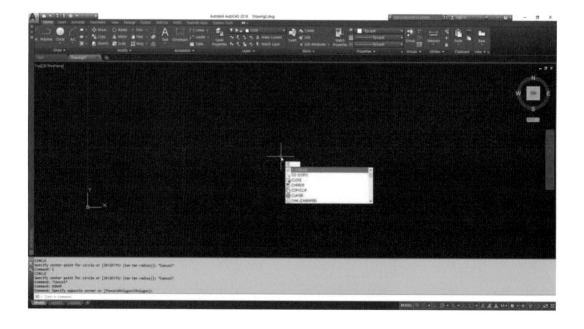

11 중앙에 위치한 중심선의 중간점을 원의 중심선으로 지정합니다.

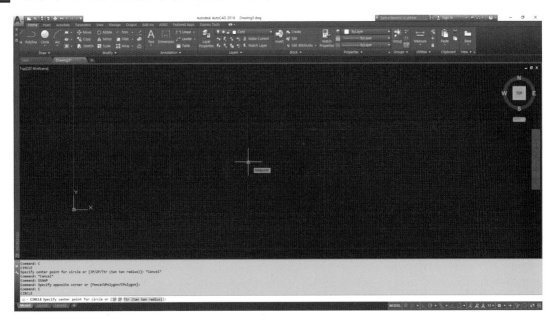

12 'd'를 입력해 직경 입력 모드로 변환합니다.

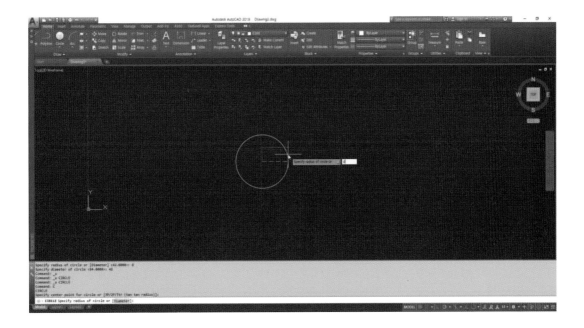

13 '42'를 입력해 직경 42의 원을 만듭니다.

14 만들어진 결과가 아래 그림과 같다면 다음 과정을 계속해서 진행합니다.

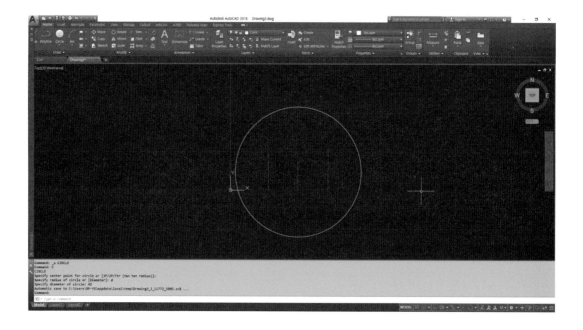

15 전체 객체를 이동 명령을 통해 화면상의 적절한 위치로 이동시킵니다.
(이는 원점부근의 x,y축 표시 마크와 겹쳐지지 않도록 작업의 편의를 위한 것이니,
필수적으로 진행해야 할 과정은 아닙니다.)

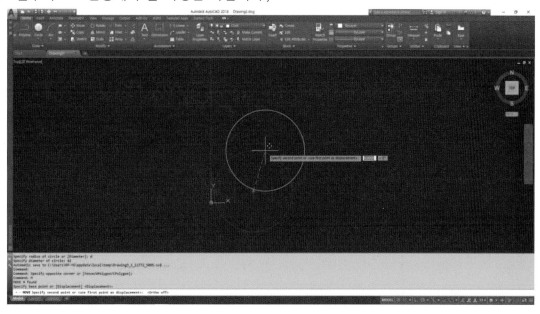

16 아래 그림과 같이 원의 중심을 x축과 평행하게 가로 지르는 선을 그립니다.
-Point : 객체스냅 한번만 켜기(Shift + 마우스 우클릭 > Quadrant(사분점) 선택)

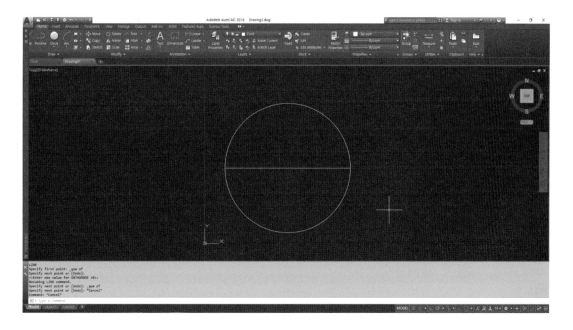

17 직전에 생성한 선을 상단 방향으로 100만큼 간격 띄웁니다.
- Point : Offset

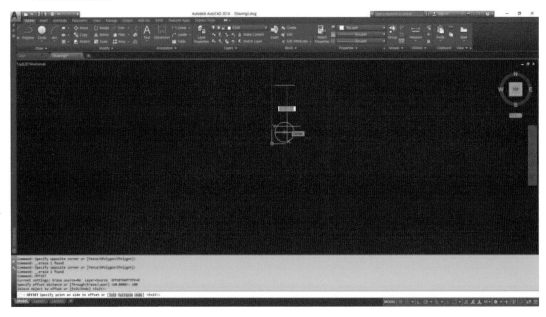

18 이번에는 아래 방향으로 150만큼 간격을 띄웁니다.
- Point : Offset

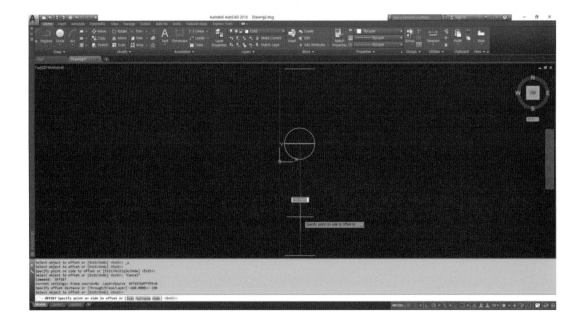

19 아래 그림과 같이 작업이 되었다면 다음 작업을 계속해서 진행합니다.

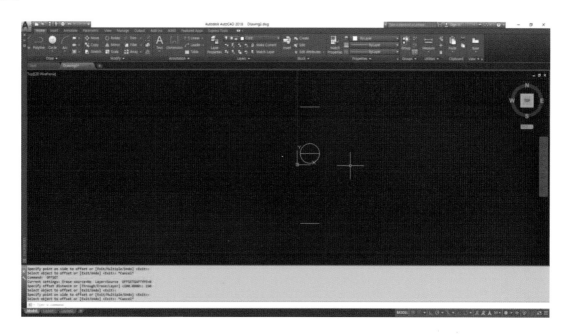

20 Extend 명령을 실행합니다.
- Point : Extend

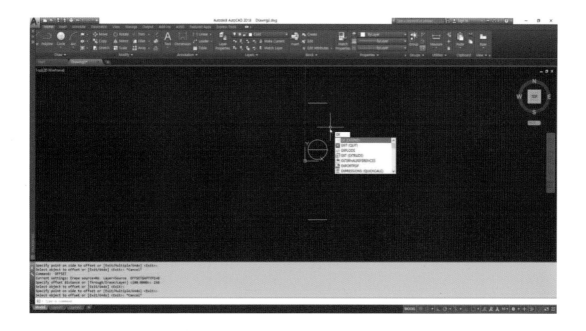

21 기준 객체로는 간격 띄우기를 한 직선 두개를 모두 선택합니다.

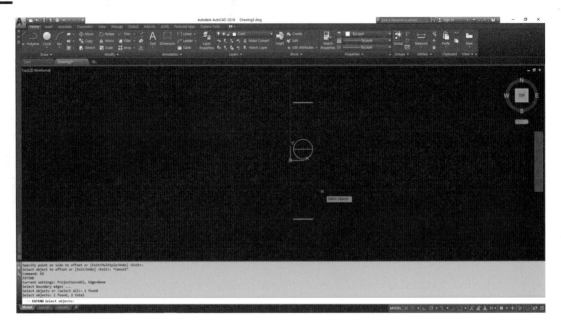

22 붙일 객체는 중심선(빨간선) 3개를 모두 선택합니다.

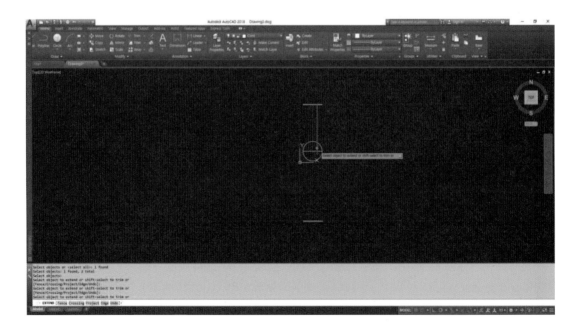

23 양 방향으로 모두 연장해 기준객체에 붙입니다.

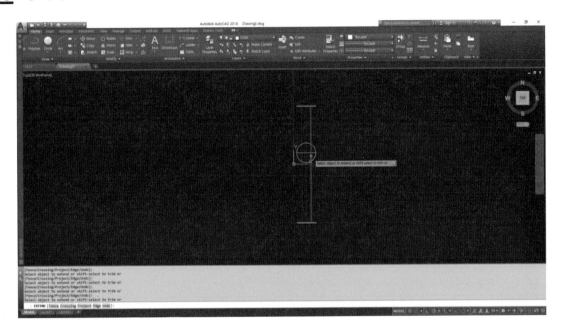

24 특성을 일치시키기 위해 'ma'혹은 'matchprop' 명령을 실행합니다.

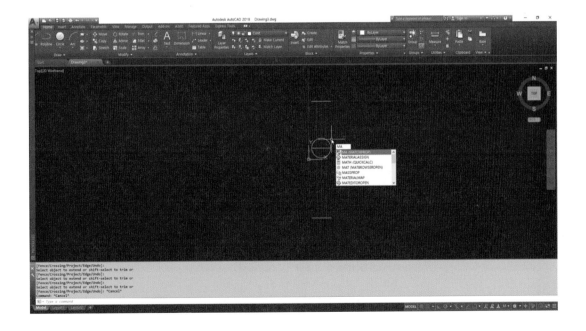

25 원본 객체는 원을 선택합니다.

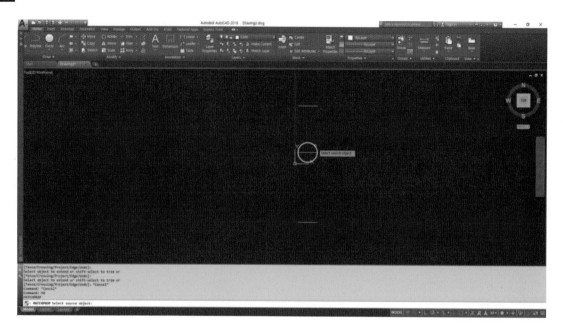

26 아래 그림과 같이 중심선 3개 중 중앙에 위치한 중심선을 제외한 나머지 모두
특성을 일치시킵니다.

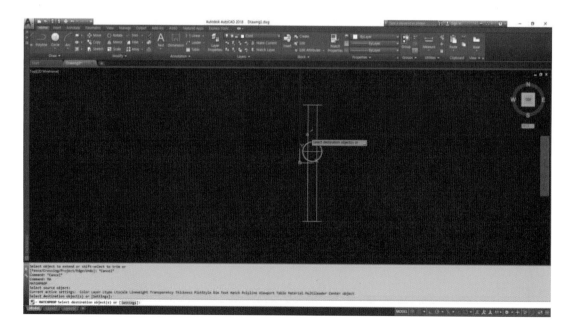

27 Trim을 이용해 아래 그림과 같이 불필요한 선을 절단 및 정리합니다.
- Point : Trim > 전체 객체 선택 > 절단 객체 선택

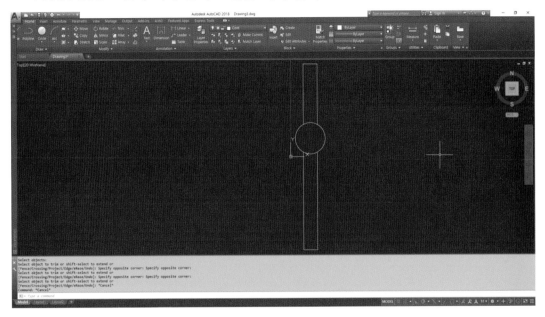

28 상단에 위치한 가로 선을 윗 방향으로 '20'만큼 간격 띄우기를 실행합니다.
- Point : Offset

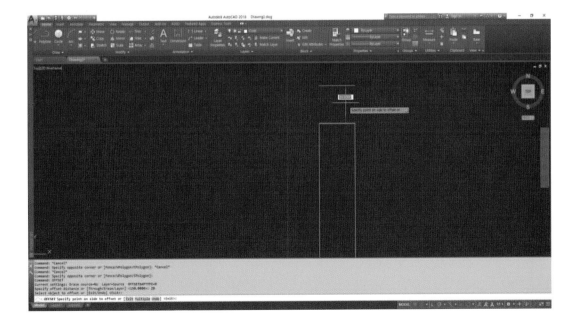

<u>29</u> 아래에 위치한 가로선도 아래 그림과 같이 20만큼 간격 띄우기를 실행합니다.
- Point : Offset

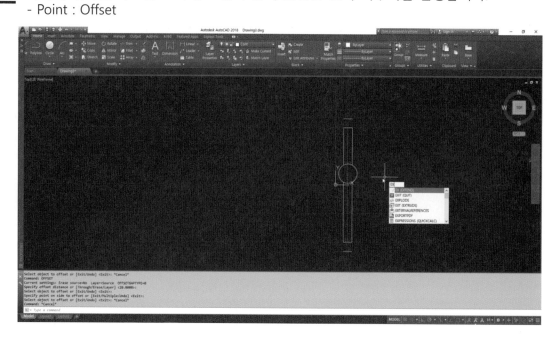

<u>30</u> 이후 Extend 기능을 실행하고, 기준 객체는 직전에 간격을 띄운 두 직선을 모두
선택합니다.
- Point : Extend

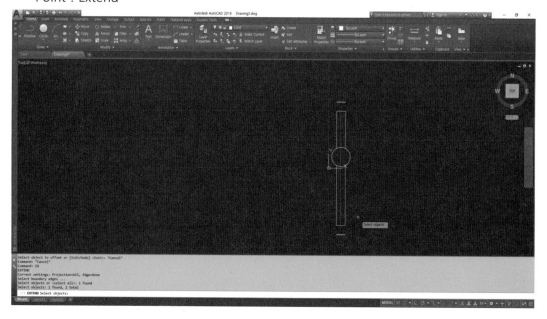

31 아래 그림과 같이 중심선(빨간색)을 양 방향으로 연장해 기준객체에 붙입니다.

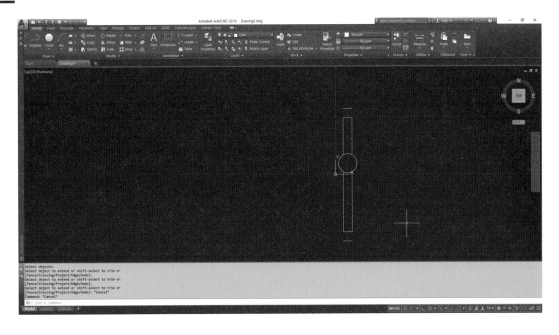

32 아래 그림에서 선택되어 있는 2개의 직선을 지웁니다.
- Point : Erase

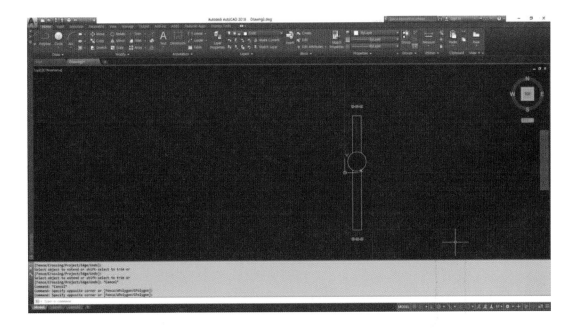

33 아래 그림과 같이 작업이 되었다면 다음 작업을 계속해서 진행합니다.

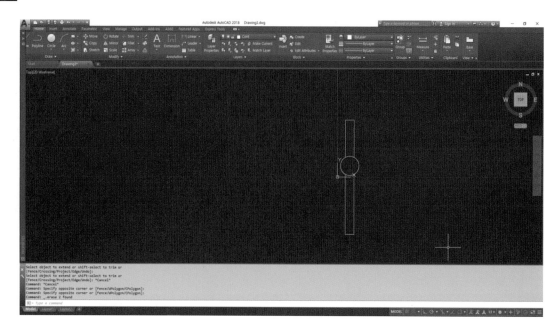

34 아래 그림과 같이 원의 중심을 가로로 지르는 선을 그립니다.
  - Point : 객체 한번만 켜기(Shift + 마우스 우클릭 > Quadrant(사분점) 선택)

35 직전에 그린 직선을 중심선과 특성을 일치시키기 위해 'ma' 혹은 'matchprop' 명령을
실행합니다.

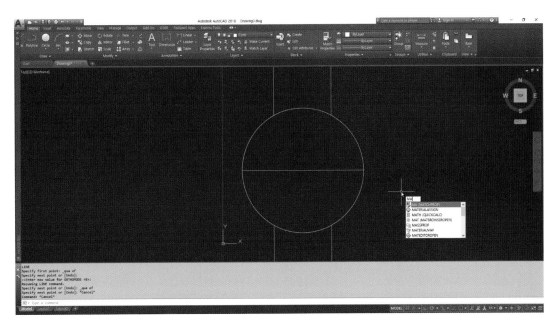

36 원본 객체로 중심선(빨간색 쇄선)을 선택합니다.

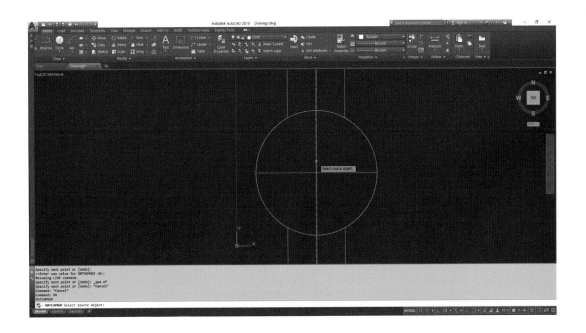

37 아래 그림과 같이 가로선의 특성을 중심선과 일치시킵니다.

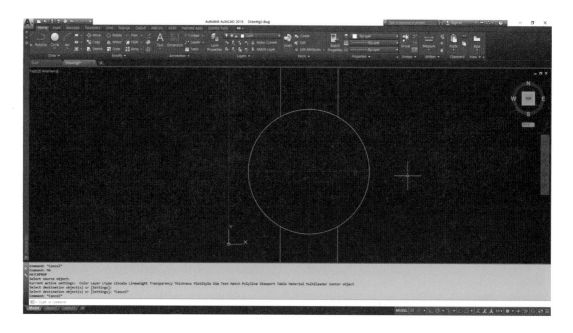

38 중심선은 가이드라인입니다. 가이드라인은 객체보다 보통 연장시켜 표현합니다. Scale 명령을 실행합니다.

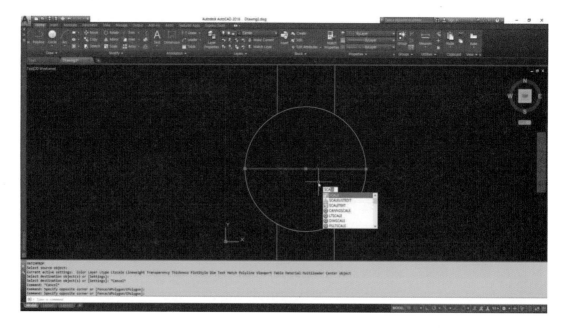

39 배율의 중심은 수평 중심선과 수직 중심선의 교차점으로 지정합니다.
(이는 양 방향으로 동일한 배율로 확대시키기 위함입니다.)

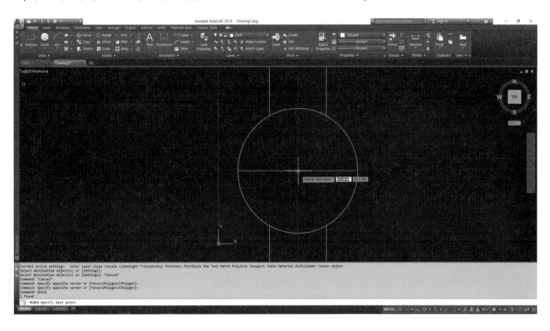

40 배율은 1.1을 입력합니다. (확대)

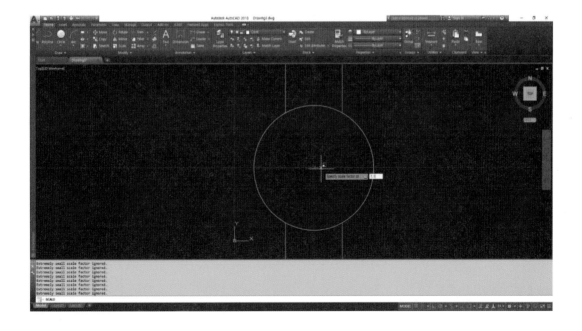

41 아래 그림과 같이 작업이 완료되었다면 다음 작업을 계속해서 진행합니다.

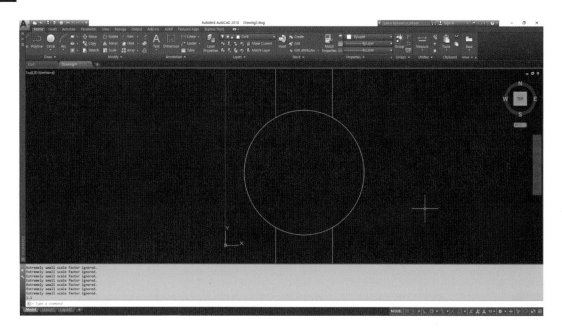

42 Offset 명령을 이용해 원을 안쪽 방향으로 '8'만큼 간격 띄우기를 실행합니다.
- Point : Offset

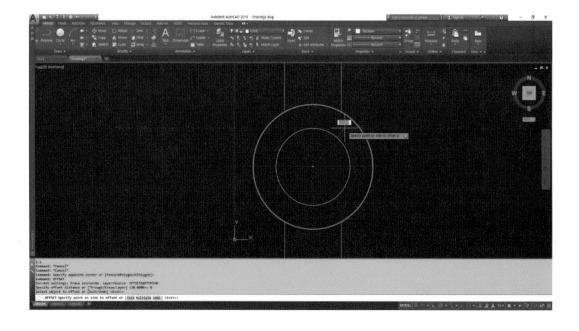

43 이후 객체 끝단에 위치한 꼭지점을 부드럽게 만들기 위해 Fillet 명령을 실행합니다.
- Point : Fillet

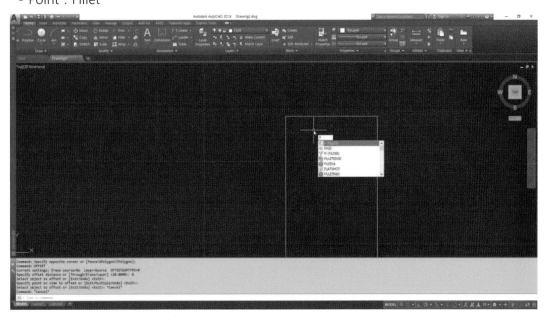

44 Fillet 할 반지름을 설정하기 위해 'r'을 입력합니다.

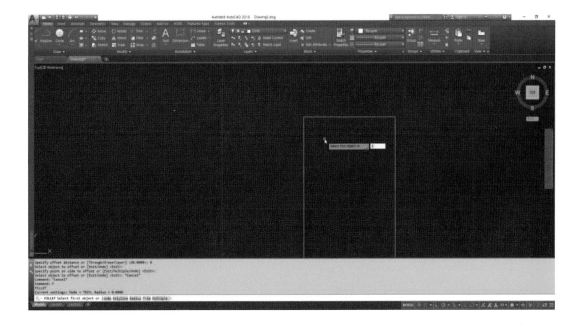

45 이후 '2'를 입력해 fillet 반지름 값을 2로 변경합니다.

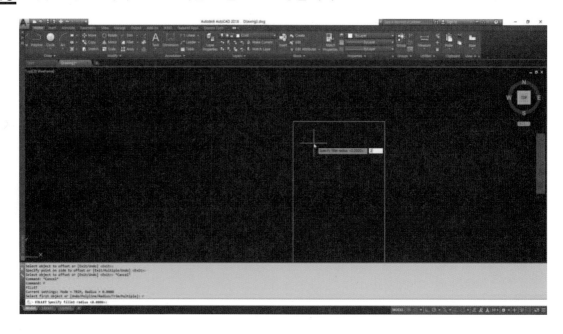

46 이후 두 선을 차례로 선택해 fillet을 진행합니다.
(아래 그림 참조)

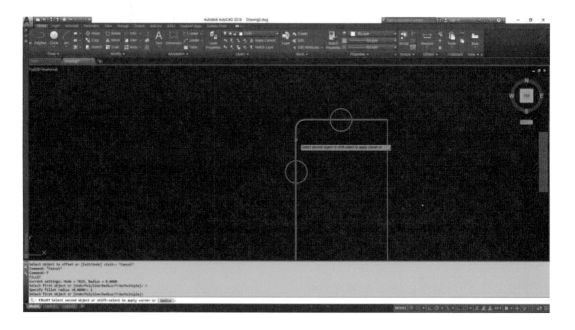

47 반대쪽도 마찬가지로 진행합니다.

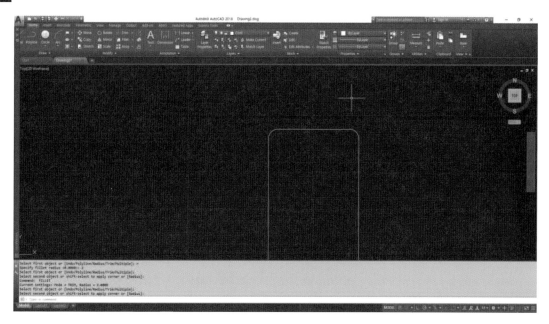

48 객체 아래쪽도 마찬가지로 진행합니다.
(아래 그림 참조)

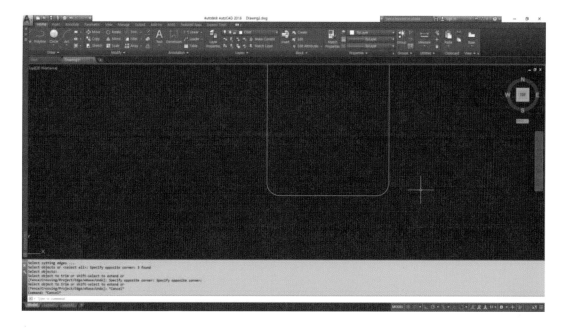

49 이번 과정은 다음 작업을 위한 가이드 라인을 생성하는 작업입니다.
아래 그림과 같이 원과 수직 중심선의 교차점을 시작점으로 한 수평선을 그립니다.
- Point : F8(직교모드)

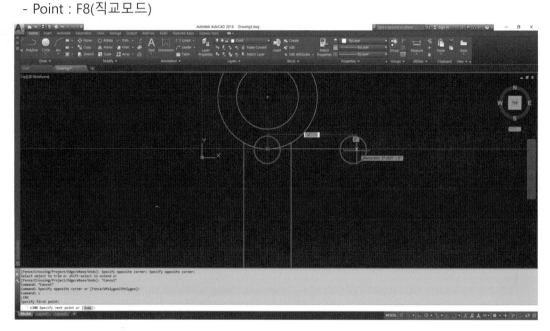

50 이후 해당 선을 offset 명령을 이용해 아래로 50만큼 간격 띄우기를 실행합니다.
- Point : offset

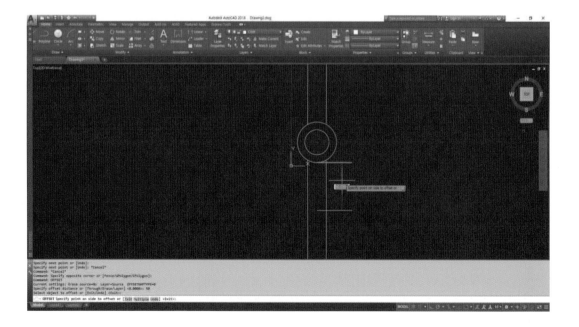

51 직전 과정에서 오프셋된 선(Line-1 라고 칭하겠습니다.) 을 위로 10만큼 간격 띄우기를 실행합니다.

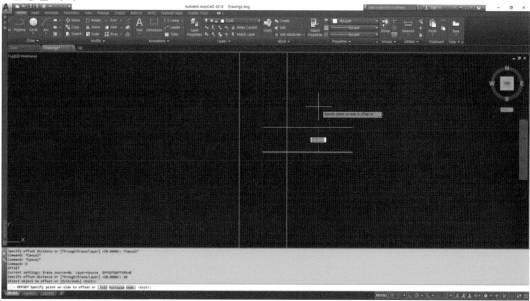

52 이후 아래 Line-1선의 끝점을 중심으로 한 원을 생성합니다.

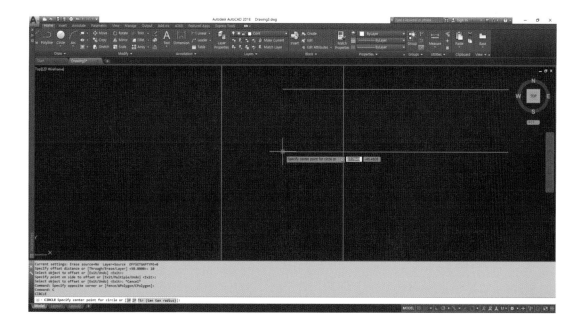

53 'd'를 입력해 직경 입력 모드를 활성화합니다.

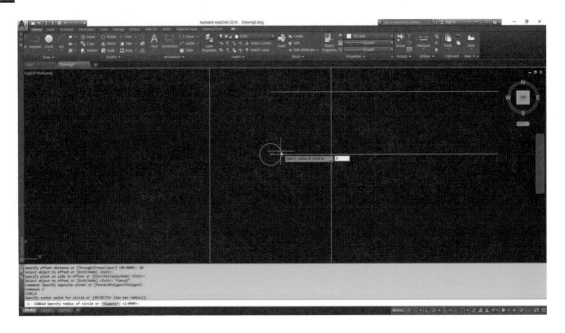

54 직경은 0.8을 입력합니다.

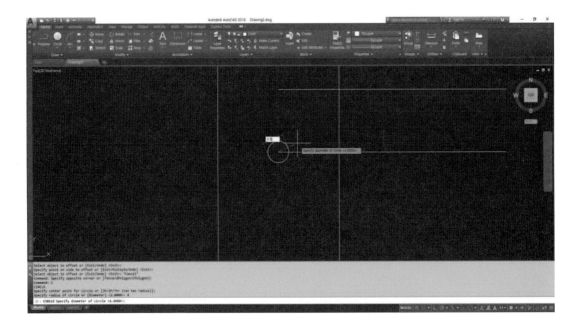

55 복사 명령을 실행하고 복사할 객체는 직전 과정에서 생성한 원을 선택합니다.

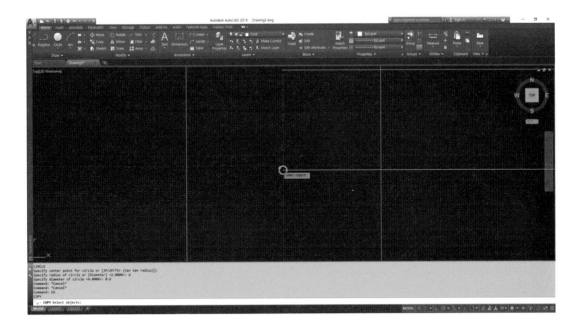

56 복사 기준점은 위에 위치한 선의 끝점을 지정합니다.

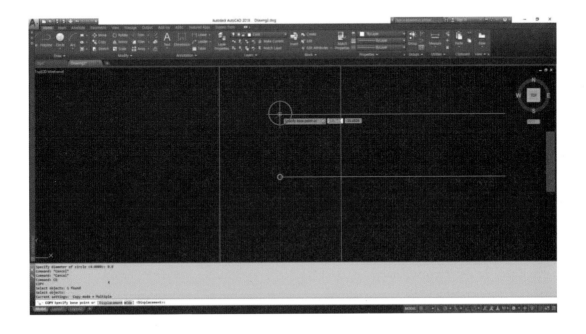

57 이동 점은 아래 그림과 같이 Line-1선의 끝점을 지정합니다.
(일정한 간격으로 여러 개의 객체를 복사하기 위한 과정입니다.)

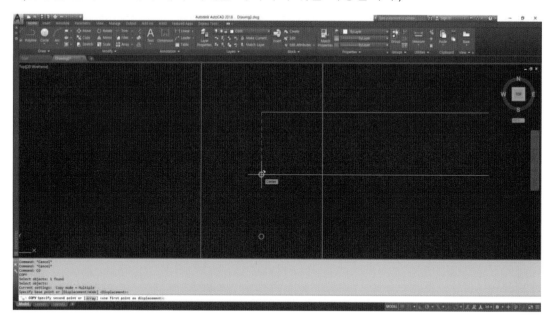

58 이후 복사 명령을 종료하지 않고 계속해서 새로 생성되는 원의 중심점을 이동점으로
설정하면 아래와 같이 일정 간격으로 여러 객체를 복사할 수 있습니다.
아래 그림과 같이 총 5개의 원을 생성합니다.

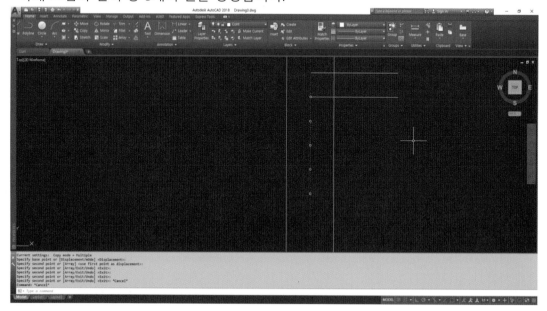

59 원을 복사하기 위해 사용했던 수평 가이드라인을 모두 삭제합니다.

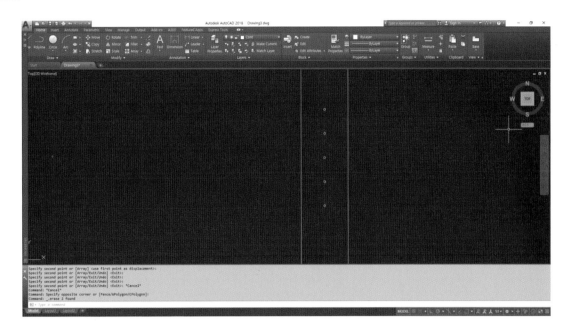

60 처음 생성했던 기준선 역시 삭제합니다.
이렇게 해서 간단한 복습 작업이 마무리 되었습니다.
이 도면을 가지고 다음 챕터도 이어서 학습합니다.
(현재 도면을 저장합니다.)

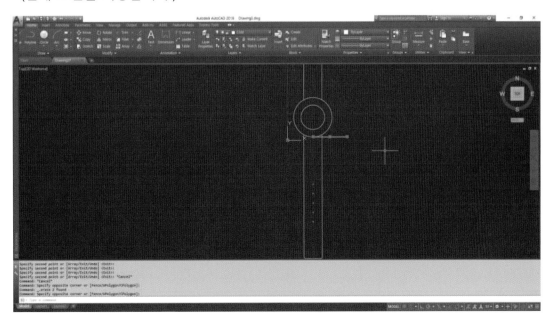

AUTOCAD

PART

9

: 주석/해치/치수

제도한 도면 안에 다양한 정보를 기입하는 방법에 대해 학습합니다.

09 주석/해치/치수

9.1
알아보기 | 치수(Dimension)

선이나 도형을 이용해 도면을 제도했다면, 해당 도면의 추가적인 정보 전달을 위해 도면 안에 치수를 기입해야 합니다. 이때, 여러 종류의 치수 기입 방식이 있고, 객체의 형태나 전달하고자 하는 정보에 따라 알맞은 치수 기입 방식을 선택해야합니다.

1 수평수직 선형 치수(Dimlinear)

01 직전 복습과정에서 제작한 도면을 가지고 작업을 진행하겠습니다.
먼저, 치수를 기입하기 전 현재 레이어를 Dim으로 변경합니다.
(상단 바 > 레이어명 드롭다운 > Dim 클릭)
(Dim = Dimension / 치수)

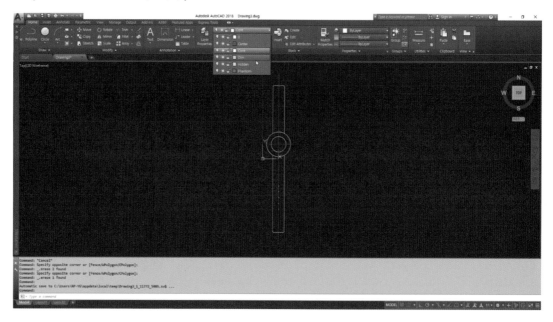

> **TIP** 꼭 알아두어야 할 캐드 치수 4가지
> (1) 수평수직 선형치수 (명령어:DLI)
> (2) 기울어진 선형치수 (명령어:DIMALI)
> (3) 반지름 치수 (명령어:DIMRAD)
> (4) 지름(직경) 치수 (명령어:DIMDIA)

02 명령창에 'dli'를 입력해 수평수직 선형치수(Dimlinear) 생성 명령을 실행합니다.

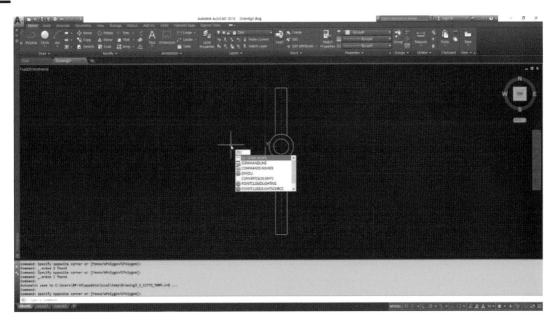

03 수평수직 선형치수는 알고자 하는 두 지점 사이의 수평/수직 거리를 알려주는 치수 입니다. 기능 사용법은 간격을 재고자 하는 두 지점을 차례로 클릭하고, 치수가 놓일 곳을 마지막으로 클릭해 지정하면 됩니다.

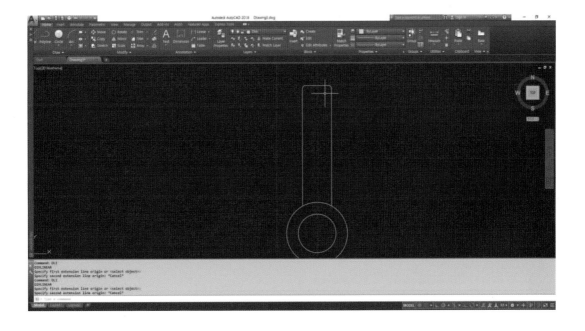

04 아래 표시된 두 지점을 차례로 클릭합니다.
(클릭 순서는 중요하지 않습니다.)

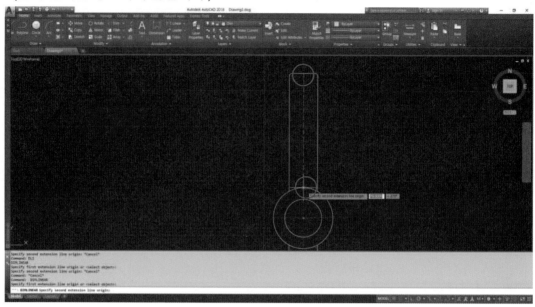

05 이후 치수선이 위치할 곳을 클릭하면 해당 지점에 치수선이 생성됩니다.
아래 그림과 같이 객체의 우측 방향에 치수선을 생성합니다.
(현재 치수 글씨가 지나치게 작아 육안으로 확인이 어렵습니다. 치수 스타일을 변경
하는방법은 다음 과정에서 배워보도록 하겠습니다.)

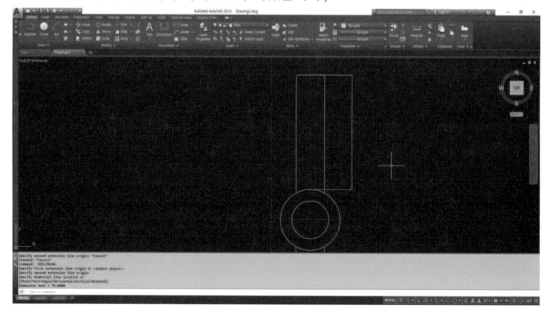

06 치수 스타일 수정을 위해 명령창에 'd'를 입력해 치수 스타일 설정창을 실행합니다.

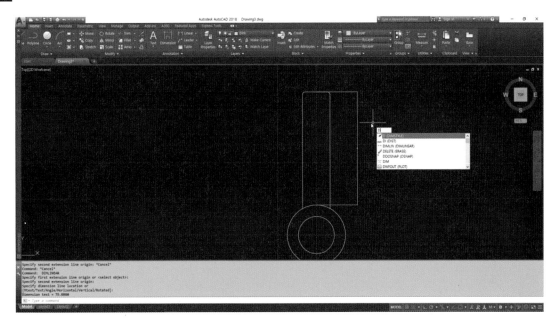

07 설정창 우측 중간에 위치한 Modify(이하 수정이라 칭하겠습니다.) 버튼을 클릭합니다.

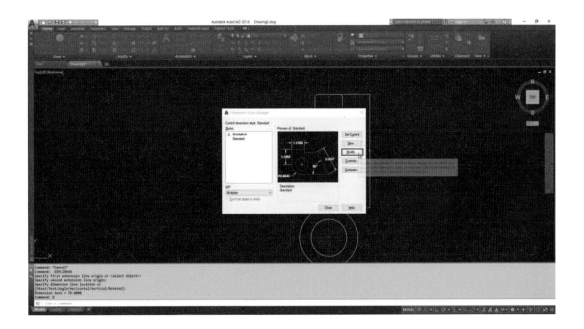

08 여러 탭들 중 Fit 탭을 클릭한 후 표시된 곳에 입력된 값을 10으로 변경합니다.

09 치수의 텍스트가 커진 것이 확인됩니다.

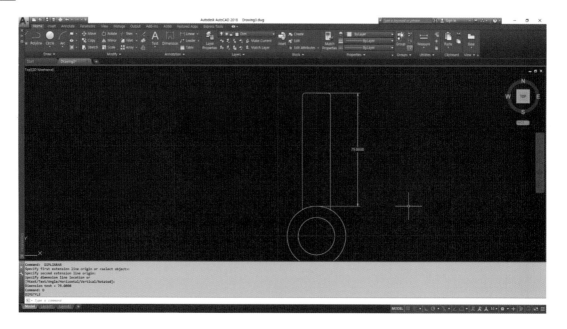

2 반지름/지름 치수 (Radius/Diameter)

01 이번에는 반지름 치수를 기입하기 위해 명령창에 'dimrad'를 입력합니다.

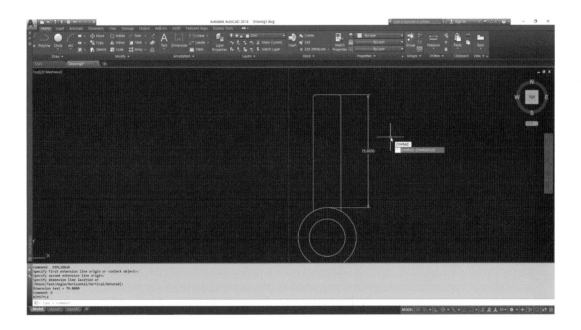

02 반지름 치수를 알고자 하는 호 또는 원을 클릭하고 치수가 놓일 위치를 차례로 클릭하면 치수를 생성할 수 있습니다.
상단 우측의 Fillet 한 호를 선택합니다.

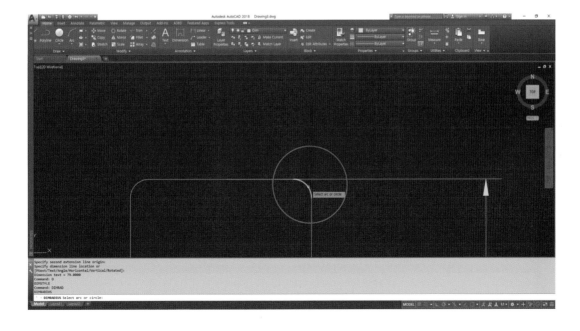

03 이후 치수가 놓일 자리를 선택합니다.
이때, 반지름 치수는 직선 기능을 사용하듯 명령이 종료되기 전까지 선분을 자유롭게
꺾을 수 있습니다.
먼저, 대각 상단 방향에 한번 클릭합니다.

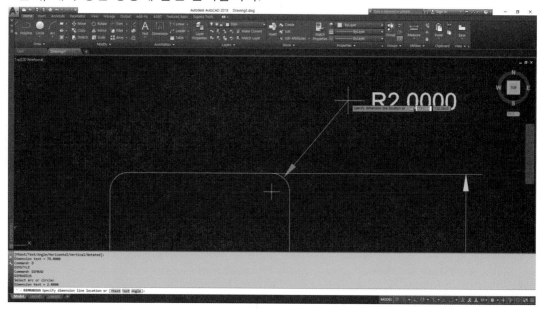

04 이후 우측 수평방향의 임의의 지점을 클릭해 아래 그림과 같이 치수를 생성합니다.

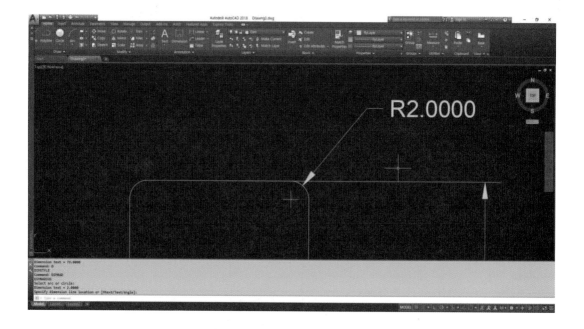

05 이번에는 지름(직경) 치수를 기입하기 위해 명령창에 'dimdia'를 입력합니다.
지름 치수는 반지름 치수와 마찬가지로 알고자 하는 원 호는 호를 선택하면 됩니다.

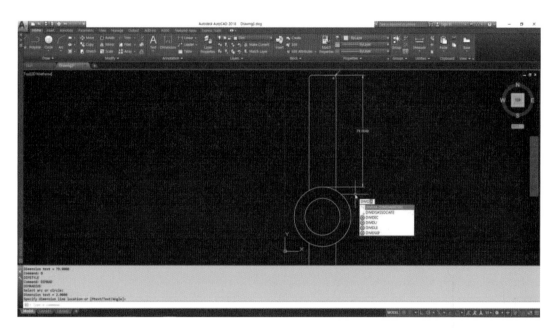

06 바깥에 위치한 원을 클릭하여 해당 원의 지름을 생성합니다.

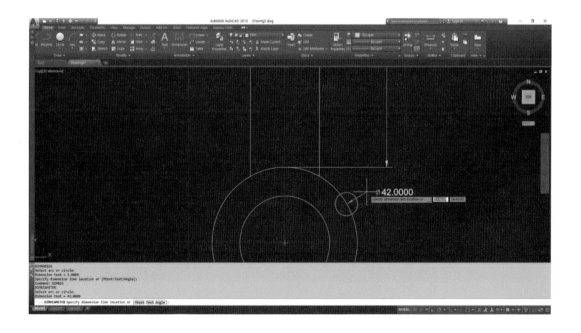

07 안쪽에 위치한 원도 마찬가지로 지름 치수를 생성합니다.
지름 치수 앞에는 직경을 나타내는 특수 기호가 부착되어 표시됩니다.
이 특수기호가 간혹 폰트의 문제로 깨지는 경우가 종종 있습니다.
그런 상황을 위해 치수의 폰트를 변경해보도록 하겠습니다.

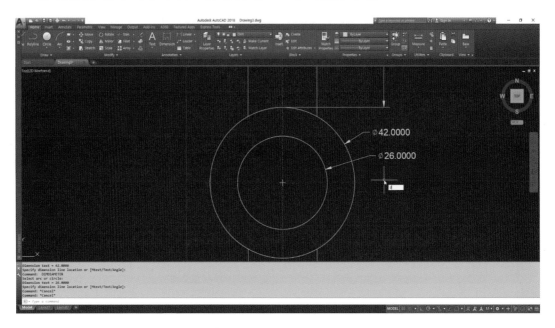

08 명령창에 'd'를 입력해 치수설정창을 실행한 후 우측의 수정 버튼을 클릭합니다.

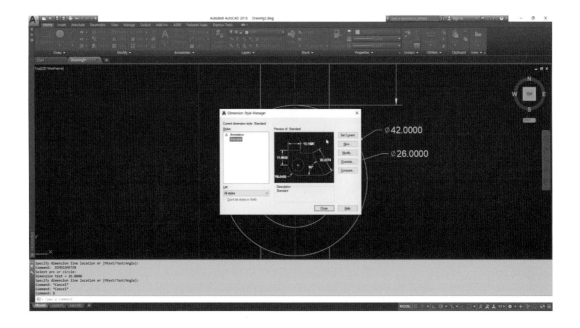

09 상단 탭의 Text 탭을 클릭하고 아래 그림에 표시된 곳을 클릭합니다.

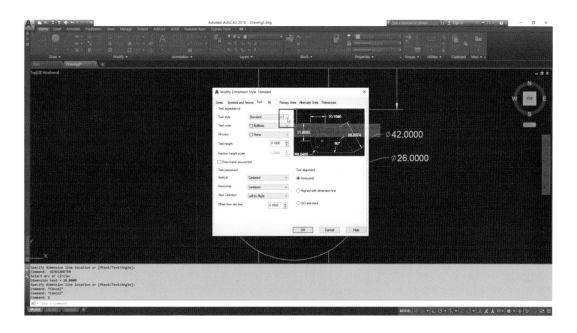

10 여기서 원하는 폰트로 변경이 가능합니다.
대표적인 폰트인 'romans.shx'를 찾아 선택합니다.

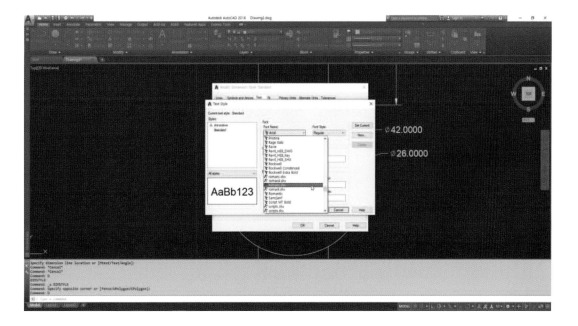

11 Apply를 줄러 적용하고 빠져나옵니다.

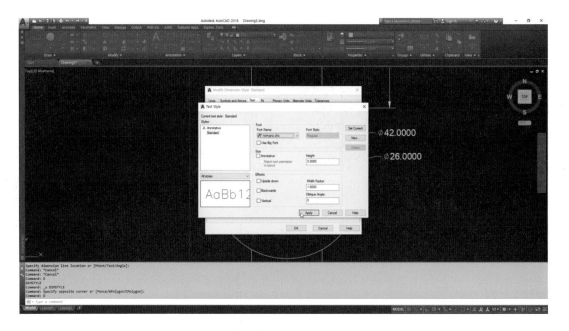

12 치수 폰트가 변경된 것을 확인할 수 있습니다.

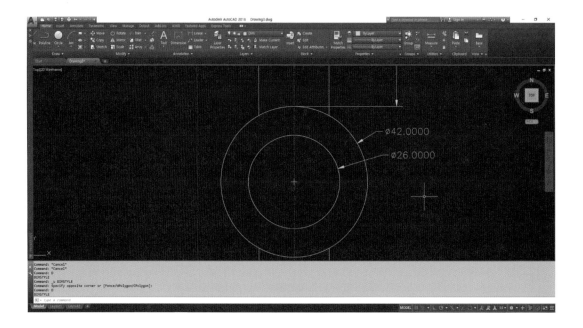

3 기울어진 선형 치수 (DimaAligned)

01 이번에는 기울어진 두 구간의 치수를 기입하는 방법을 알아보기 위해 임의의 대각선을 그려봅니다.

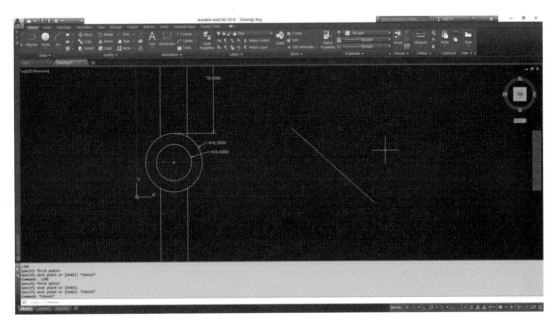

02 명령창에 'dimali'를 입력합니다.
기울어진 선형치수(정렬 치수)는 수평수직 선형치수와 실행 방법이 동일합니다.

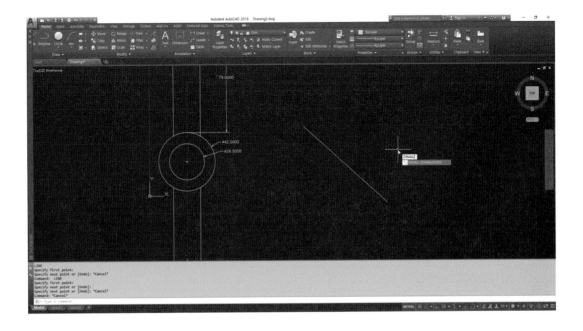

03 대각선의 두 끝점을 차례로 클릭해 해당 지점 사이의 치수를 생성합니다.

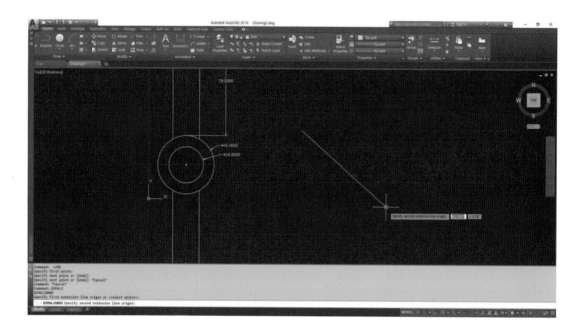

04 이후 치수가 놓을 위치를 클릭해 치수를 기입합니다.

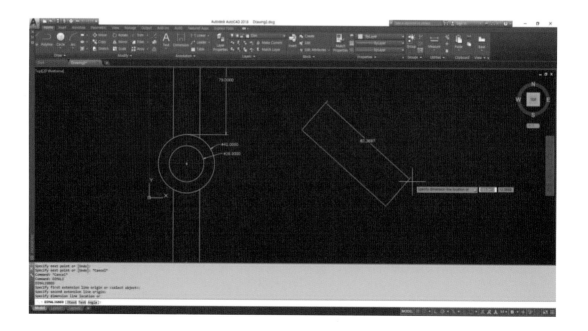

4 치수 스타일 (DimStyle)

직전의 총 4개의 치수 기입 방식을 배워보며, 치수 텍스트의 크기, 폰트의 변경을 다뤄보았습니다.
이번에는 그 외에 더 다양한 치수 설정에 대해서 배워보도록 하겠습니다.

01 명령창에 'd'를 입력해 치수 설정창을 열고 우측의 수정 버튼을 클릭합니다.

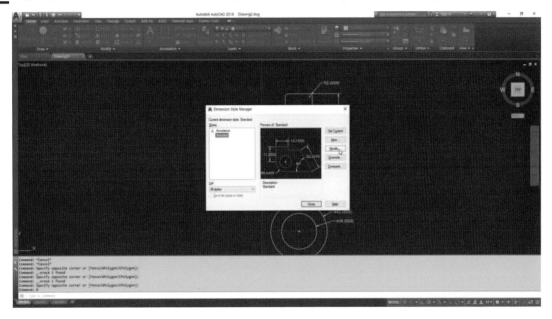

02 표시된 지점을 클릭해 드롭다운 한 후 '0.00(소수점둘째자리까지 표시)'를 선택합니다.
OK를 눌러 적용 후 빠져나옵니다.

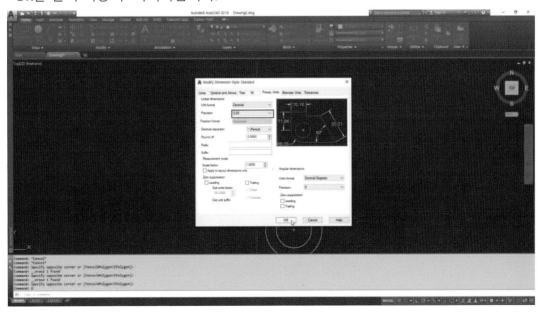

03 소수점 자리가 변경된 것을 확인합니다.

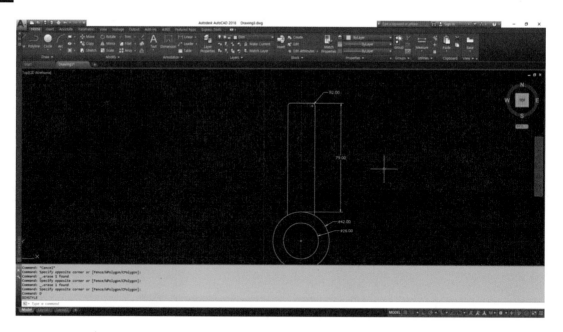

TIP
정리하기 | 캐드 치수 종류 총정리

캐드에서 주로 사용되는 대표적인 치수와 그에 따른 명령어는 아래와 같습니다.

치수	명령어	설명
수직수평 선형치수 (dim-linear)	dli	두 지점간의 수직, 수평거리를 확인할 수 있습니다.
신속 수직수평 선형치수 (quick-dim-linear)	qdim	수직수평 선형치수를 드래그를 통해 신속하게 기입할 수 있습니다.
기울어진 경사 치수 (dim-aligned)	dimali	두 지점간의 최단 거리(경사진 거리)를 확인할 수 있습니다.
각도 치수 (dim-angular)	dan	두 선분을 이루는 각도 치수를 확인할 수 있습니다.
반지름 치수 (dim-radius)	dimrad	원 혹은 호의 반지름을 확인할 수 있습니다.
지름 치수 (dim-diameter)	dimdia	원 혹은 호의 지름을 확인할 수 있습니다.

9.2 알아보기 | 주석(Annotation)

이번 장에서는 치수 외에 더 다양한 정보 기입 방법(주로 텍스트)를 학습합니다.

1 지시선

01 지시선을 기입하기 위해 명령창에 'Le'를 입력합니다.

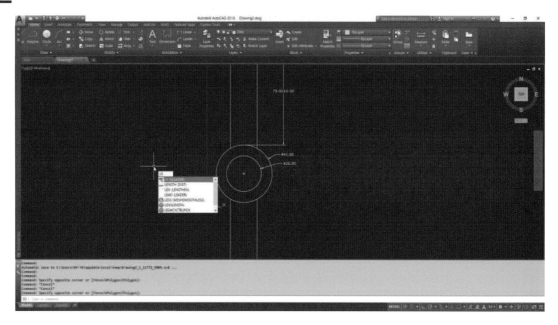

TIP 지시선 기입 프로세스
LE > 지시선 머리 위치 지정 > 지시선 꼬리 위치 지정 >> 텍스트 입력

02 지시선의 머리를 원하는 선 위에 위치시키기 위해 Shift+우클릭으로 일시 스냅 기능을 활성화하고 Nearest(근처점)을 선택합니다.

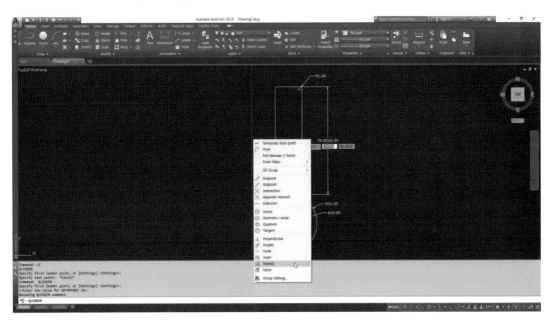

03 표시된 위치를 클릭해 지시선 머리의 위치를 지정합니다.
(Nearest 스냅으로 인해 선 근처에 지시선 머리를 위치시킬 수 있습니다.)

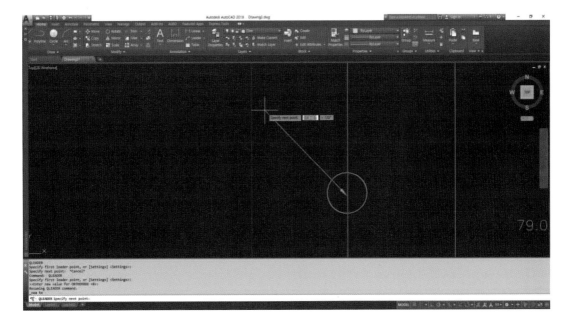

04 이후 꼬리의 위치는 직선 도구를 사용하듯 원하는 만큼 꺾을 수 있습니다.
아래 그림과 같이 한번 꺾인 선을 그린 후 스페이스 바를 한번 누르면 텍스트를
입력할 수 있습니다.

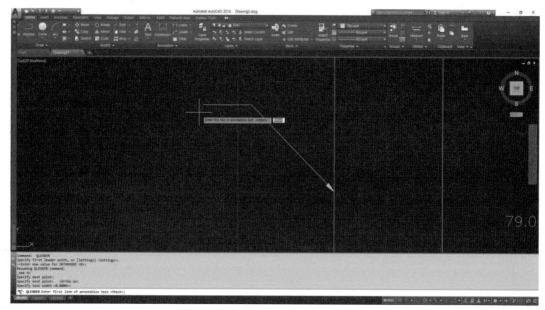

05 텍스트를 입력하면 아래 그림과 같이 지시선 꼬리에 텍스트가 생성됩니다.

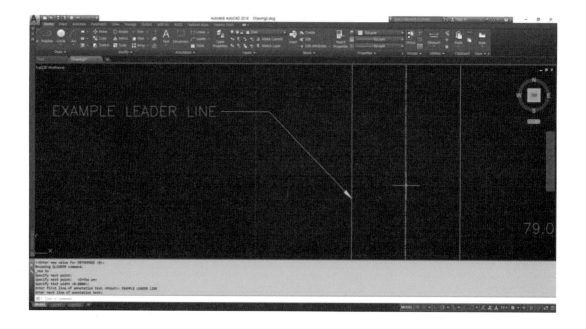

2 문자 (Text)

01 텍스트를 기입하기 위해 명령창에 't' 혹은 'text'를 입력합니다.

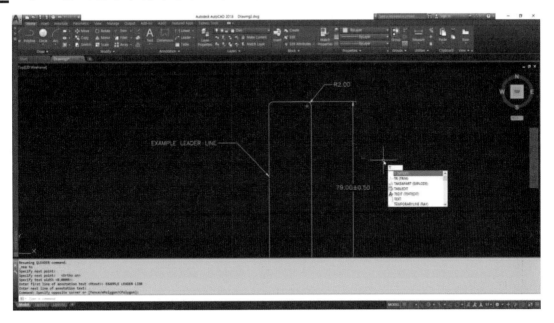

02 사각형을 그리듯 텍스트 상자의 범위를 그립니다.

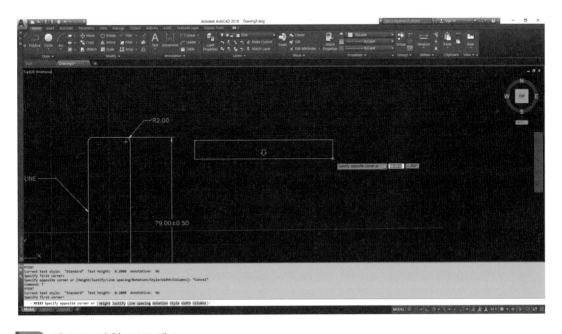

> **TIP** 텍스트 기입 프로세스
> text >> 텍스트 상자 범위 설정(사각형 생성과 동일) > 텍스트 입력 > 텍스트 크기/ 폰트 등 수정

03 이후 원하는 텍스트를 입력합니다.

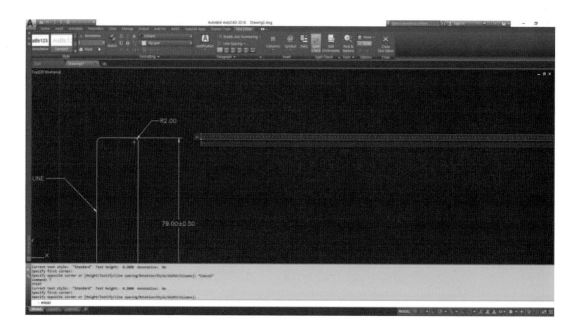

04 좌측 상단의 표시된 부분의 숫자를 '5'로 변경해 텍스트 크기를 수정합니다.

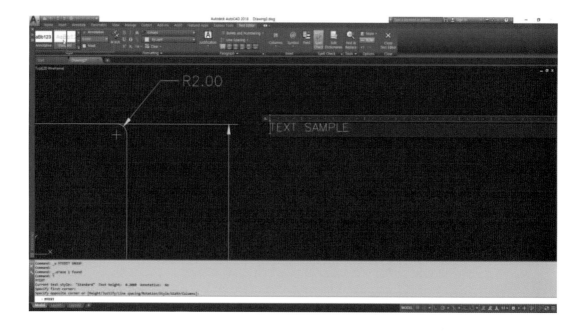

9.3 알아보기 | 해치(Hatch)

해치는 정보를 문자로 전달하기보다 반복된 패턴을 통해 전달하는 요소입니다.
기본적으로 해치는 닫힌 곡선 안에 생성이 되며, 이를 통해 절단 면이나 투영 면에
원하는 패턴의 해치를 넣어 시각적 정보 전달을 합니다.

1 해치 작성

01 해치를 적용하기 위해 명령창에 'bh' 혹은 'hatch'를 입력합니다.

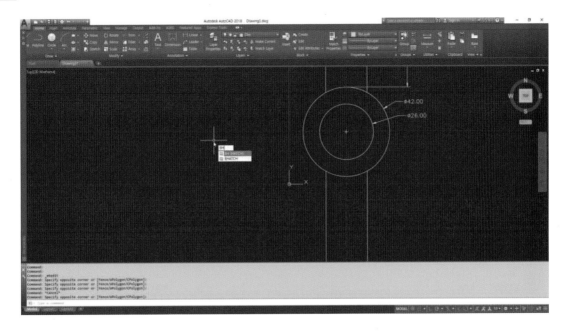

> **TIP** 해치 기입 프로세스
> Hatch >> 해치를 적용할 닫힌 영역 선택 >> 해치의 종류/크기 등 수정

02 해치를 적용할 영역은 닫힌 영역이여야 합니다.
아래 그림처럼 닫힌 영역을 클릭합니다.

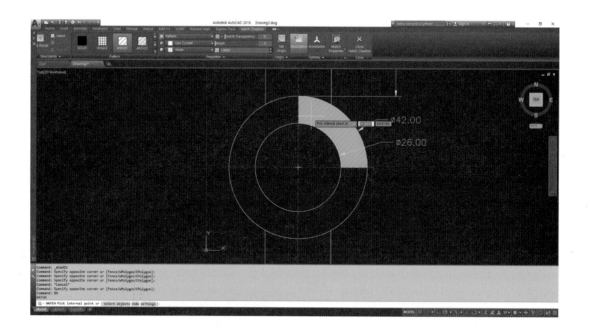

03 아래 그림을 참고해 영역 선택을 완료한 후 상단 탭의 해치 종류 중 좌측 아래로 대각한 해치 (ANSI32)를 선택하고 스페이스 바를 한번 눌러 해치를 생성합니다.

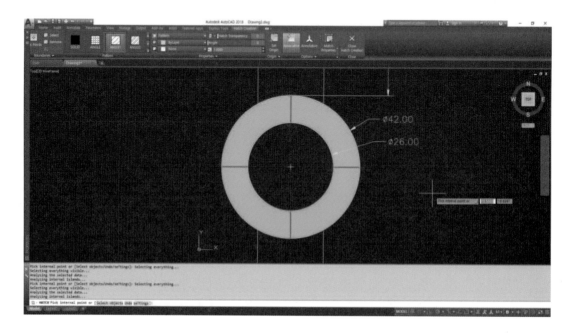

2 해치 수정

01 생성된 해치의 크기를 변경해보겠습니다.
생성된 해치를 선택한 후 상단 바의 배율 값에 10을 입력합니다.

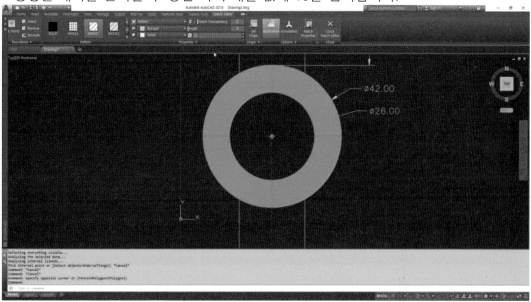

02 아래와 같이 해치의 배율이 확대된 것을 확인할 수 있습니다.

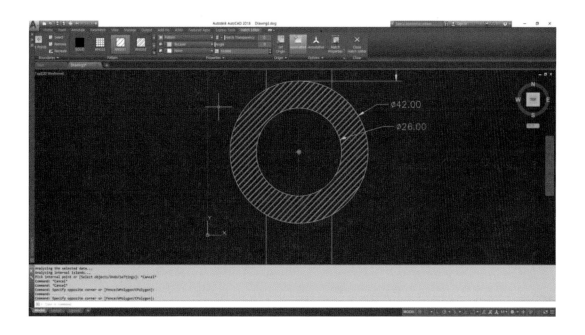

03 'Ctrl+1'을 눌러 특성창을 열고 해치의 레이어를 hatch로 변경합니다.

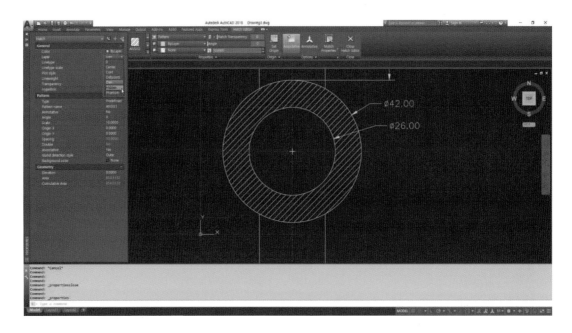

04 상단 바의 슬라이더를 이용하면 해치를 회전시킬 수 있습니다.

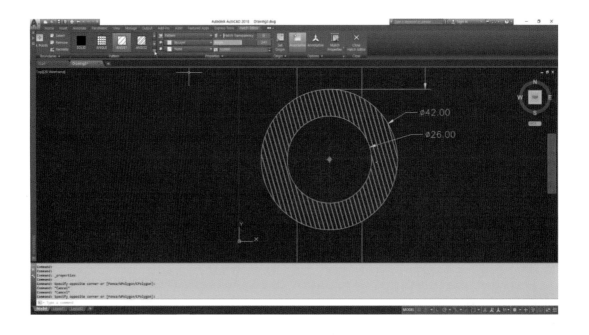

05 좌측 상단의 해치 목록을 드롭다운하면 원하는 해치로 선택해 변경이 가능합니다.

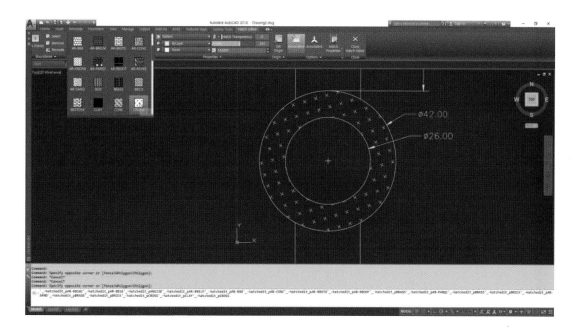

06 작업을 종료하기 전 도면을 저장합니다.
좌측 상단의 오토데스크 아이콘을 클릭하고 Save as > Drawing > 도면 명 입력 > 저장을
통해 저장합니다.

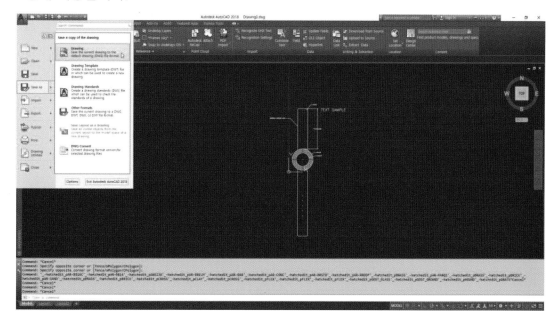

TIP 정리하기 | 캐드 명령어 총 정리

캐드에서 사용하는 명령어 및 단축키는 아래와 같습니다.
아래에 기재된 명령어를 활용하면 모든 기능을 사용할 수 있습니다.

1 DRAWING

명령어	단축키	설명
Line	L	직선 그리기
Xline	XL	무한선 그리기
Pline	PL	연결선 그리기
Circle	C	원 그리기
Arc	A	호 그리기
Ellipse	EL	타원 그리기
Donut	DO	도넛 그리기
Rectangle	REC	사각형 그리기
Polygon	POL	정다각형 그리기
Point	PO	점 찍기

2 TEXT

명령어	단축키	설명
Mtext	T,MT	여러줄 문자 쓰기
Dtext	DT	한줄 문자 쓰기
Style	ST	문자 스타일 설정
Ddedit	ED	문자, 치수문자 수정

3 PATTERN

명령어	단축키	설명
Hatch	H	도면 해치패턴 넣기
Bhatch	BH	도면 해치패턴 넣기
Hatchedit	HE	해치 편집
Gradient	GD	기울기 패턴 넣기

4 EDIT

명령어	단축키	설명
Erase	E	객체 지우기
Extend	EX	객체 연장하기
Trim	TR	객체 자르기
Offset	O	간격 띄우기
Move	M	객체 이동하기
Copy	CO	객체 복사하기
Array	AR	배열 복사하기
Mirror	MI	대칭 복사하기
Fillet	F	모깎기
Chamfer	CHA	모따기
Rotate	RO	객체 회전하기
Scale	SC	객체 배율변경하기
Stretch	S	객체 늘리고 줄이기
Lengthen	LEN	객체 길이 변경하기
Break	BR	객체 자르기(비정밀)
Explode	X	객체 분해하기
Join	J	객체 합치기
Pedit(Pline-Edit)	PE	Pline 편집하기
Splinedit(Spline-Edit)	SPE	자유곡선 수정하기
Draworder	DR	객체 높낮이 수정하기
Undo	Ctrl+Z	이전 명령 취소
Mredo	Ctrl+Y	Undo 취소(복구)

5 PROPERTIES

명령어	단축키	설명
Layer	LA	도면층 관리
Lintype	LT	도면 객체종류 관리
Ltscale	LTS	객체 특성 크기 변경
Color	COL	기본 색상 변경
Matchprop	MA	객체 특성 복사
Properties	MO, CH, Ctrl+1	객체 특성 변경

6 DIMENSION

명령어	단축키	설명
Qdim	QDIM	빠른 치수기입
Dimlinear	DLI	선형 치수기입
Dimaligned	DAL	기울어진 치수기입
Dimarc	DAR	호 치수기입
Dimordinate	DOR	좌표 치수기입
Dimradius	DRA	반지름 치수기입
Dimdiameter	DDI	지름 치수기입
Dimangular	DAN	각도 치수기입
Dimbaseline	DBA	시작점 연속치수기입
Dimcontinue	DCO	끝점 연속치수기입
Mleader	MLD	다중 치수보조선 작성
Mleaderedit	MLE	다중 치수보조선 수정
Leader	LEAD	치수보조선 기입
Dimcenter	DCE	중심선 작성
Dimedit	DED	치수형태 편집
Dimstyle	D	치수 스타일 편집

7 BLOCK

명령어	단축키	설명
Block	B	객체 블록 지정
Wblock	W	객체 블록화 도면 저장
Insert	I	도면 삽입
Bedit	BE	블록 객체 수정
Xref	XR	참조도면 관리

8 DRAWING SETTING

명령어	단축키	설명
Osnap	OS, SE	오스냅 설정
Zoom	Z	도면 부분 축소확대
Pan	P	화면 이동
Regen	RE	화면 재생성
Redraw	R	화면 다시그리기
Option	OP	Autocad 환경설정
Units	UN	도면 단위변경

9 OBJECT INFORMATION

명령어	단축키	설명
Dist	DI	길이 체크
List	LI	객체 특성 정보
Area	AA	면적 계산

10 Ctrl + Number

명령어	단축키	설명
Properties	Ctrl+1	특성창 On/Off
Adcenter	Ctrl+2	디자인센터 On/Off
Toolpalettes	Ctrl+3	툴팔레트 On/Off
Sheetset	Ctrl+4	스트셋 매니저 On/Off
-	Ctrl+5	기능 없음.
Dbconnect	Ctrl+6	DB접속 매니저 On/Off
Markup	Ctrl+7	마크업 세트 매니저 On/Off
Quickclac	Ctrl+8	계산기 On/Off
Commandline	Ctrl+9	커맨트 영역 On/Off
Clenascreenoff	Ctrl+0	화면 툴바 On/Off

PART

10

: 도면 작성

현재까지 배운 내용을 모두 사용해 간단한 도면을 작성합니다.

▲ 샘플파일

10 도면 작성

10.1 평면도 그리기
활용하기

지금까지 캐드에서 사용되는 주요 기능을 모두 다뤄보았습니다. 이러한 학습을 바탕으로
이번 장에서는 간단한 평면도를 그려보며, 건축 도면의 레이어 세팅 방식과 건축
도면을 그리는 대략적인 프로세스를 학습합니다.
이번 장에서 쓰일 샘플을 아래의 QR코드를 통해 다운 받고 진행합니다.

1 레이어 세팅

01 새로운 도면으로 시작합니다.

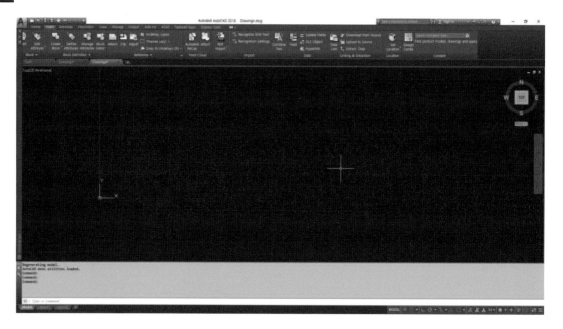

02 아래 그림을 참고하여 레이어 이름/선 색상/선 패턴을 설정합니다.

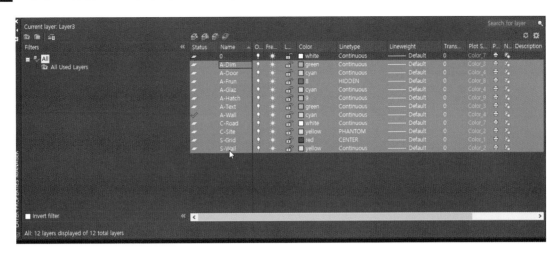

03 선 패턴을 아래의 선택된 3개의 레이어를 제외하고 모두 기본패턴(실선) 입니다.

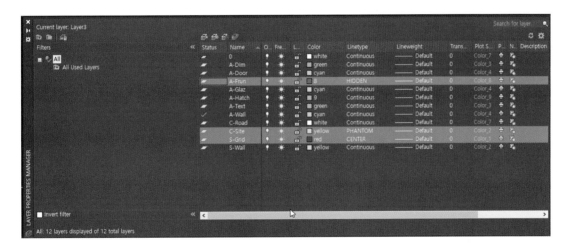

> **TIP** 레이어 분류체계 설명
>
> - 대분류
> A(Architecture:건축) / S(Structure:구조) / C(Civil:토목)
>
> - 그 외
> (1) Dim : 치수(Dimension) / (2) Door : 문 / (3) Glaz : 창호 / (4) Hatch : 해치 /
> (5) Text : 문자 / (6) Wall : 벽 / (7) Road : 길(또는 도로) / (8) Site : 대지 /

2 그리드 (Grid)

그리드는 도면의 기준입니다. 과거 바둑판과 같이 수직 수평으로 선이 그려져있는
종이 위에 그림을 그렸던 기억이 있다면, 그것은 그리드를 이미 접해본 것입니다.
사실, 이미 오토 캐드 사용자라면 화면상에 격자가 표시되어 있는 것을 보았을 것입
니다. 이 역시 그리드로 볼 수 있습니다.
물론, 건축 계획에 따라 그리드가 정해지겠지만, 항상 그리드는 레이어와 함께 가장
중요한 요소라는 것을 잊지 않도록 합니다.

01 현재 레이어를 A-Grid로 변경하고, Line 명령을 실행합니다.
선의 시작점은 '0,0'을 입력하고 끝점은 '0,20000'을 입력합니다. (좌표로 선그리기)
(이 선을 VLine-1 이라고 칭하겠습니다.)

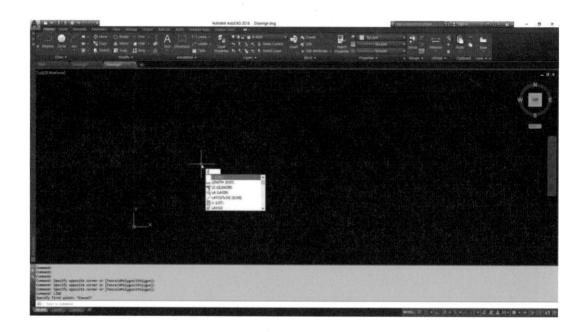

02 이후 Vline-1선을 offset을 이용해 우측 방향으로 5000만큼 띄웁니다.

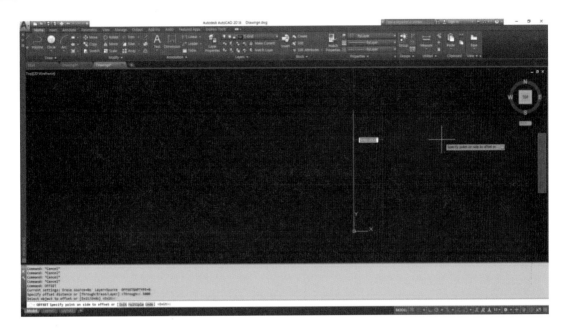

03 마찬가지로 Vline-1을 우측 방향으로 14150 만큼 띄웁니다.

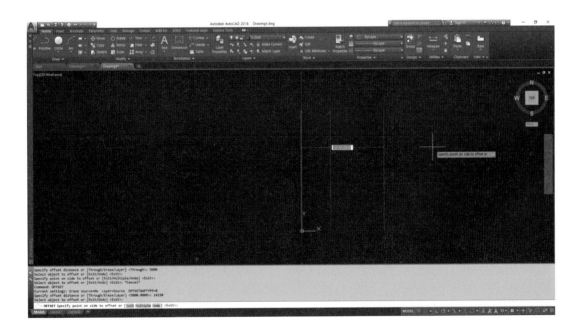

04 마찬가지로 Vline-1을 우측 방향으로 18000 만큼 띄웁니다.

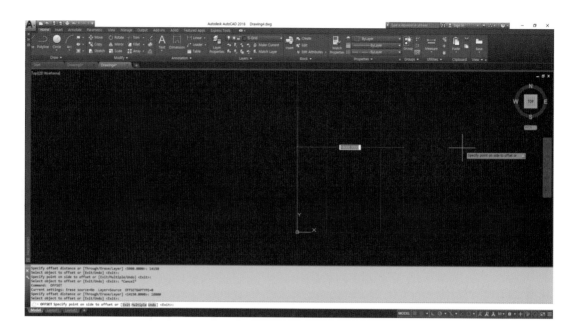

05 이번에는 수평 그리드를 작성합니다.
Line 명령을 실행한 후 시작점은 '0,0' 끝점은 '25000,0'을 입력해 수평선을 생성합니다.
(이 선을 Hline-1이라고 칭하겠습니다)

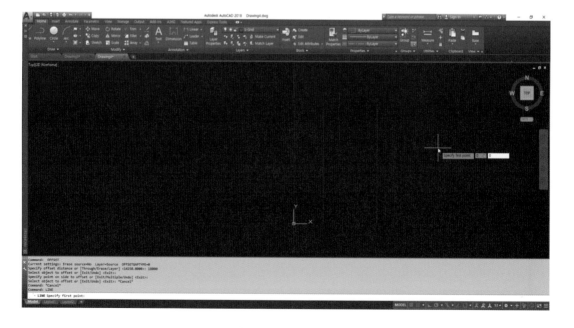

06 Hline-1을 상단 방향으로 8000만큼 간격을 띄웁니다.

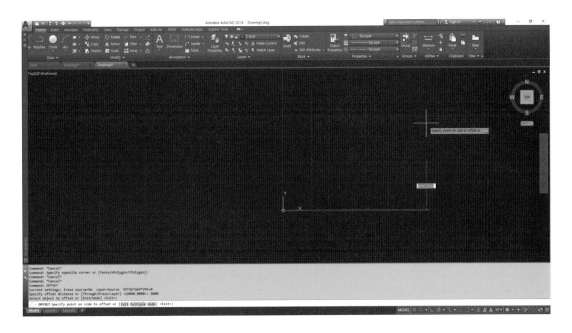

07 마찬가지로 Hline-1을 상단방향으로 10000 만큼 간격을 띄웁니다.

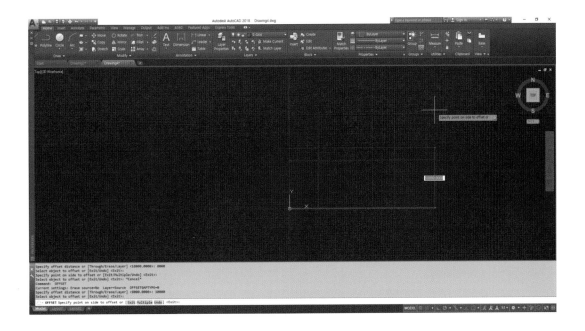

08 마찬가지로 Hline-1을 상단방향으로 13000 만큼 간격을 띄웁니다.

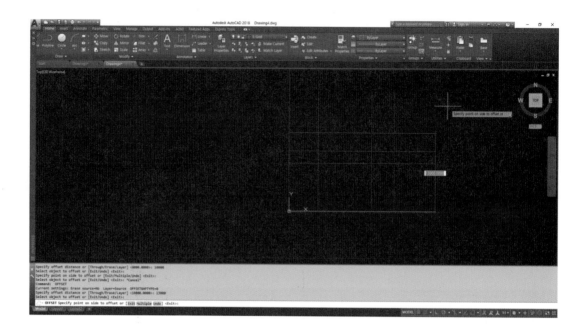

09 완성된 그리드를 모두 선택해 상단 임의의 위치에 복사합니다.
(본 교재에서는 1층 평면도만 그리지만, 이처럼 2층 이상의 건물의 경우 기준 그리드를 복사해 사용합니다.)

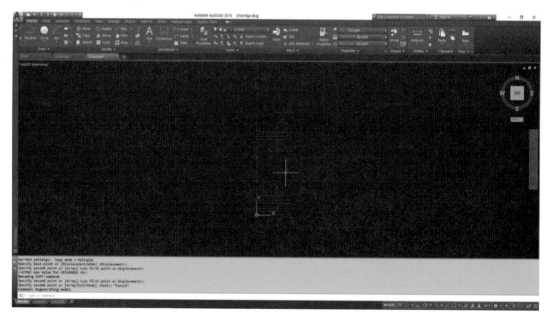

10 새로운 레이어를 생성합니다.
임의의 레이어 이름을 지정(임시레이어)한 후 레이어를 끕니다. (전구 버튼 클릭)

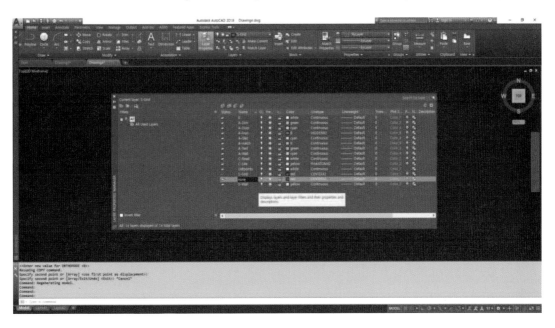

11 복사한 그리드를 전체 선택한 후 직전 과정에서 생성한 레이어로 변경합니다.
(작업의 편의를 위해 잠시 뷰에서 숨기기 위한 과정입니다.)

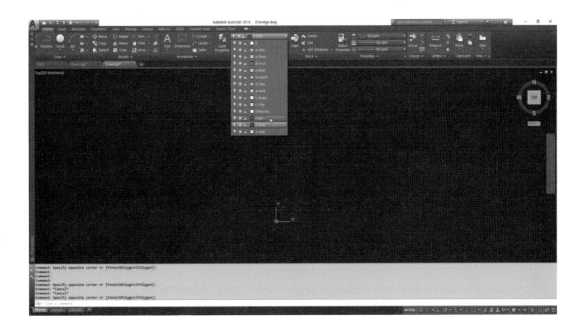

12 아래와 같이 복사된 그리드가 뷰에서 숨겨졌다면 다음 작업을 계속해서 진행합니다.

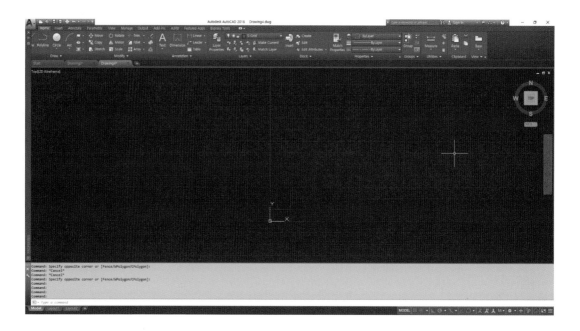

13 계속해서 더 미세한 그리드 작업을 진행합니다.

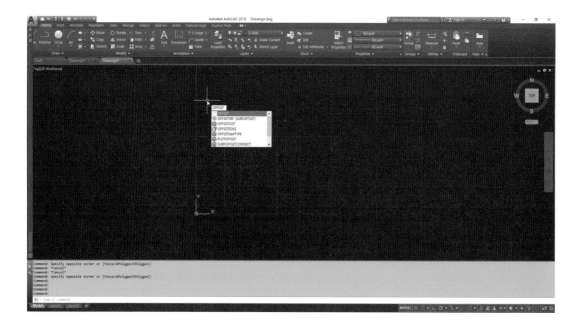

14 Vline-1선을 오른쪽으로 2700만큼 offset 합니다.

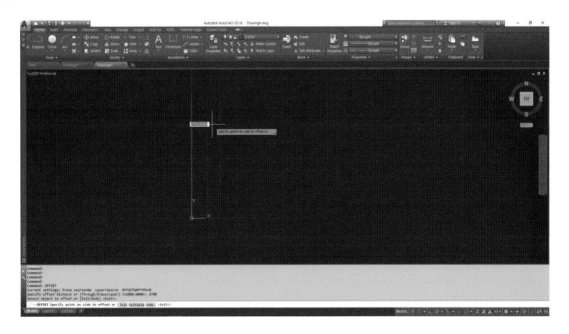

15 마찬가지로 Vline-1선을 오른쪽으로 3800만큼 offset 합니다.

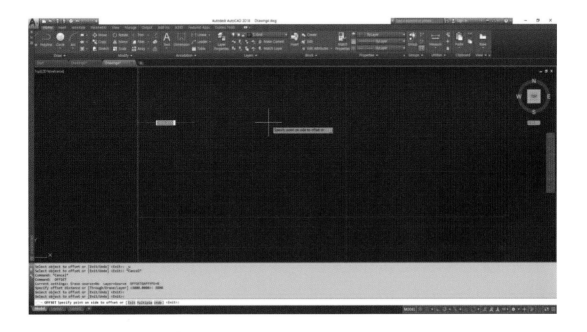

16 이번에는 왼쪽 두번째 선(아래 그림 참고)을 offset 하겠습니다.
왼쪽 두번째 수직 그리드를 우측으로 1300만큼 간격을 띄웁니다.

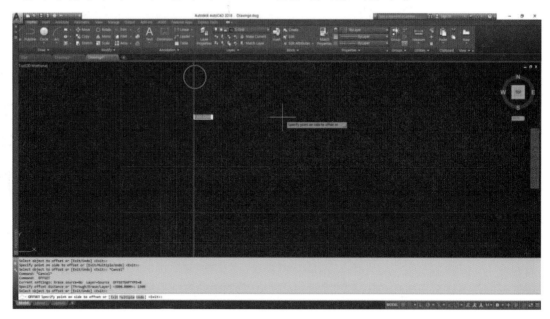

17 이번에는 왼쪽 세번째 선(아래 그림참고)를 offset 하겠습니다.
왼쪽 세번째 수직 그리드를 우측으로 '2100'만큼 간격을 띄웁니다.

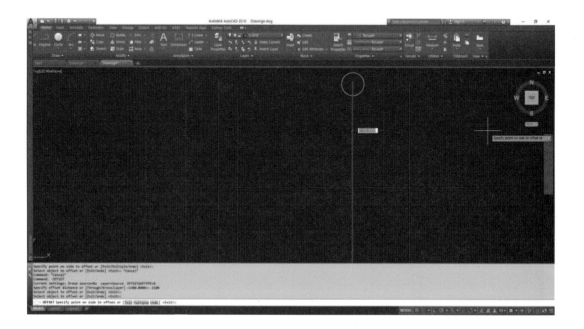

18 이번에는 수평 그리드를 offset 하겠습니다.
Hline-1 선을 상단방향으로 3700만큼 간격을 띄웁니다.

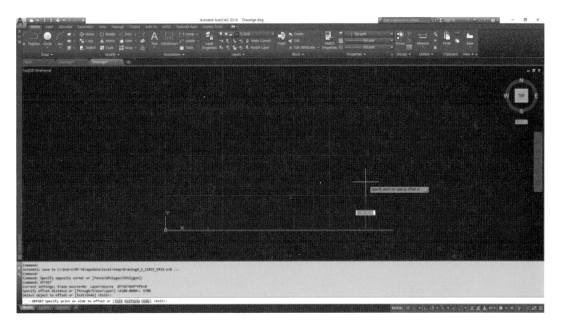

19 마찬가지로 Hline-1선을 상단 방향으로 5200만큼 간격을 띄웁니다.

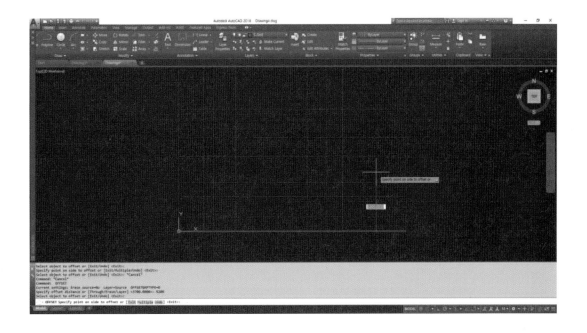

20 마찬가지로 Hline-1선을 상단 방향으로 6000만큼 간격을 띄웁니다.

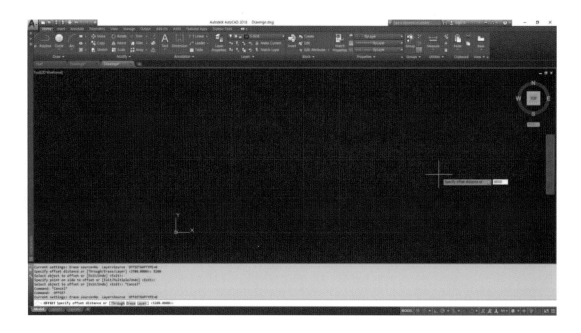

21 마찬가지로 Hline-1선을 상단 방향으로 8700만큼 간격을 띄웁니다.

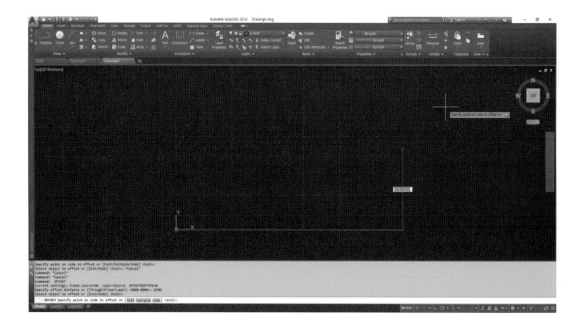

22 이제 1층 그리드 작업이 완료되었습니다.
앞서 꺼놓은 레이어를 다시 켭니다.

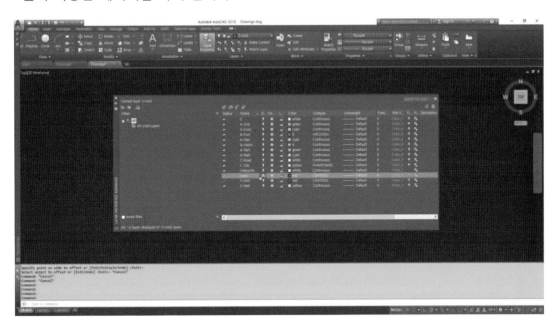

23 이후 해당 레이어의 이름을 'S-Grid-2F'로 변경합니다.

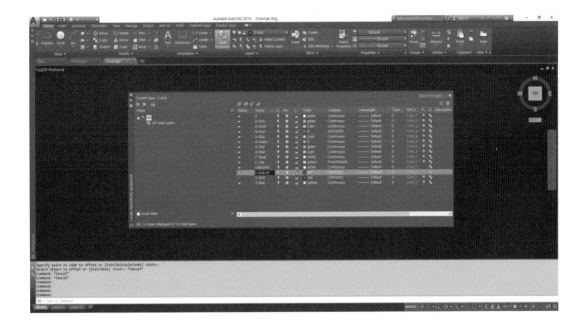

24 또한, 기존의 S-Grid의 이름을 S-Grid-1F로 변경합니다.

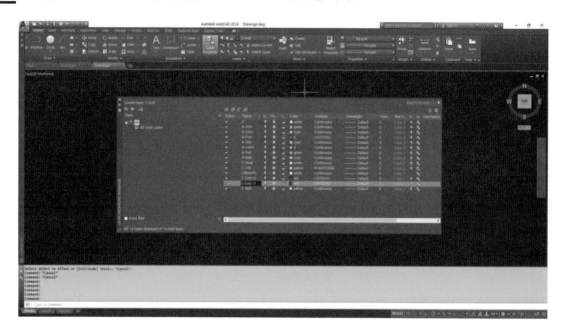

25 이후 두 레이어(그리드 레이어)가 더 이상 편집이 불가능 하도록 잠그겠습니다.
두 그리드 이름 우측의 자물쇠 아이콘을 누르면 자물쇠가 닫히며 이 레이어는 닫혀
있는 동안 아무런 편집이 불가합니다.
두 레이어 모두 동결시킵니다.

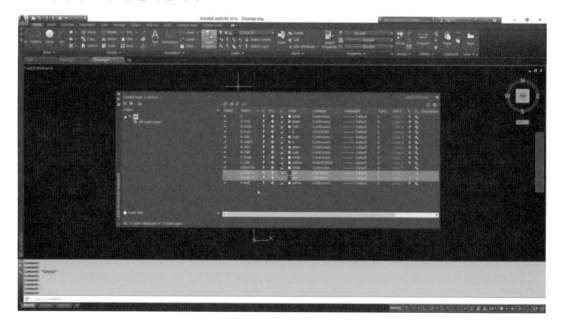

3 벽/바닥/지붕/창및문/계단

앞서 그려진 그리드를 기준으로 건물요소들을 그립니다.
가장 먼저 기본적으로 벽/바닥/지붕 등 구조체를 그리고 이후 창과 문, 계단 등 부속
요소를 그립니다.

01 먼저, 현재 레이어를 S-Wall로 변경합니다.

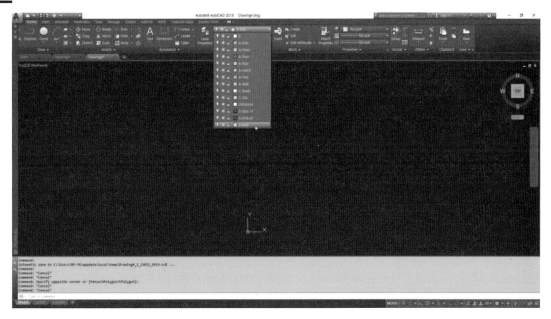

02 이후 아래 그림을 참고해 선을 그립니다.
(다음 페이지에서 치수 확인 가능)

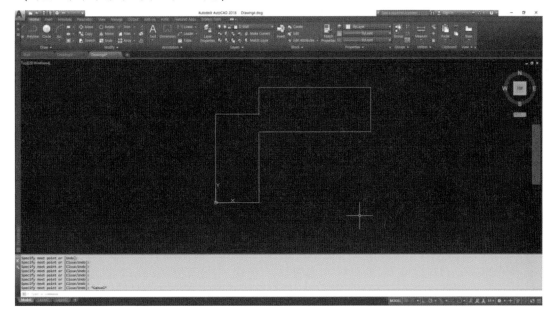

03 아래 치수를 참고해 선을 그립니다.

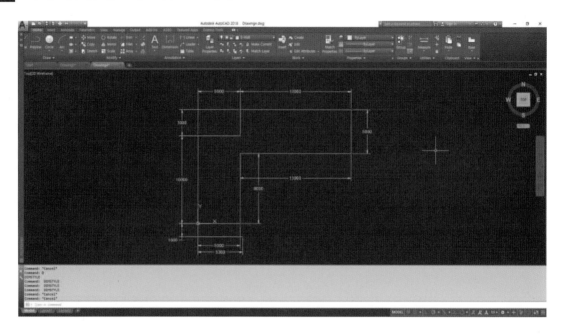

04 이후 현재 선들을 하나로 결합시키기 위해 Join 명령을 실행합니다.

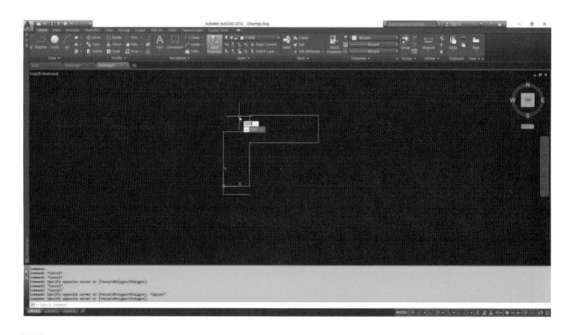

TIP Join (결합)
: 여러가지 객체를 하나의 객체로 결합하는 명령 (연결되어 있는 객체에 한해서만)

05 결합할 객체로는 아래 그림을 참고하여 선택합니다.
　　(전체 객체를 선택하는 것이 아닙니다. 아래 두 직선은 선택에서 제외합니다.)

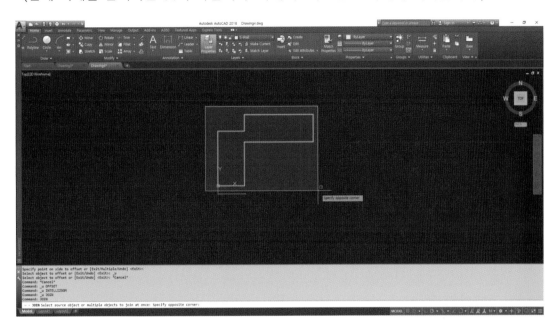

06 이후 다시 Join 명령을 이용해 남은 객체를 결합합니다.

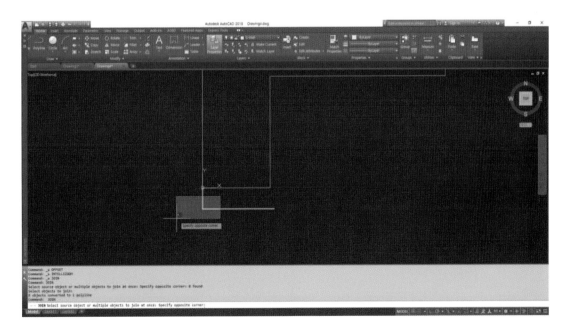

TIP Join (결합)
　: 여러가지 객체를 하나의 객체로 결합하는 명령 (연결되어 있는 객체에 한해서만)

07 결합을 했기 때문에 오프셋을 실행하면 전체 객체가 함께 간격 띄우기가 가능해집니다.
(닫힌 곡선)
해당 객체를 바깥 방향으로 150만큼 offset 합니다.

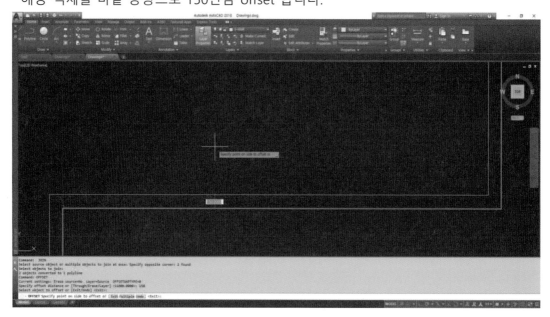

08 이번에는 안쪽으로 동일하게 150만큼 offset 합니다.

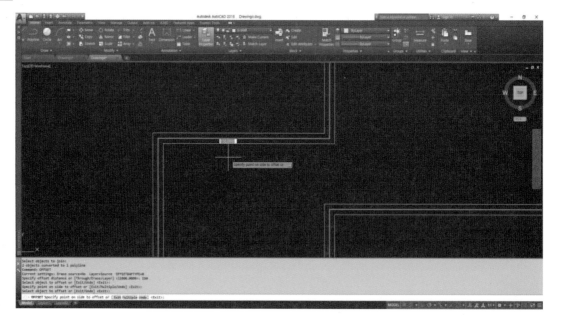

09 Trim 기능을 이용해 겹친 선을 삭제합니다.

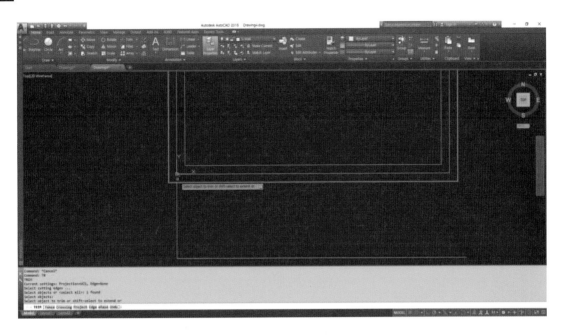

10 겹친 선 삭제가 완료된 모습입니다. (하단부분)

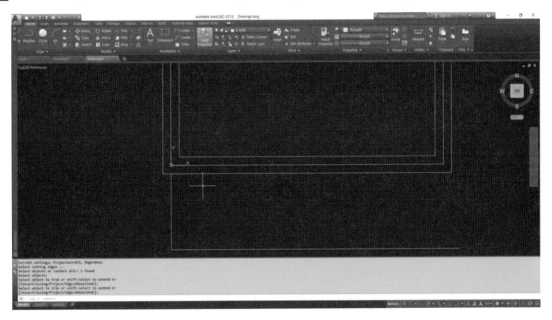

11 아래에 있는 객체(아래 그림 참고)도 마찬가지로 양 방향으로 150씩 offset 합니다.

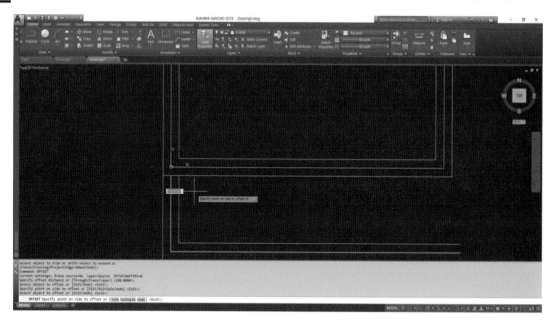

12 이후 가장 처음에 그려주었던 선은 삭제합니다.
(아래 그림에서 선택되어 있는 선)

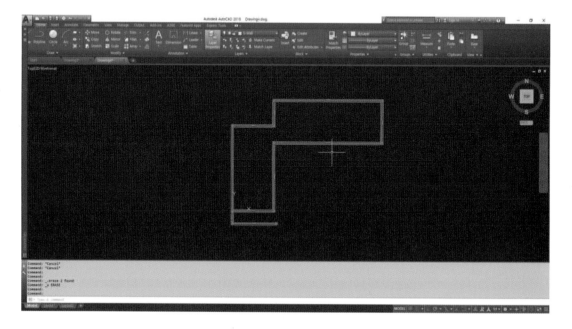

13 아래 그림과 같이 선 삭제가 완료되면 다음 작업을 진행합니다.

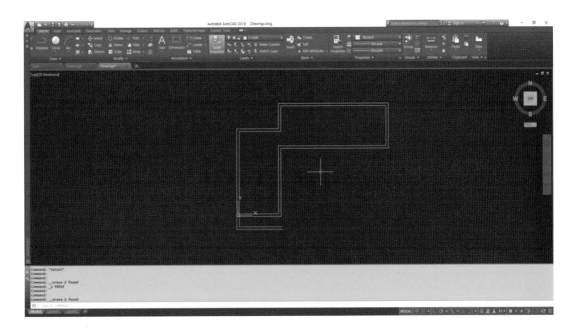

14 벽체 선들 중 열려 있는 곳을 직선 도구를 이용해 닫습니다.

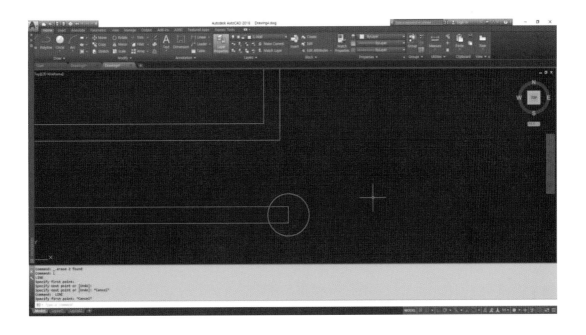

15 이후 겹친 선들을 trim을 이용해 삭제합니다.

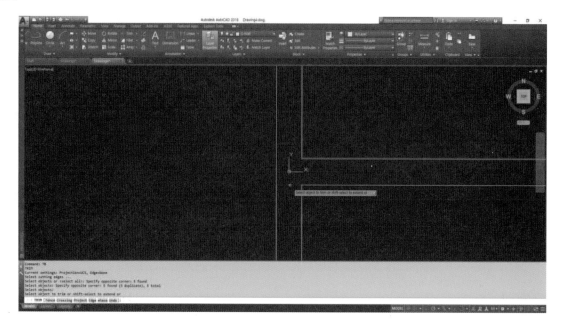

16 다시 join을 실행합니다.

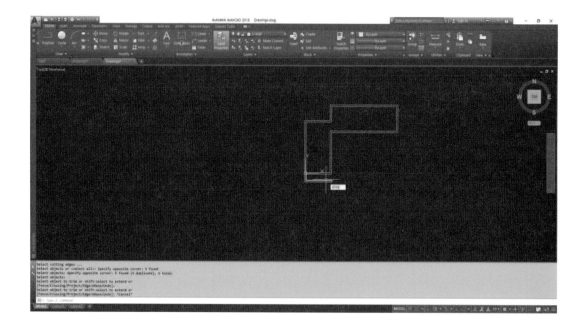

17 외곽에 위치한 선들을 선택해 결합합니다.
(아래 그림 참고)

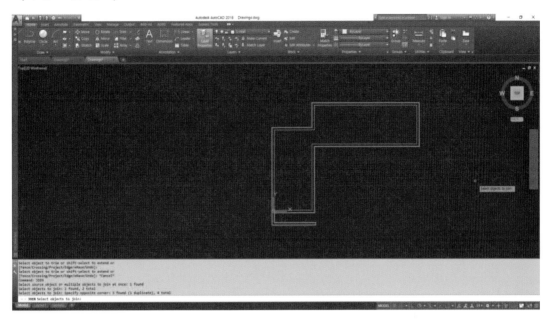

18 이후 직전 과정에서 결합한 개체를 바깥 방향으로 50만큼 offset 합니다.

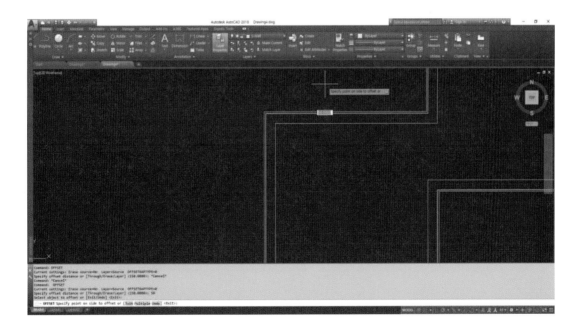

19 이 객체는 A-Wall 레이어로 변경합니다.

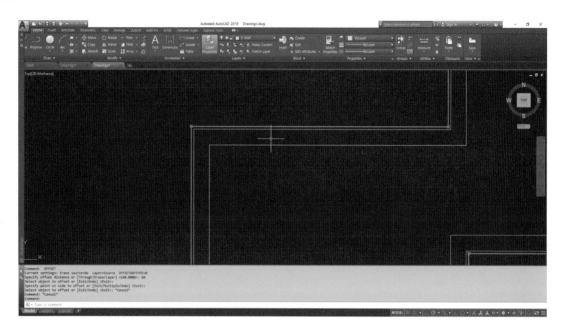

20 선 선택 후 상단 바에서 레이어를 바꿉니다.

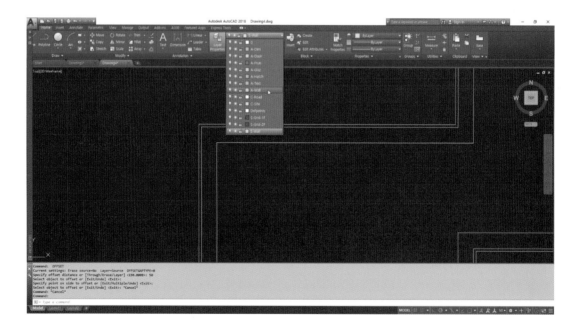

21 이번에는 내부 공간 구획을 하는 과정입니다.
아래 그림과 같이 그리드 선을 따라 선을 그립니다.

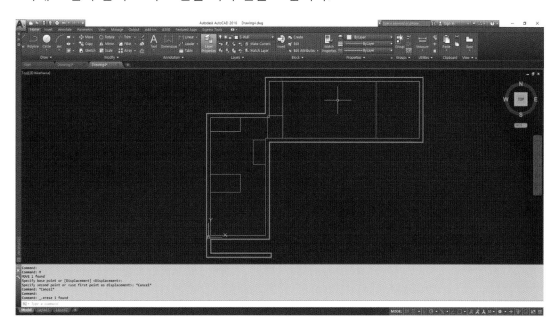

22 이후 join 명령을 통해 각각 연결된 선들 끼리 결합합니다.

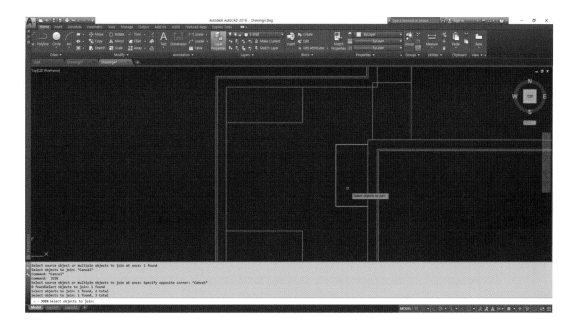

23 Offset을 이용해 실내 벽 선을 양 쪽 방향으로 100씩 간격 띄우기를 합니다.

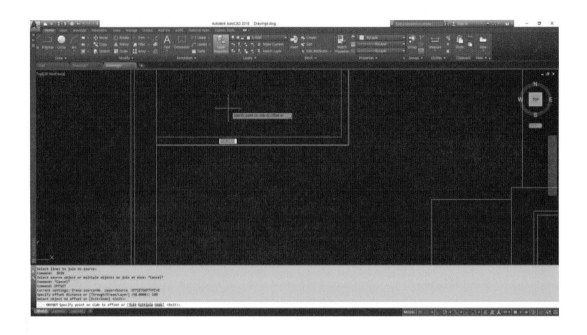

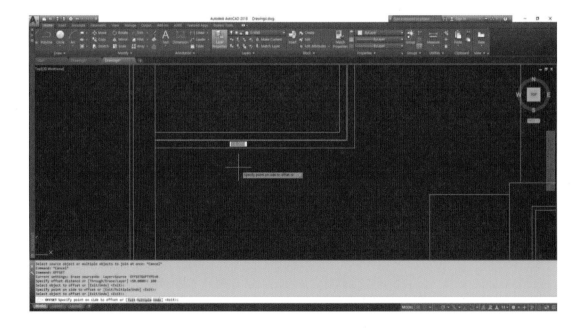

24 Offset이 완료된 모습입니다. 아래그림과 같이 완성되었다면 다음 작업을 계속해서 진행합니다.

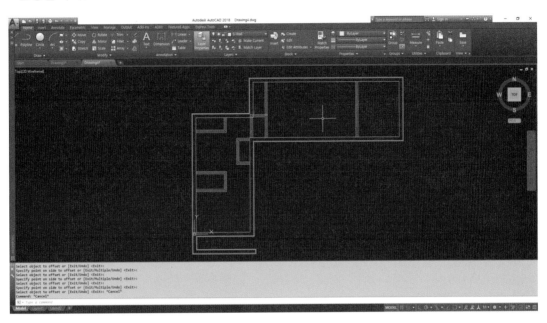

25 Trim 명령을 실행합니다.

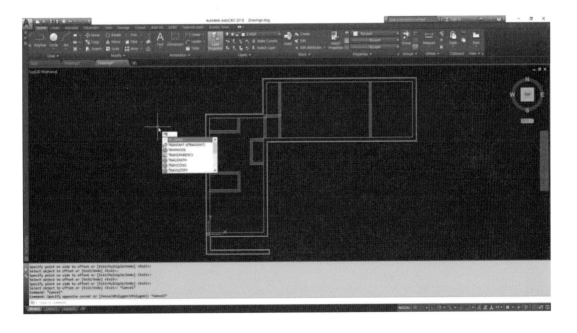

26 기준 객체로는 모든 객체를 선택합니다. (그리드 제외)

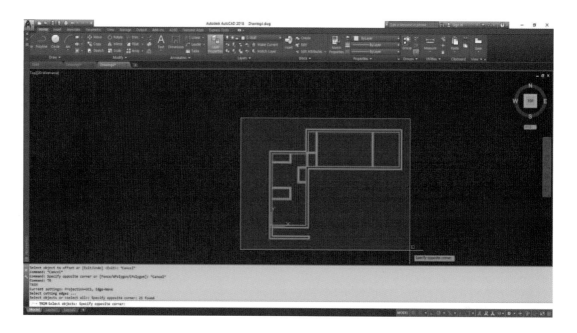

27 아래 그림을 참고하여 겹친 선들을 모두 정리합니다.

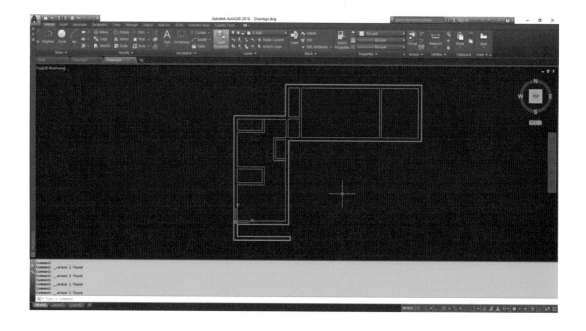

28 이번에는 문, 창 등 개구부를 그리는 순서입니다.
Osnap을 입력해 스냅 설정창을 실행하고 Perpendicular (직교점)을 체크합니다.

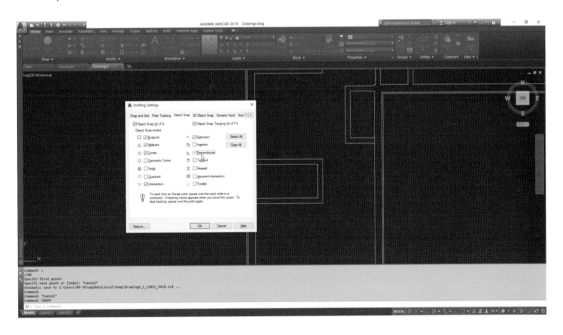

29 아래 그림을 참고하여 개구부 선을 그립니다.
(개구부 선의 레이어는 S-Wall입니다.)

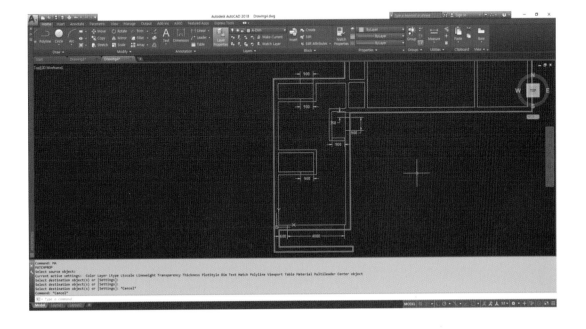

30 참고 확대 그림입니다. 아래 그림들을 참고하여 개구부 선을 그립니다.

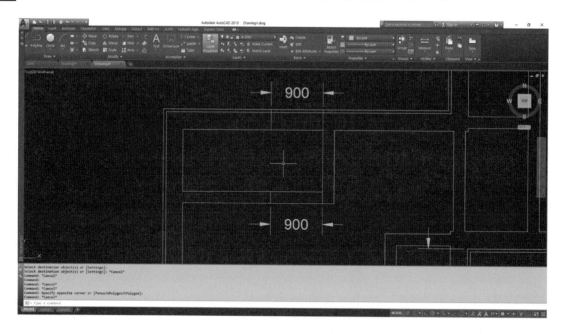

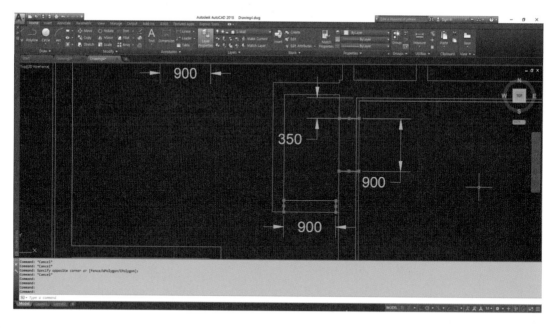

31 참고 확대 그림입니다. 아래 그림들을 참고하여 개구부 선을 그립니다.

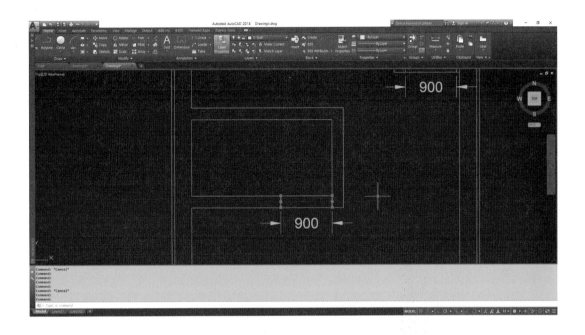

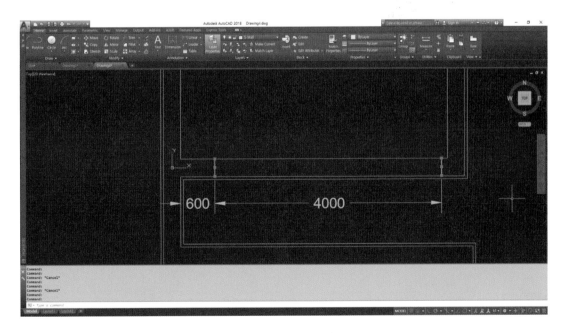

32 아래 그림처럼 Trim을 이용해 개구부 측 겹친 선을 삭제합니다.

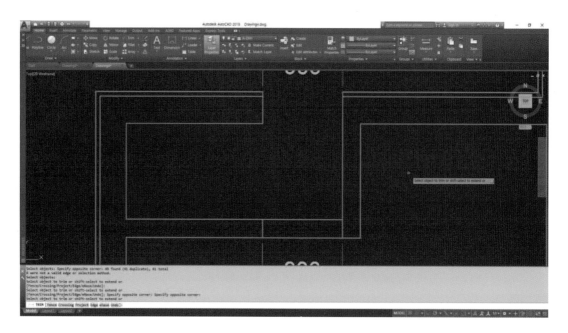

33 나머지 개구부도 Trim을 통해 겹친 선을 삭제합니다.

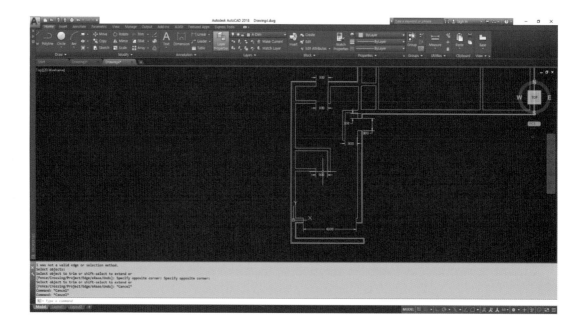

34 마찬가지로 우측부도 개구부 선을 그립니다.

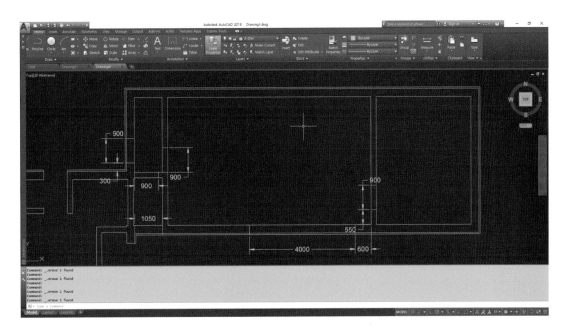

35 아래 그림을 참고하여 그리도록 합니다.

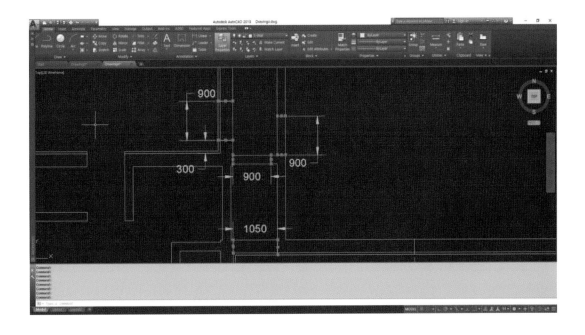

36 아래 그림을 참고하여 그리도록 합니다.

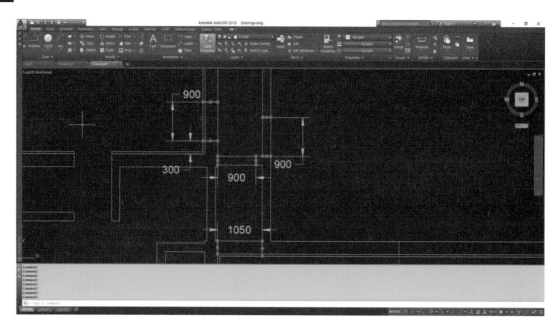

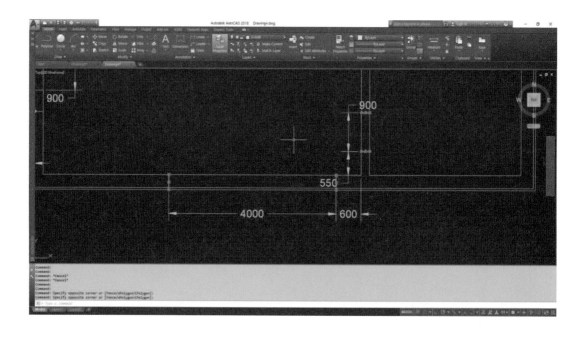

37 마찬가지로, 아래 그림처럼 Trim을 통해 개구부 측 겹친선을 삭제합니다.

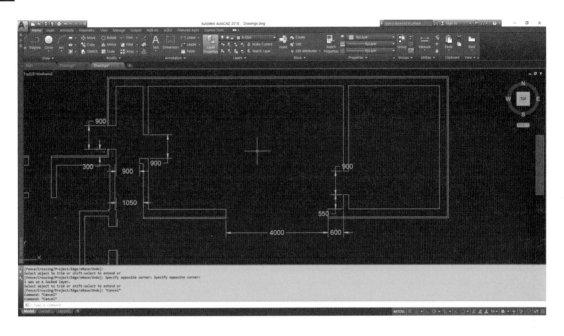

38 이후 외부 마감선이 끊어진 곳들을 연결합니다.
- Point : Line과 Extend

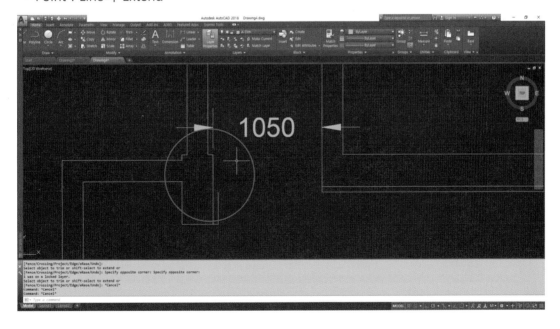

39 배포한 샘플 파일을 열어 창과 문을 Ctrl+C / Ctrl+ V를 통해 현재 도면으로 가지고 옵니다. (다른 도면 보는 방법은 하단의 TIP 참고)

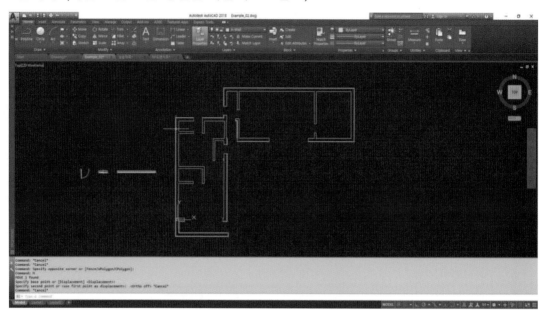

40 이후 Copy를 통해 아래 그림과 같이 개구부에 창을 위치시킵니다.
- 창 종류 : 4000(폭) / 900(폭) , 문 종류 : 900(폭)

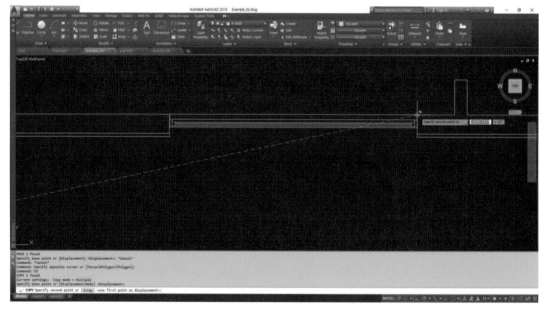

TIP 도면 목록

상단 탭 중 아래 그림과 같은 탭이 도면 목록입니다.
현재 작업 중인 도면은 'Example_02'이며, 이 탭을 통해 다른 도면을 볼 수 있습니다.

41 이때 , 회전이나 미러 등 여러 명령을 활용하여 넣습니다.

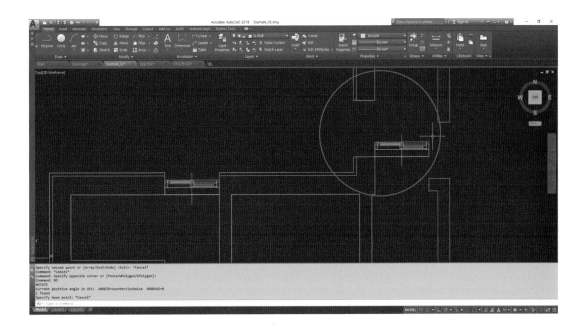

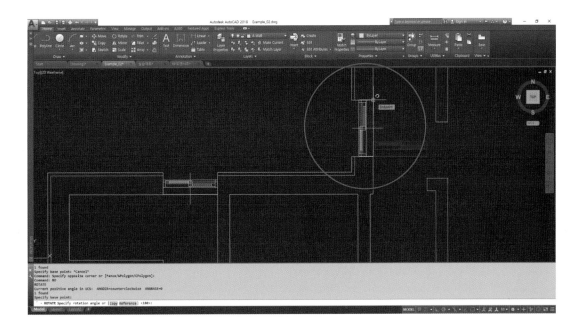

42 문은 위치 시키기 전 가이드 라인을 그려주도록 합니다. 아래 그림처럼 선을 하나 그립니다.

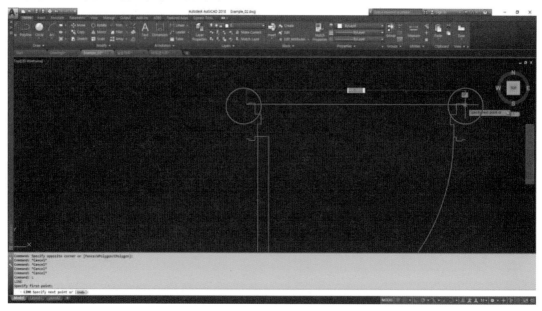

43 이후 직전에 그린 선을 아래 방향으로 60만큼 offset을 실행합니다.

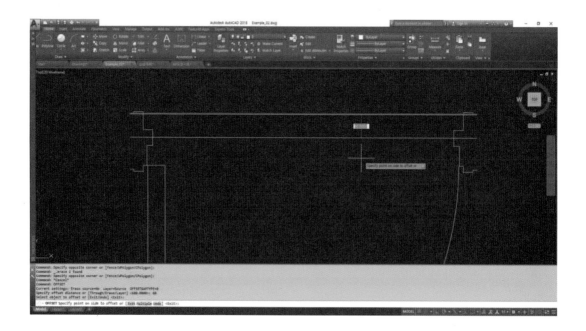

44 아래 그림과 같이 오프셋이 마무리 되면 문을 배치하도록 합니다.

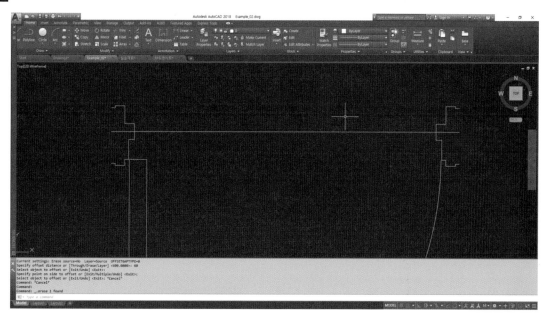

45 Copy 명령을 실행하고 복사할 개체는 문을 선택, 복사 기준점은 선의 끝점을 선택 합니다.

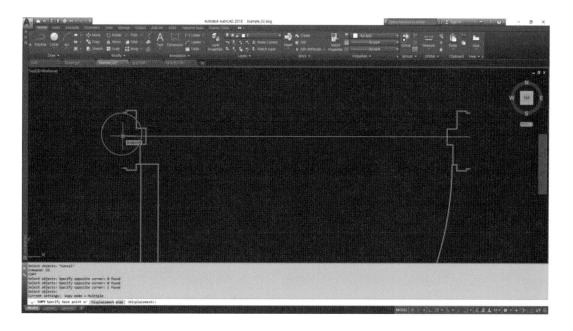

46 아래 그림과 같이 문을 배치합니다.

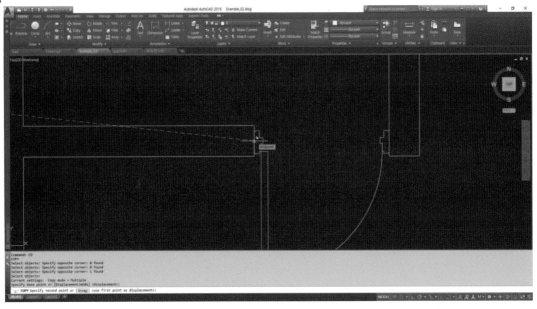

47 아래 그림과 같이 창과 문을 모두 배치시킵니다.
- Point : copy / move / mirror / rotate

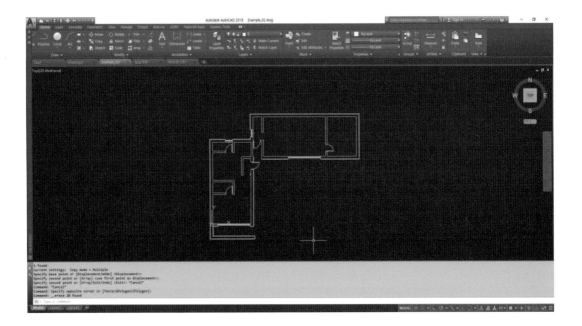

48 배포한 샘플파일에서 각종 가구를 복사 및 붙여넣기로 현재 도면으로 불러옵니다.

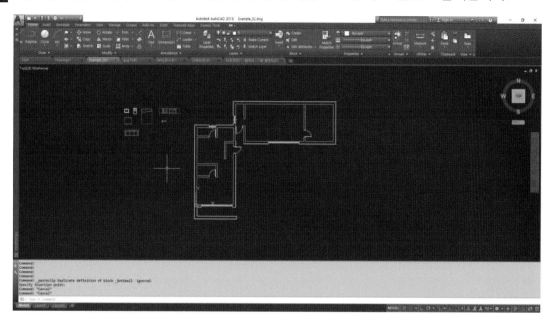

49 아래 그림처럼 자유롭게 가구를 배치합니다.

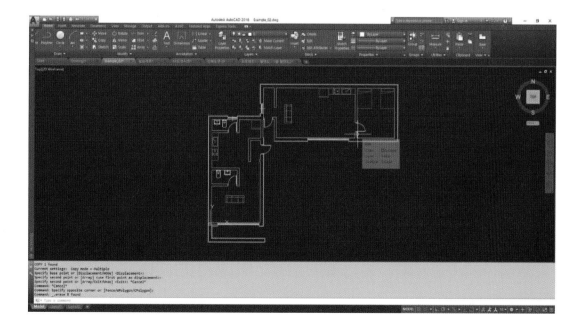

4 주석

기본적인 건물 요소 그리기를 마친 후 주석 작업을 진행합니다.
(해치/텍스트/치수 등)

01 해치를 그리기 위해 임시로 닫힌 영역을 만들어 주어야 합니다.
각 실마다 해치를 넣어보겠습니다. 현재 레이어를 A-Hatch로 변경한 후 아래 그림처럼
실의 안쪽 선에 일치하는 사각형을 그립니다.

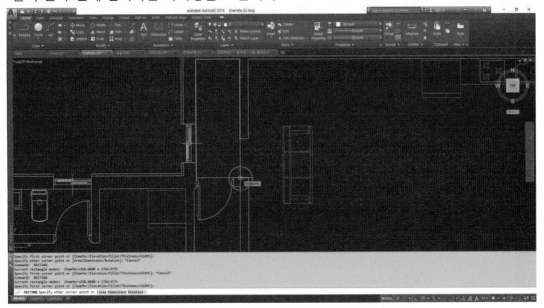

02 다른 실들도 동일한 방법으로 진행합니다.

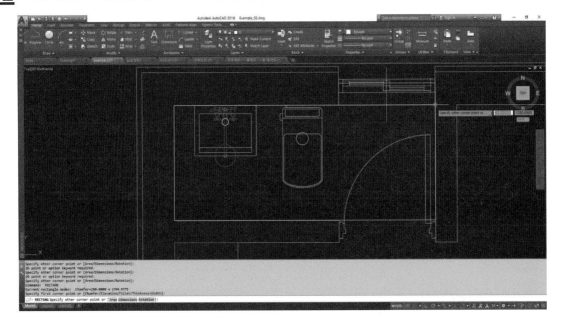

03 'bh' 혹은 'hatch'를 입력해 해치 생성 명령을 실행합니다.

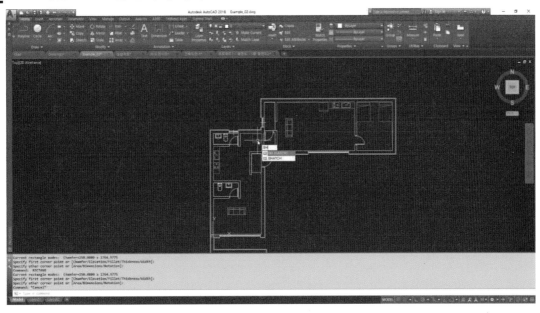

04 이후 직전 과정에서 생성한 닫힌 영역에 해치를 생성합니다.
(보통 해치를 생성할 때 해치를 방해하는 요소(가구,문,창 등)은 숨겨두어야 합니다.)

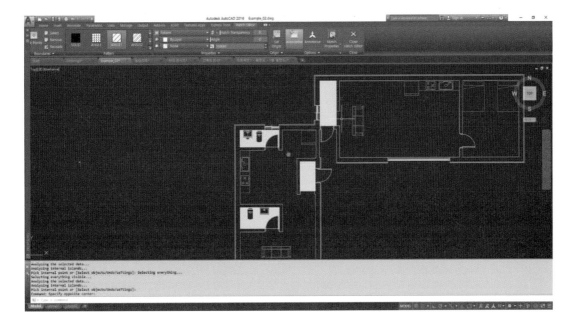

05 상단 바의 해치 배율을 1000으로 변경합니다.

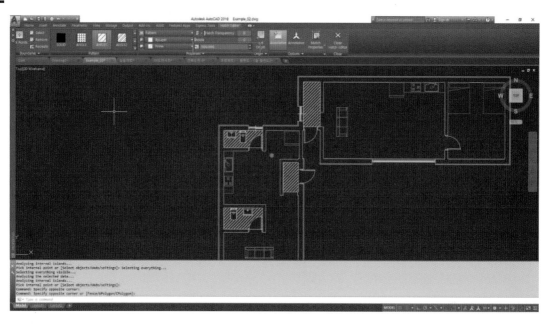

06 실의 명칭을 기입하기 위해 현재 레이어를 A-Text로 변경합니다.

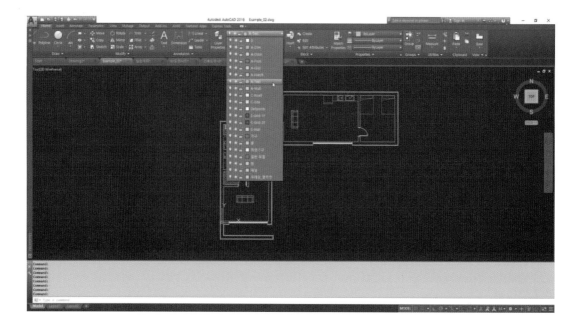

07 임의의 지점에 적당한 크기의 텍스트 상자를 생성합니다.

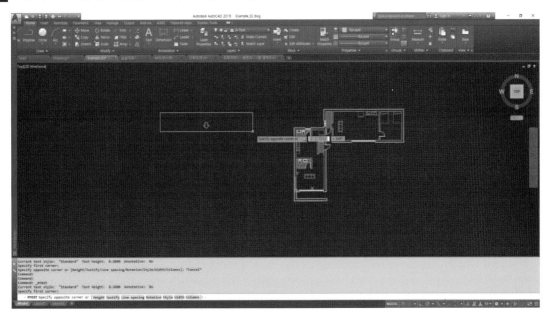

08 상단 바에서 원하는 글꼴을 선택합니다.
(본 교재에서는 돋움체를 선택)

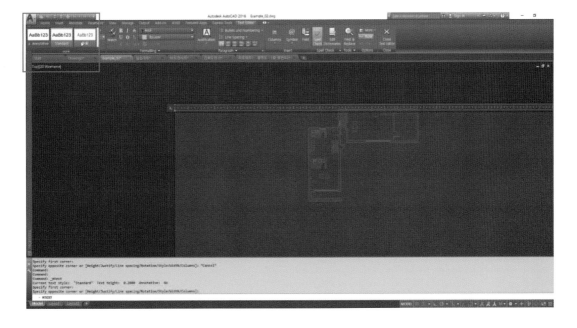

09 텍스트 크기를 300으로 변경합니다.

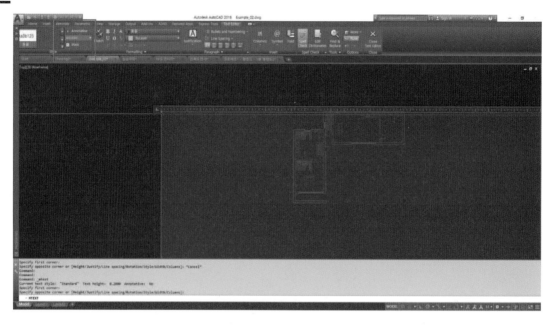

10 이후 실명칭을 기입하고 이동 명령을 통해 원하는 위치에 배치합니다.

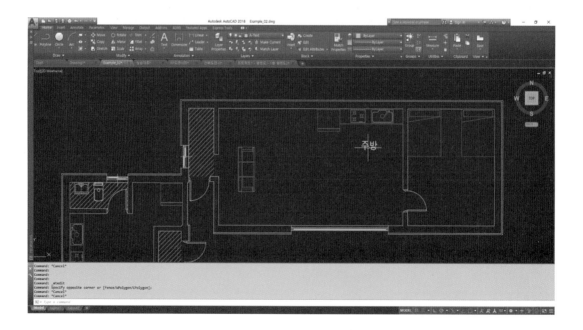

11 아래와 같이 자유롭게 실 명칭을 기입해 텍스트 작업을 마무리합니다.

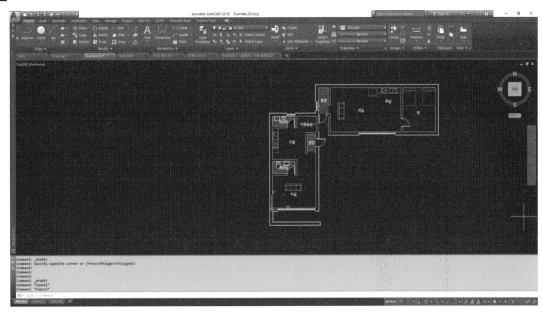

12 배포한 샘플에서 시트를 복사 및 붙여넣기를 통해 현재 도면안으로 불러옵니다.

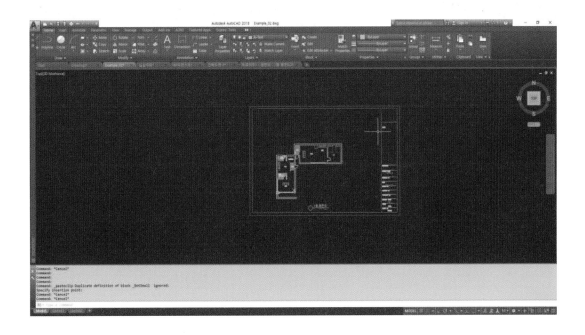

13 시트의 중앙에 건물이 위치하도록 이동하고 아래 그림과 같이 시트 안쪽에 사각형을
하나 생성합니다.
(아래 그림을 참고해 적당한 간격의 사각형을 그리면 됩니다.)

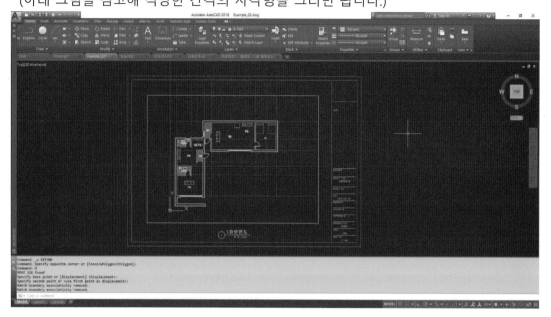

14 먼저, Layer Properties를 실행한 후 잠궈두었던 Grid 레이어를 모두 잠금해체
(자물쇠 아이콘 클릭)합니다.
그리드 선을 직전에 그린 사각형에 연장 또는 절단해 붙이기 위해 Extend 명령을
실행합니다.

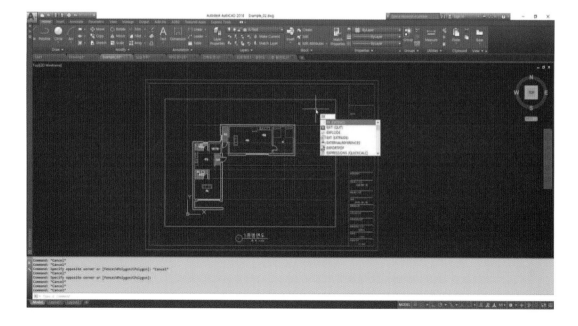

15 연장의 기준 객체는 사각형을 선택합니다.

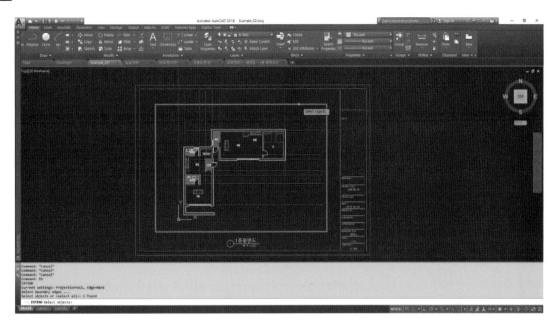

16 연장할 객체(붙일 객체)는 그리드를 선택합니다.

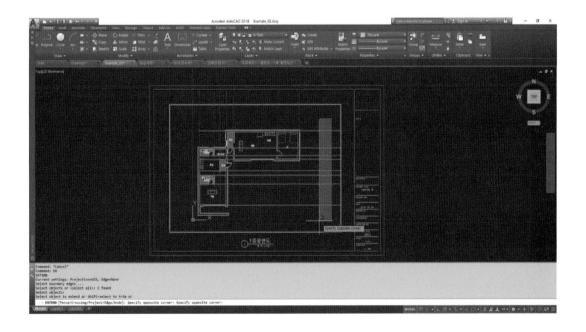

17 아래 그림과 같이 모든 그리드를 사각형에 맞게 연장해 부착합니다.

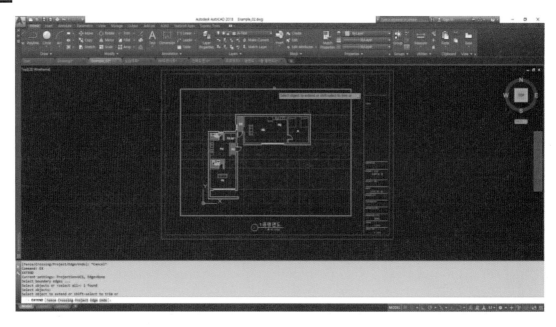

18 사각형 바깥으로 돌출되어 있는 그리드 선들을 정리하기 위해 Shift를 눌러 일시적으로 Trim 기능으로 변환하고 사각형 바깥으로 벗어나 있는 그리드를 자릅니다.

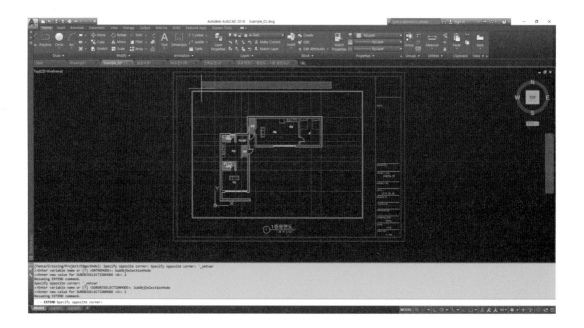

19 사용한 사각형은 삭제하고 배포한 샘플에서 그리드 헤드를 현재 도면으로 가지고
옵니다.

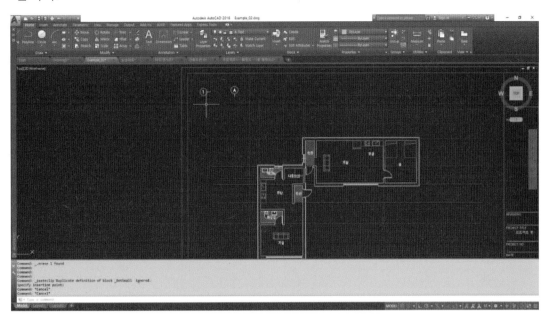

20 A가 명기된 그리드 헤드를 모두 선택한 후 이동 명령을 통해 아래 그림처럼 그리드
끝점에 이동시킵니다.

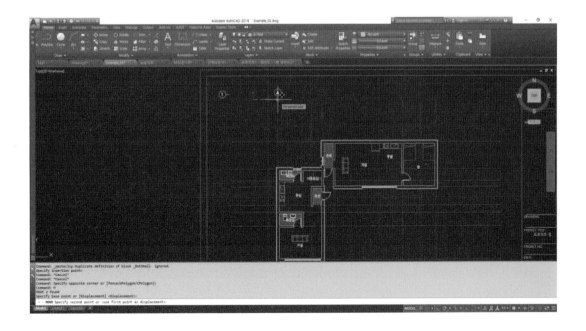

21 아래와 같이 끝점에 이동이 되었다면 다음 작업을 계속해서 진행합니다.

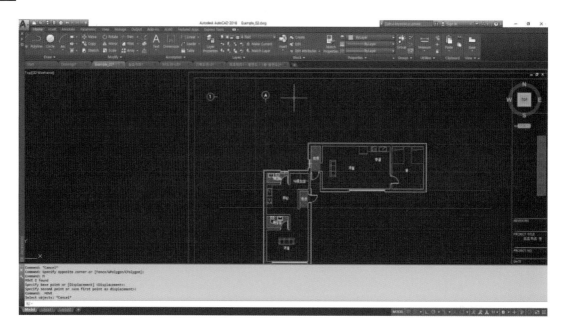

22 직전 과정에서 끝점에 부착시킨 그리드 헤드를 이동 명령을 통해 아래 그림처럼 상단 방향으로 이동시킵니다.
(그리드 끝점에서 그리드 헤드를 어느정도 떨어트린다고 생각하면 됩니다.)

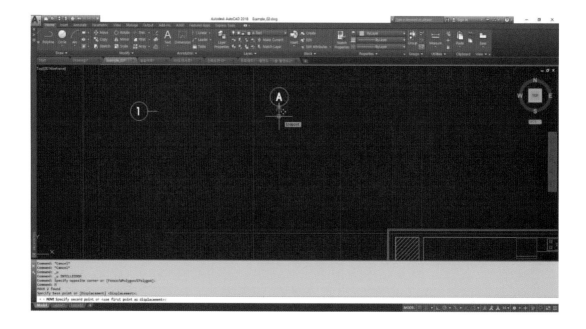

23 복사 도구를 통해 수직 그리드 모두에 복사합니다.

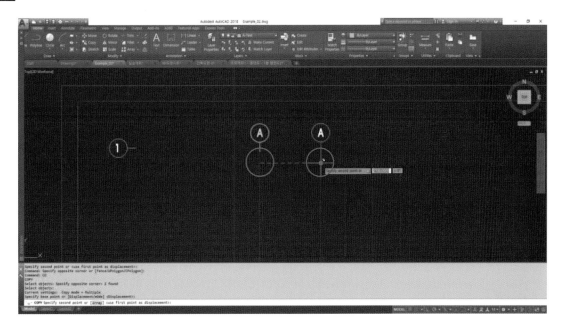

24 아래 그림과 같이 모두 복사가 되었으면 다음 작업을 계속해서 진행합니다.

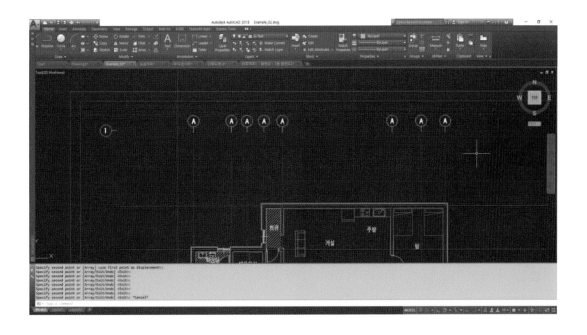

25 수평 그리드 헤드도 마찬가지로 작업합니다.
이후 그리드 헤드의 텍스트를 아래 그림을 참고하여 변경합니다.

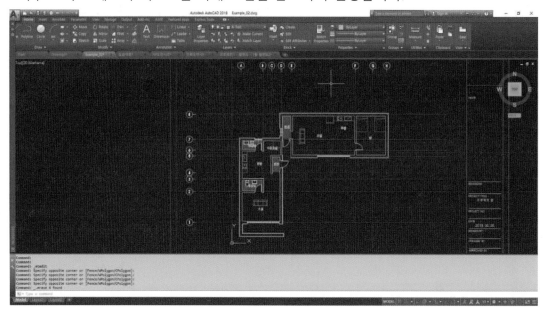

26 치수를 생성하기 전 치수 스타일 설정을 진행합니다.
명령어 'd'를 통해 치수스타일 설정창을 실행합니다.

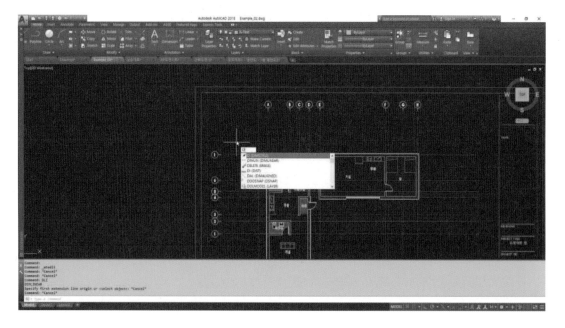

27 설정 창 우측의 수정버튼을 클릭합니다.

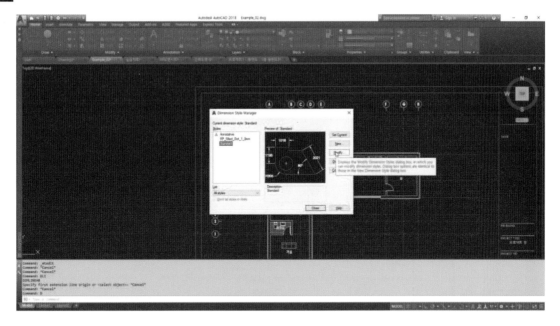

28 Fit 탭 설정입니다. 아래 그림과 같이 설정합니다.

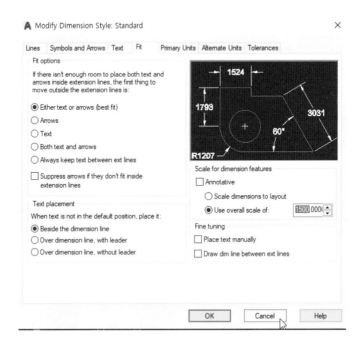

29 Primary Units 탭 설정입니다. 아래 그림과 같이 설정합니다.
(Precision 값을 0으로 변경합니다.)

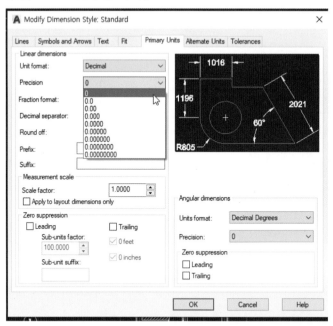

30 Symbols and Arrows 탭 설정입니다. 아래 그림과 같이 설정합니다.
(화살표 헤드를 Dot small로 변경하고, 화살표 사이즈를 0.36으로 변경합니다.

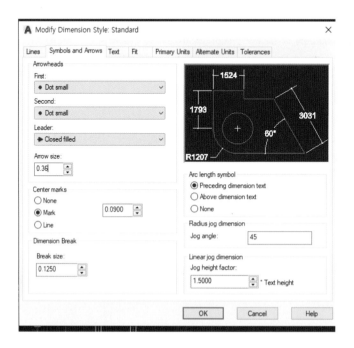

31 수직수평 선형치수를 생성하기 위해 'dli'를 입력합니다.

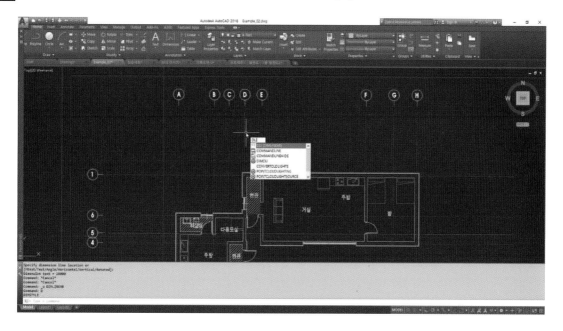

32 수직 그리드의 A 끝점과 H끝점 사이의 치수를 생성합니다.

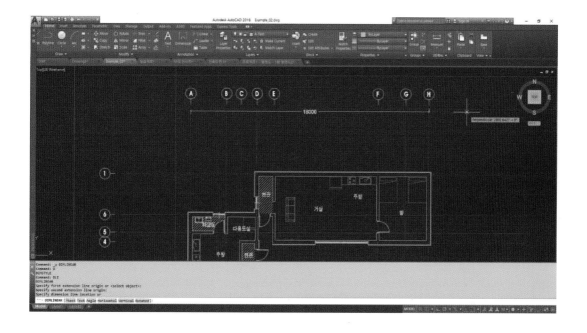

33 수평 그리드 역시 끝과 끝의 치수를 생성합니다.

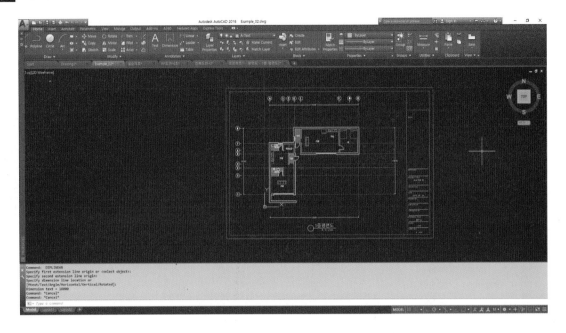

34 이후 아래 그림처럼 사각형을 생성합니다. (정확한 간격은 중요하지 않습니다.)

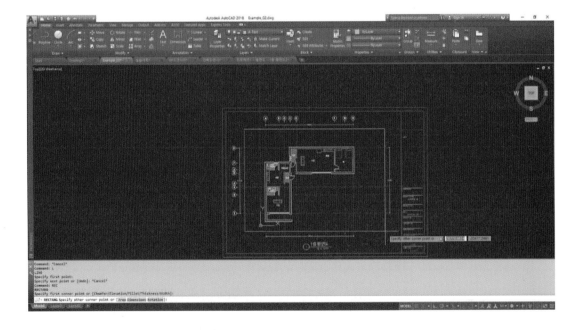

35 Osnap 명령어를 통해 스냅 설정창을 열고 'Intersection(교차점)'만 체크한 후
나머지는 모두 체크해제 합니다.

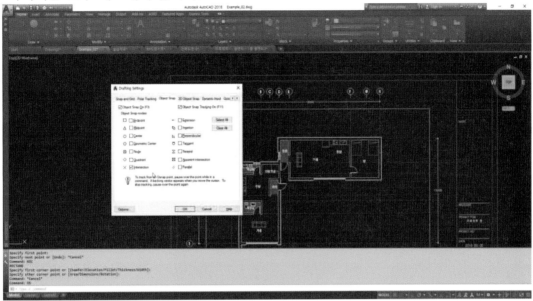

36 이후 각 그리드 사이에 모두 치수를 기입합니다.
이때, 치수는 직전에 만든 사각형과 그리드의 교차점에 생성합니다.

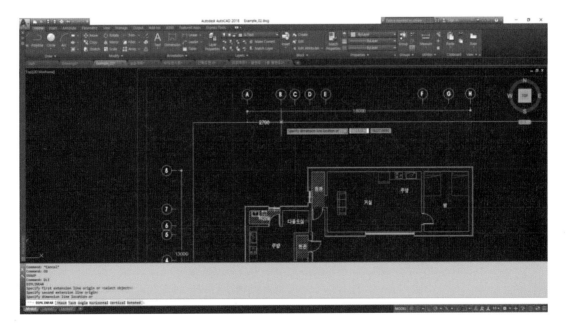

37 모든 그리드 사이의 치수를 생성합니다.

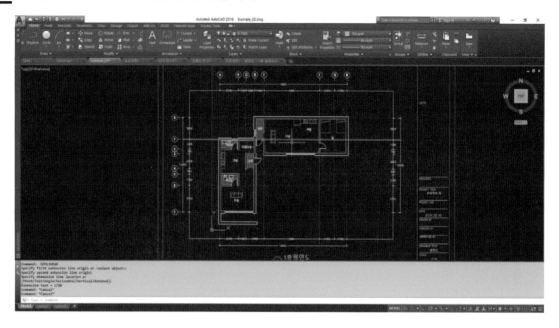

38 사용한 사각형은 삭제합니다.

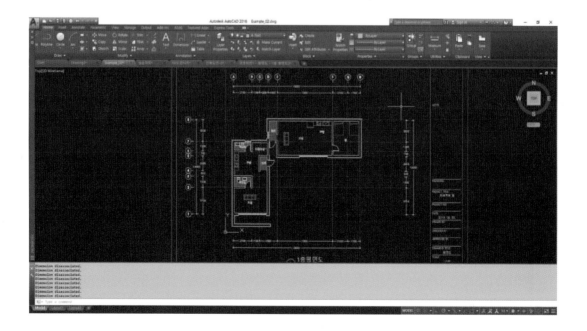

39 텍스트를 치수선에 평행하게 변경하기 위해 다시 치수 스타일 설정을 엽니다.
(명령어 : d)

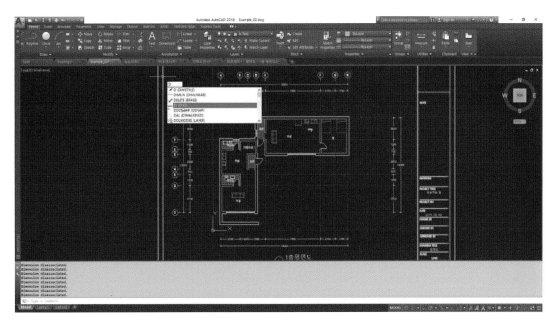

40 Text 탭에 들어가 우측 Vertical 을 Above로, Text Alignment를 Align with dimension Line으로 변경합니다.

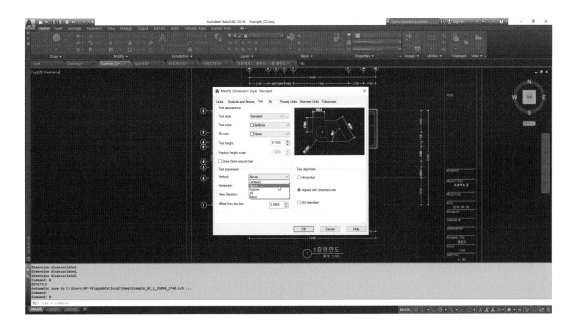

41 Ok를 눌러 적용하고 빠져나옵니다.

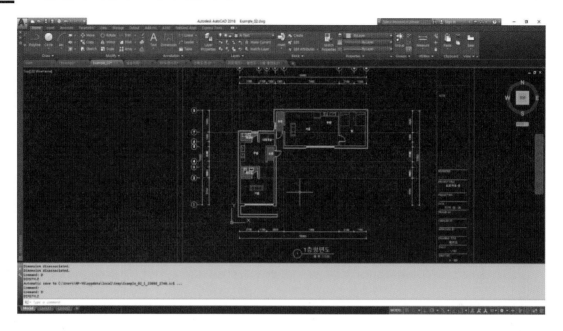

42 평면 작업이 완료되었습니다.
도면을 저장하고 다음 챕터로 이동합니다.

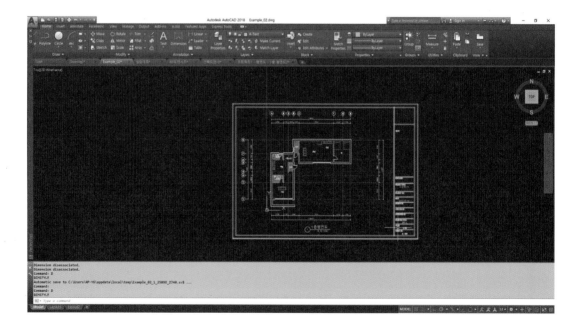

PART

11

: Autocad LISP

마지막으로 Program Language인 LISP을 학습하며
앞으로 나아갈 BE Architect 1,2,3 ... 에서 등장할
VPL에 대한 상상을 시작합니다.

INDEX

▲ 샘플파일

11 AUTOCAD LISP

11.1 알아보기 | About LISP

오토캐드의 사용자 언어인 LISP에 대해 학습합니다.

1 LISP의 이해

LISP이란 List Processing의 줄임말로, 오토 캐드의 사용자 언어로 사용됩니다. 이는 여타 컴퓨터언어와는 다르게 별도의 컴파일이 필요없이 바로 사용할 수 있어 매우 간단하게 사용이 가능해 누구나 손 쉽게 만들 수 있는 컴퓨터 언어의 일종입니다.

LISP은 Autocad에서 제도 작업을 진행할 시 여러가지 명령체계를 거쳐 얻을 수 있는 결과 값을 한번에 도달할 수 있도록 유용하게 사용할 수 있는 기능들을 함축 시켜 놓은 것 입니다. 따라서 LISP을 사용하게 된다면 더욱 빠른 도면 작업이 가능해집니다.

▽ Two ways (Line Length)

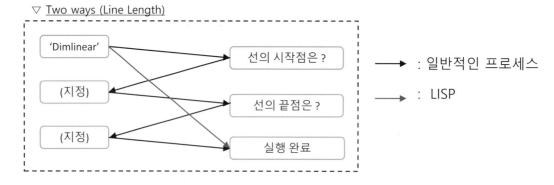

예를 들어, 위와 같이 선의 길이를 알고 싶다면 지금까지 배운 내용을 토대로 선의 시작점을 지정하고, 선의 끝점을 지정하여 선의 길이 값을 추출할 것입니다.
이때 선의 길이를 구해주는 LISP을 사용하면, 길이를 구하고자 하는 선을 선택하여 바로 결과값에 도달할 수 있습니다. 만약, 그 선이 일반적인 직선이 아닌 꼬여있는 곡선이라면, 이 LISP의 효율성을 증진될 것입니다. 즉, 보다 복잡한 작업을 보다 쉽게 결과값을 도출하도록 여러 명령을 함축시켜 놓은 것이 LISP 입니다.

> **TIP** LISP의 기타 특징
> 1. LISP의 확장자는 *.lsp입니다.
> 2. 캐드 내의 여러 명령을 원하는 대로 조합 하면 Autocad에 없던 명령을 만들 수 있습니다.
> 3. 특정 프로그램이 아닌 메모장을 사용해 만듭니다.
> 4. Autocad LT버전에서는 LISP을 사용할 수 없습니다.

11.2 LISP 로드
알아보기

백문이 불여일견입니다. LISP을 실행해보며 몸으로 이해해보도록 합니다.
배포한 샘플 LISP은 매우 간단한 LISP입니다. 해당 LISP을 이용해보며 LISP의 원리를
학습합니다.

1 LISP 로드

01 오토캐드를 실행하고 'Appload' 명령어를 통해 로딩창을 생성합니다.

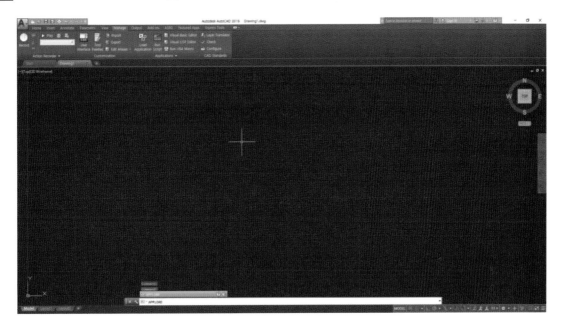

02 배포한 샘플 중 'DS.lsp'를 찾습니다.
- DS : 선분의 길이 구하기

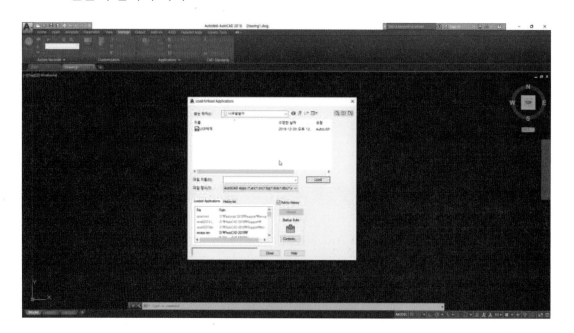

03 'DS.lsp를 선택하고 Load를 클릭합니다.
혹, .lsp 파일이 보이지 않는다면 파일 형식을 드롭다운해 .lsp를 선택하여 설정을
변경합니다.

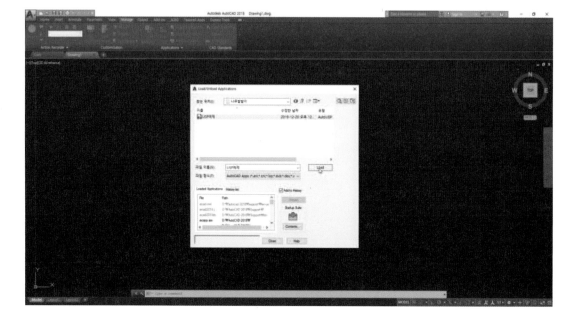

04 아래 작업 창에 'successfully loaded.'가 표시되면 성공적으로 로드된 것입니다.
Close를 눌러 빠져나옵니다.

05 로드한 LISP을 사용해 보기 위해 선을 하나 긋도록 하겠습니다.
Line 명령을 통해 선을 자유롭게 그립니다.

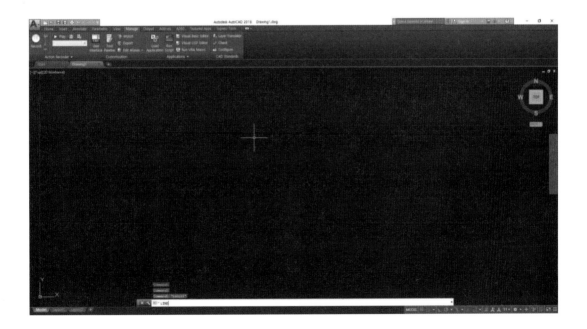

06 선을 그린 후 명령창에 'ds'를 입력해 선분 길이 구하기 LISP 명령을 실행합니다.

07 아래 명령창에 Select Object, 즉 길이를 구할 객체를 선택하라는 명령이 표시되면 직전 과정에서 그린 선을 선택하고 스페이스바를 한번 누릅니다.
(여러 객체의 다중 선택이 가능합니다.)

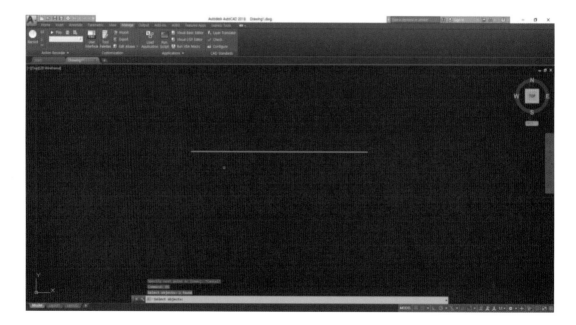

08 이후 아래 명령창에 Text Point라는 요청이 생성됩니다.
이는 해당 선의 길이를 Text로 표시할 것인데, 해당 Text가 놓일 위치를 정하라는
의미입니다. 원하는 임의의 위치를 클릭합니다.

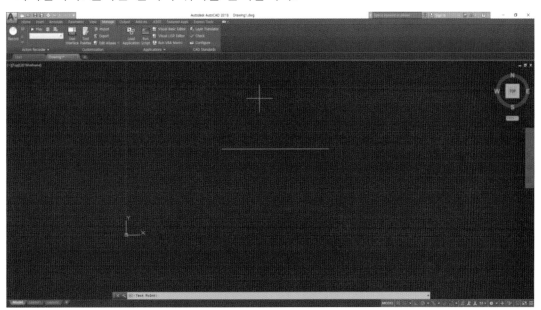

09 이후 Text Height라는 명령이 생성되면 텍스트 크기를 입력해야 합니다.
200을 입력하고 스페이스바를 누릅니다.

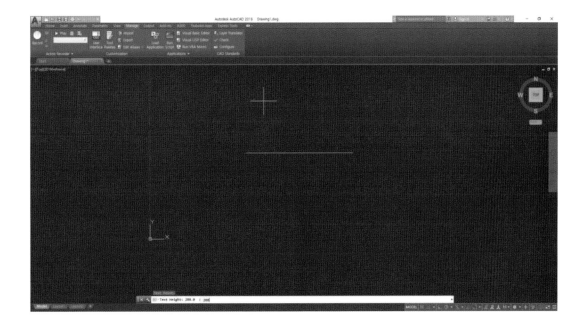

<u>10</u> 아래와 같이 해당 선분의 길이가 Text로 생성되었습니다.
이때, 이 LISP의 기본 단위는 meter(미터) 단위 입니다. 즉, 현재 교재 기준으로 그린
선분의 길이가 0.02라는 의미입니다.

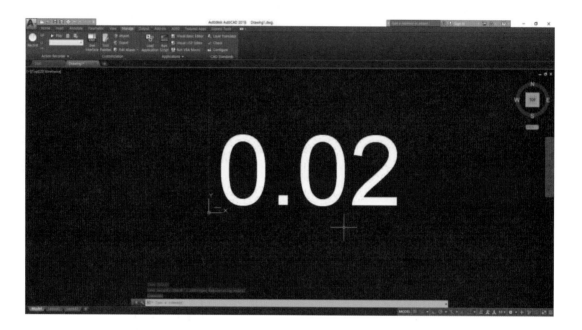

- 뒤 과정에서 이 LISP을 직접 편집해 해당 단위를 변경해 보도록 하겠습니다.

2 LISP 리스트 저장

앞선 과정에서 진행한 것 처럼 APPLOAD를 통해 LISP을 오토 캐드내로 로드했습니다.
이는 일시적인 로드이며, 오토캐드가 종료되면 다시 Unload됩니다.
평소 자주 스는 LISP을 오토 캐드에 자동 load되도록 하려면, LISP목록에 원하는
LISP들을 추가하고 저장해야합니다.

01 오토 캐드를 실행하고 Appload 명령을 통해 appload 창을 생성합니다.

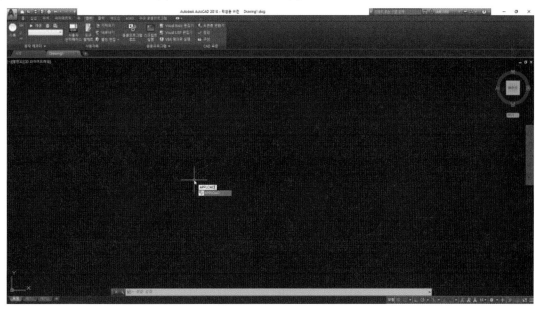

02 배포한 LISP 샘플이 들어가 있는 폴더를 찾습니다.

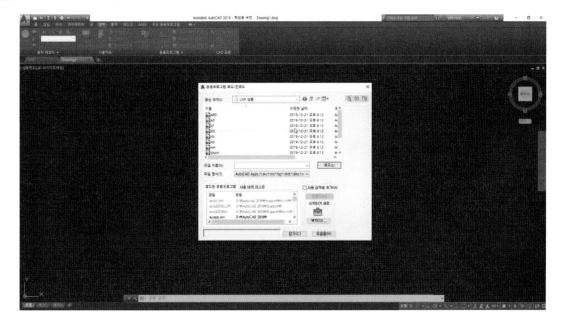

03 배포한 샘플을 전체 선택하고, Load를 클릭합니다.

04 아래와 같은 창이 생성되면 항상 로드를 클릭합니다.

05 이후 아래 표시된 목차 버튼을 클릭합니다.

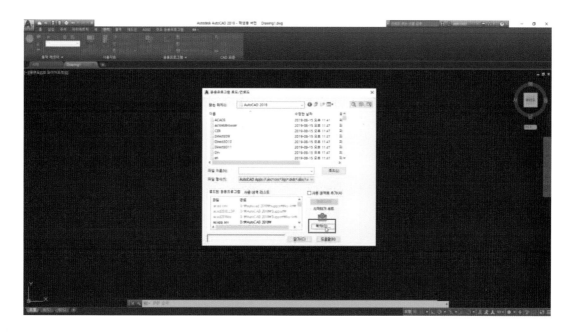

06 시작하기 세트창이 생성되면 추가를 클릭합니다.

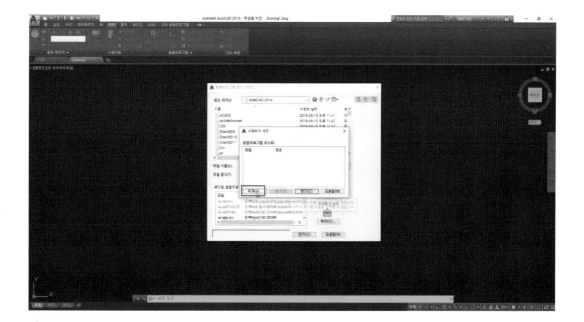

07 마찬가지로 배포한 LISP 샘플을 찾아 전체 선택 후 열기를 클릭합니다.

08 시작하기 세트 안에 LISP들이 리스트화 된 것을 알 수 있습니다.
닫기를 눌러 빠져나옵니다.
- 파일경로가 변경되면 Load가 안되니, 경로를 항상 같은 경로에 두어야 합니다.

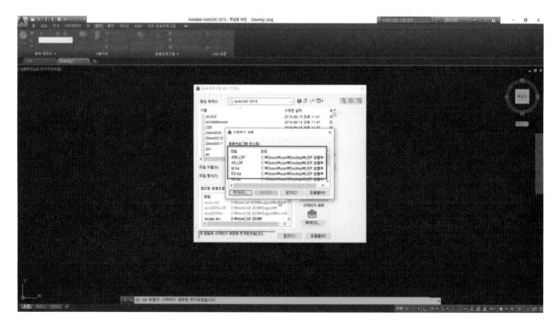

11.3 LISP 코드편집
알아보기

이번에는 LISP을 열어 코드를 확인해보고, 편집해보며 직접 LISP을 학습합니다.

1 LISP 열기

01 앞서 언급한 것처럼 LISP은 .txt(메모장)으로 열어 코드를 확인할 수 있습니다.
배포한 LISP 샘플 중 'DS'를 찾습니다.

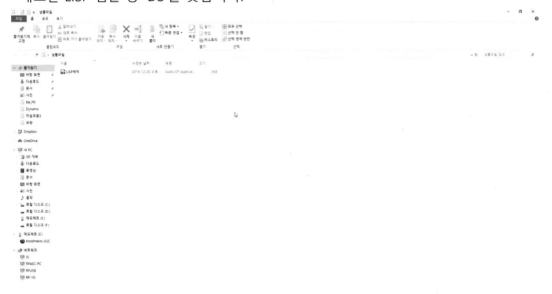

02 이후 해당 LISP에 마우스 우클릭 > 연결 프로그램 > 메모장 (항상 이 응용프로그램으로
열기는 체크 해제)하여 LISP을 엽니다.

2 LISP 명령어 변경

01 가장 먼저, LISP이 실행되는 명령이 무엇인지 알아보고 이를 변경해보도록 하겠습니다.

02 LISP의 여러 코드들 중 'defun c : '라고 기재되어 있는 code를 찾습니다.
(Ctrl+f 를 통해 검색이 가능합니다,)

03 이 'defun c:'뒤에 있는 텍스트가 이 LISP의 명령어입니다.
(모든 LISP이 동일합니다.)
현재 설정 되어 있는 명령어는 'ds'임을 알 수 있습니다.

```
;;길이의 합을 지정위치에 표기
(DEFUN c:ds(/ eg egl n l ne entname entn p1 p2 l2 radi l_ength)
    (SETVAR "cmdecho" 0)
    (setvar "blipmode" 0)
        (SETQ EG (SSGET))
        (SETQ EGL (SSLENGTH EG))
        (SETQ N 0)
        (setq l 0)
        (setq ne 0)
        (WHILE (< N EGL)
            (SETQ ENTN (SSNAME EG N))
            (SETQ ENT (ENTGET ENTN))
            (setq entname (assoc 0 ent))
            (setq entname (cdr entname))
            (if (= entname "LINE")
                    (progn
                        (SETQ p1 (ASSOC 10 ENT))
                        (SETQ p2 (ASSOC 11 ENT))
                        (SETQ p1x (car (CDR p1)))
                        (SETQ p1y (CaDdR p1))
                        (SETQ p2x (car (CDR p2)))
                        (SETQ p2y (CaDdR p2))
                        (setq l2 (sqrt (+ (expt (- p1x p2x) 2) (expt (- p1y p2y) 2))))
                        (setq l (+ l l2))
                        (setq  ne (+ ne 1))
                    )
            )
            (if (= entname "CIRCLE")
                    (progn
                        (SETQ p1 (ASSOC 40 ENT))
                        (SETQ radi (cdr p1))
                        (setq l2 (* 2 (* pi radi)))
                        (setq l (+ l l2))
                        (setq  ne (+ ne 1))
                    )
            )
;(defun arc_calc ()
;   (setq totang (- end_ang st_ang))
;   (while (< totang 0)
;      (setq totang (+ totang (* 2 pi))
;   ) )
;   (while (> totang (* 2 pi))
;      (setq totang (- totang (* 2 pi)))
;   ) )
;   (set_tile "tot_angle" (angtos totang))
;   (setq  arclen (* (* 2 pi radius) (/ totang (* 2 pi))))
```

04 이 명령을 dds로 변경해봅니다.

```
;;길이의 합을 지정위치에 표기
(DEFUN c:dds(/ eg egl n l ne entname entn p1 p2 l2 radi l_ength)
    (SETVAR "cmdecho" 0)
    (setvar "blipmode" 0)
        (SETQ EG (SSGET))
        (SETQ EGL (SSLENGTH EG))
        (SETQ N 0)
        (setq l 0)
        (setq ne 0)
        (WHILE (< N EGL)
            (SETQ ENTN (SSNAME EG N))
            (SETQ ENT (ENTGET ENTN))
            (setq entname (assoc 0 ent))
            (setq entname (cdr entname))
            (if (= entname "LINE")
                    (progn
                        (SETQ p1 (ASSOC 10 ENT))
                        (SETQ p2 (ASSOC 11 ENT))
                        (SETQ p1x (car (CDR p1)))
                        (SETQ p1y (CaDdR p1))
                        (SETQ p2x (car (CDR p2)))
                        (SETQ p2y (CaDdR p2))
                        (setq l2 (sqrt (+ (expt (- p1x p2x) 2) (expt (- p1y p2y) 2))))
                        (setq l (+ l l2))
                        (setq  ne (+ ne 1))
                    )
            )
            (if (= entname "CIRCLE")
                    (progn
                        (SETQ p1 (ASSOC 40 ENT))
                        (SETQ radi (cdr p1))
                        (setq l2 (* 2 (* pi radi)))
                        (setq l (+ l l2))
                        (setq  ne (+ ne 1))
                    )
            )
;(defun arc_calc ()
;   (setq totang (- end_ang st_ang))
;   (while (< totang 0)
;      (setq totang (+ totang (* 2 pi))
;   ) )
;   (while (> totang (* 2 pi))
;      (setq totang (- totang (* 2 pi)))
;   ) )
;   (set_tile "tot_angle" (angtos totang))
;   (setq  arclen (* (* 2 pi radius) (/ totang (* 2 pi))))
```

05 변경을 한 후 파일 > 저장을 통해 해당 변경 사항을 저장합니다.

06 LISP 코드를 변경하였으면, 캐드를 재 실행하여 다시 로드를 시켜야 합니다.
(목록에 추가하지 않았다면 다시 로드를 합니다.)

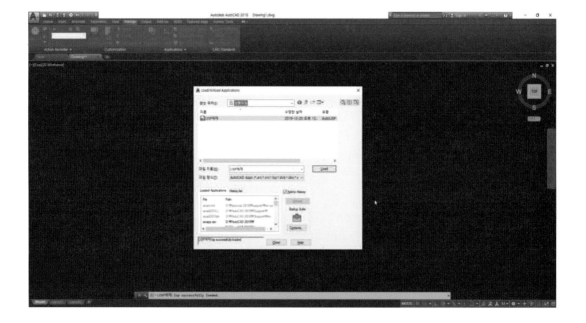

07 새로 변경한 명령어인 'dds'로 해당 LISP을 실행해봅니다.

3 LISP 코드 편집

01 이번에는 DS LISP의 코드를 편집해보겠습니다.
다시 DS LISP을 메모장으로 열어 코드를 확인합니다.
육안으로는 매우 복잡한 코드처럼 보이지만, 사실 매우 간단한 코드입니다.

```
;;;길이의 합을 지정위치에 표기
(DEFUN C:ds(/ eg egl n l ne entname entn p1 p2 l2 radi l_ength)
    (SETVAR "cmdecho" 0)
    (setvar "blipmode" 0)
    (SETQ EG (SSGET))
    (SETQ EGL (SSLENGTH EG))
    (SETQ N 0)
    (setq l 0)
    (setq ne 0)
    (WHILE (< N EGL)
        (SETQ ENTN (SSNAME EG N))
        (SETQ ENT (ENTGET ENTN))
        (setq entname (assoc 0 ent))
        (setq entname (cdr entname))
        (if (= entname "LINE")
            (progn
                (SETQ p1 (ASSOC 10 ENT))
                (SETQ p2 (ASSOC 11 ENT))
                (SETQ p1x (CDR p1))
                (SETQ p1y (CaDdR p1))
                (SETQ p2x (car (CDR p2)))
                (SETQ p2y (CaDdR p2))
                (setq l2 (sqrt (+ (expt (- p1x p2x) 2) (expt (- p1y p2y) 2))))
                (setq l (+ l l2))
                (setq  ne (+ ne 1))
            )
        )
        (if (= entname "CIRCLE")
            (progn
                (SETQ p1 (ASSOC 40 ENT))
                (SETQ radi (cdr p1))
                (setq l2 (* 2 (* pi radi)))
                (setq l (+ l l2))
                (setq  ne (+ ne 1))
            )
;(defun arc_calc ()
;   (setq totang (- end_ang st_ang))
;   (while (< totang 0)
;     (setq totang (+ totang (* 2 pi)))
; )
;   (while (> totang (* 2 pi))
;     (setq totang (- totang (* 2 pi)))
; )
;   (set_tile "tot_angle" (angtos totang))
;   (setq arclen (* * 2 pi radius) (/ totang (* 2 pi))))
```

02 SETQ를 통해 각 변수를 지정하고 계산을 한 후 Princ를 통해 출력(text형식)해
Autocad 작업창 안에서 작업자에게 보여주는 것을 알 수 있습니다.
- 아래 표시된 '(princ "Total Length is ")를 찾아 봅시다.

```
                (setq  ne (+ ne 1))
            )
        )
        (if (or (= entname "LWPOLYLINE")(= entname "POLYLINE"))
            (progn
                (command "area" "e" entn)
                (setq l2 (getvar "perimeter"))
                (setq l (+ l l2))
                (setq  ne (+ ne 1))
            )
        )
        (SETQ N (+ 1 N))
    )
    (princ "\n > > > > > ")
    (if (> egl ne)
        (progn
            (princ ne)(princ " of ")(princ egl)
            (princ " objects are measured // ")
        )
    )
    (princ " Total length is ")
    (setq l_ength (itos (/ l 1000) 2 2))
    (prin1 l_ength)
    (setq pt (getpoint "\nText Point: "))
    (setq h (getvar "textsize"))
    (prompt "\nText Height: ")
    (princ H)
    (princ " : ")
    (setq z (getdist))
    (if z
        (setq h z)
    )
;   (setvar "textsize" h)
;   (command "text" pt 0.0 l_ength)
    (command "text"
        (setq z pt)
        (setq z h)
        (setq z 0.0)
        (setq z l_ength)
    )
    (setvar "cmdecho" 1)
    (setvar "blipmode" 0)
    (command "regen")
    (princ)
)
```

03 다시 한번 직전 과정을 복기해보겠습니다.
Ds 명령을 실행 한 후 선을 선택하니 "Total Length is xxx "가 명령창에 생성되었던
것을 알 수 있습니다.
즉, princ "Total Length is " 코드는 길이를 알려줄 때 치수 앞에 붙는 텍스트 인 것을
알 수 있습니다.

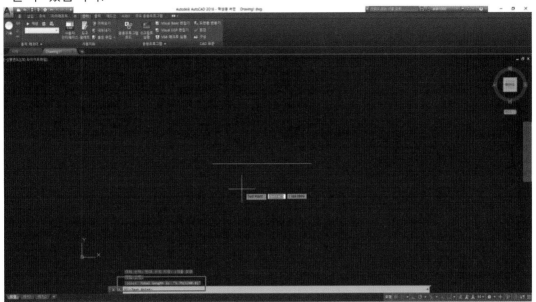

04 " " 안의 문구를 'HELLO'로 변경합니다.

```
(setq  ne (+ ne 1))
)
(if (or (= entname "LWPOLYLINE")(= entname "POLYLINE"))
    (progn
        (command "area" "e" entn)
        (setq l2 (getvar "perimeter"))
            (setq l (+ l l2))
            (setq ne (+ ne 1))
    )
)
    (SETQ N (+ 1 N))
)
(princ "\n > > > > > ")
(if (> egl ne)
    (progn
        (princ ne)(princ " of ")(princ egl)
        (princ " objects are measured // ")
    )
)
(princ " HELLO ")
(setq Length (rtos (/ l 1000) 2 2))
(prin1 Length)
(setq pt (getpoint "\nText Point: "))
    (setq h (getvar "textsize"))
    (prompt "\nText Height: ")
    (princ H)
    (princ " : ")
    (setq z (getdist))
    (if z
        (setq h z)
    )
    (setvar "textsize" h)
    (command "text" pt 0.0 l_length)
    (command "text"
        (setq z pt)
        (setq z h)
        (setq z 0.0)
        (setq z l_length)
    )
    (setvar "cmdecho" 1)
    (setvar "blipmode" 0)
    (command "regen")
    (princ)
)
```

05 이후 아래 표시된 부분은 이 코드의 단위 입니다.
길이를 1000으로 나누어 결과를 출력하는 것을 알 수 있습니다.
즉, 이 코드에서 mm단위에서 m단위로 변경되는 것입니다.

06 해당 부분의 '1000'을 '1'로 변경합니다.

07 해당 코드의 변경사항을 저장합니다.

08 이후 다시 AutoCAD를 재실행하여 변경 사항을 캐드에도 적용합니다.
 - 목록에 추가하지 않았다면 다시 로드를 합니다.

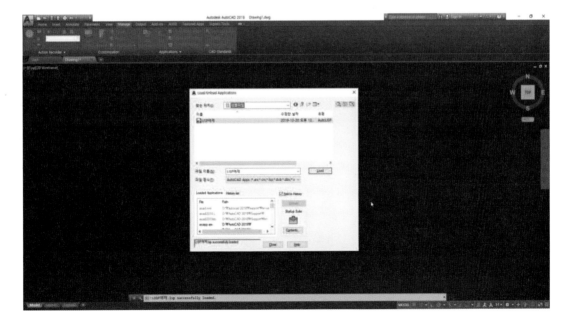

09 임의의 선을 하나 그리고 DDS를 통해 해당 LISP을 실행합니다.

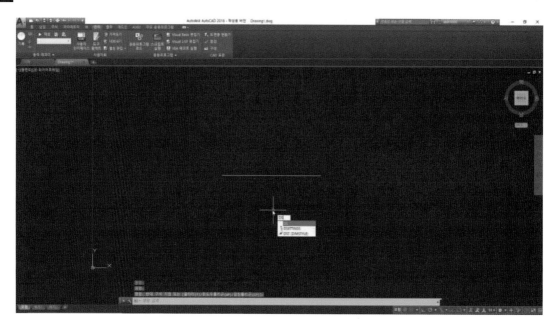

10 객체를 선택하고 스페이스바를 누릅니다.

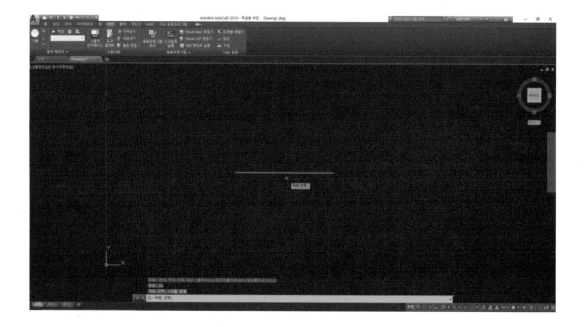

11 출력되는 문구가 'HELLO'로 변경된 것을 알 수 있습니다.

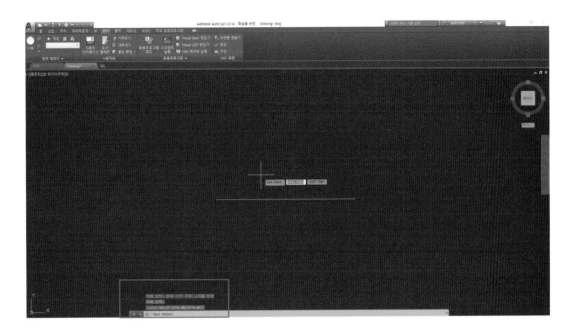

12 단위 역시 mm로 변경된 것을 알 수 있습니다.
이처럼, 아주 간단한 코드의 이해만 있다면 자유롭게 LISP을 사용자에 맞게
편집할 수 있으며, 제작 역시 가능합니다.

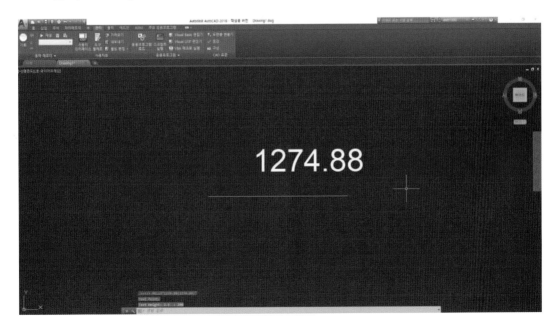

4 기본 LISP – AS(면적구하기)

<u>**01**</u> 사각형을 하나 그리고, AS를 통해 면적구하기 LISP을 실행합니다.

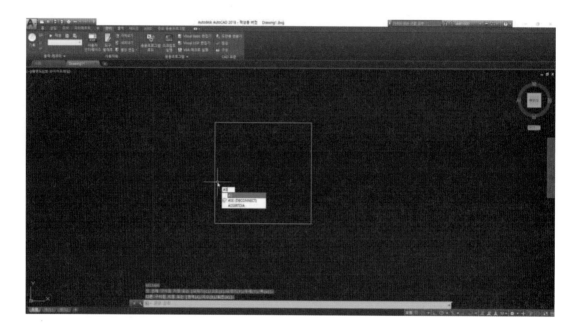

<u>**02**</u> 면적을 구하고자 하는 객체를 선택합니다.
(닫힌 도형이여야 합니다.)

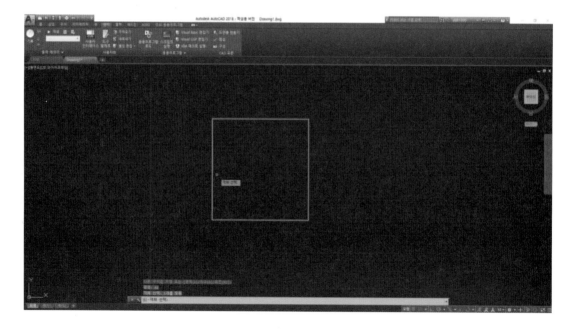

03 아래 문구가 생성되면 스페이스바를 눌러 다음 과정으로 넘어갑니다.

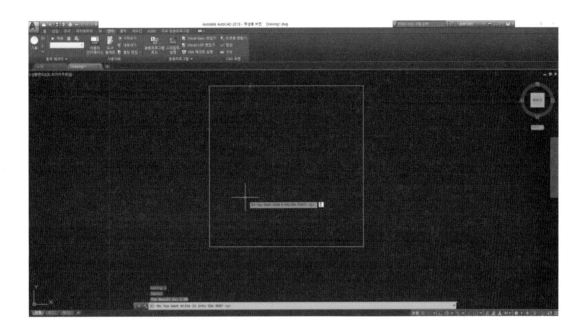

04 텍스트 위치를 지정하는 과정입니다.
텍스트가 놓일 위치를 선택합니다.

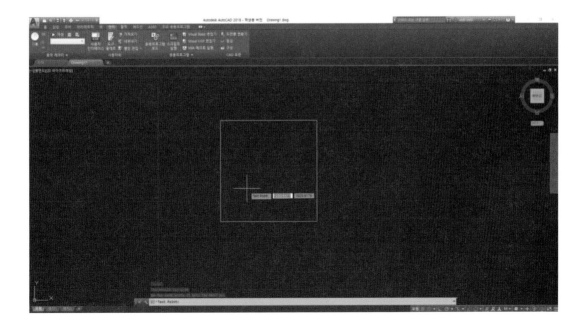

05 텍스트 높이를 입력하고 스페이스바를 누릅니다.

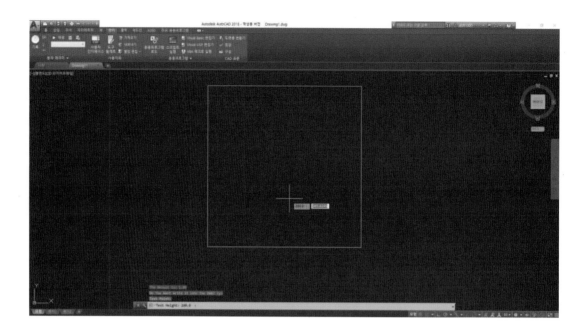

06 텍스트 너비를 지정하는 과정입니다.
원하는 텍스트 너비에 맞게 직선을 그리듯 시작점과 끝점을 지정해 너비를 지정합니다.

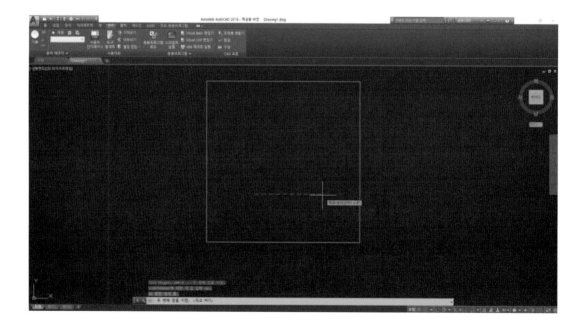

07 아래와 같이 해당 객체의 면적이 생성되었습니다.

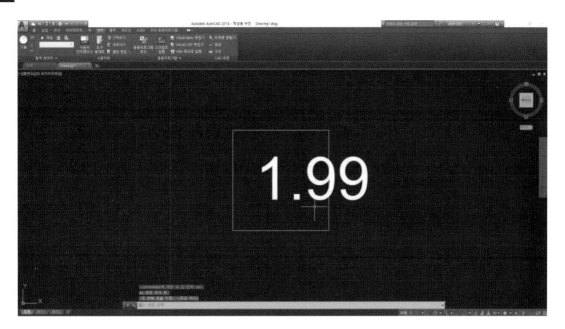

5 기본 LISP – TS, NM, NB, ND(텍스트연산)

01 아래와 같이 숫자가 기재된 텍스트를 두개 생성합니다.

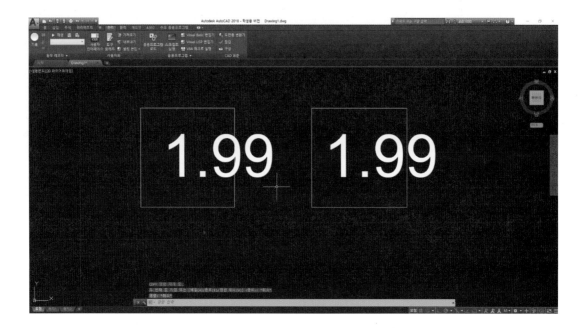

02 TS명령을 통해 해당 LISP을 실행합니다.

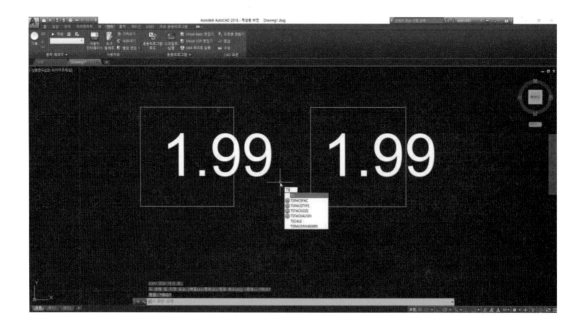

03 더하고자 하는 텍스트를 모두 선택하고 스페이스바를 누릅니다.

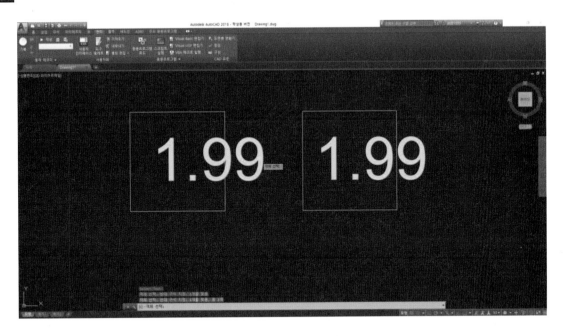

04 마찬가지로 텍스트 높이와 너비를 지정해 두 텍스트간의 덧셈 결과를 생성합니다.
- NM : 텍스트 빼기, NB : 텍스트 곱하기, ND : 텍스트 나누기

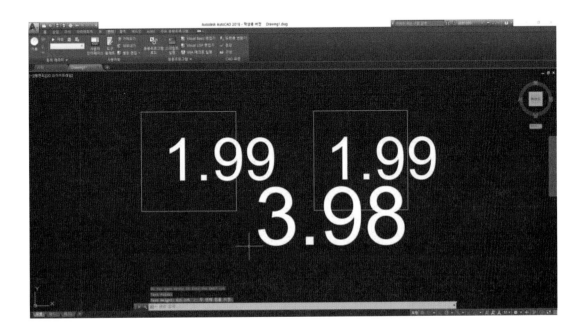

6 기본 LISP – TC (텍스트 복사)

01 아래와 총 3개의 텍스트를 생성합니다.

02 TC명령을 통해 해당 LISP을 실행합니다.

03 변경할 텍스트를 선택하고 스페이스바를 누릅니다.

04 이후 원본 텍스트를 선택하고 스페이스바를 누릅니다.

<u>05</u> 아래와 같이 변경할 텍스트가 원본 텍스트에 맞게 변경된 것을 알 수 있습니다.

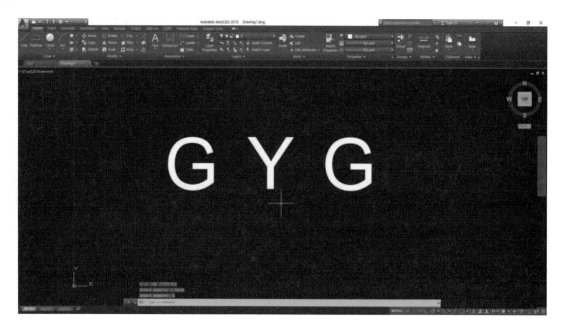

7 기본 LISP – QN (넘버링)

01 아래와 같이 총 3개의 텍스트(숫자와 문자 조합)를 생성합니다.

02 QN명령을 통해 해당 LISP을 실행합니다.

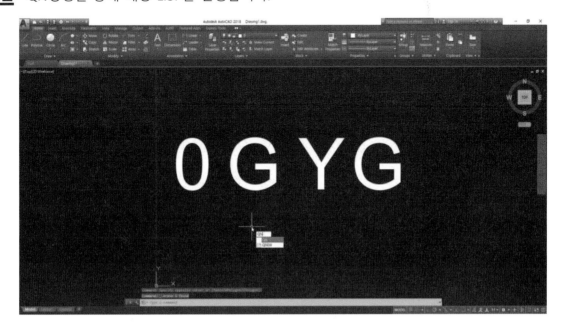

03 시작 기준이 될 숫자 텍스트를 가장 먼저 선택합니다.

04 이후 해당 나머지 텍스트들을 선택합니다.
(선택 순서에 따라 넘버링이 됩니다.)

05 넘버링 방법에 선택 순이 되어 있는 것을 확인하고 스페이스바를 누릅니다.

06 증분 수치를 입력하고 스페이스바를 누릅니다.

07 아래와 같이 선택한 순서대로 같은 증분 값으로 넘버링이 된 것을 확인할 수 있습니다.

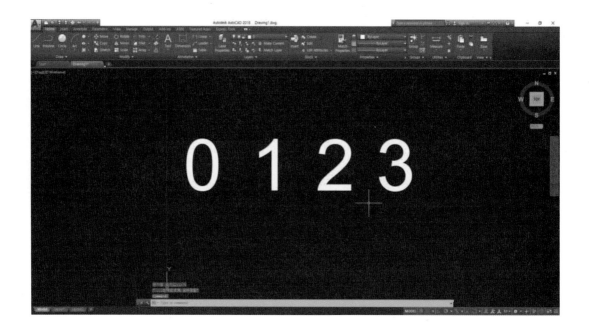

8 기본 LISP – ARD (일정간격복사)

01 아래와 같이 수평 선의 양 끝에 수직 선을 그립니다.

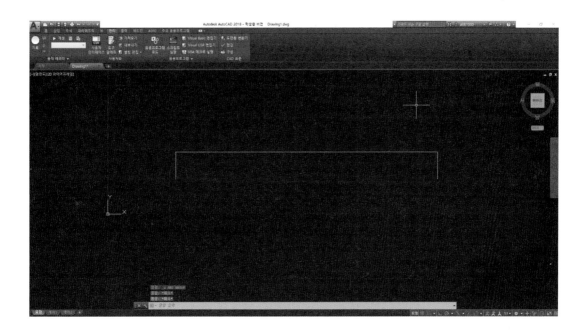

02 ARD명령을 통해 해당 LISP을 실행합니다.

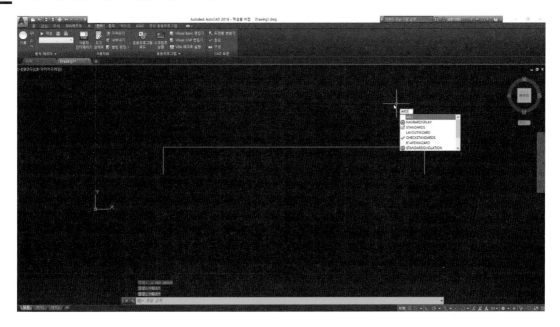

03 복사할 객체를 선택합니다.

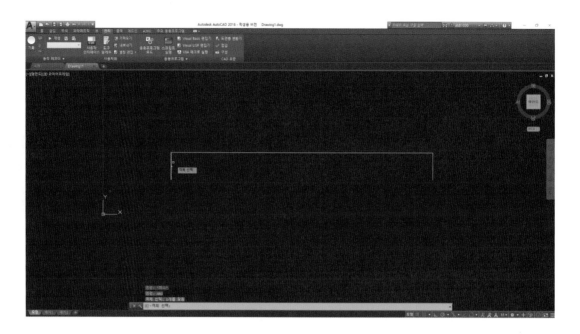

04 이후 복사할 범위를 시작점과 끝점을 클릭해 설정합니다.
시작점은 아래와 같이 수평 선의 좌측 끝점을 선택합니다.

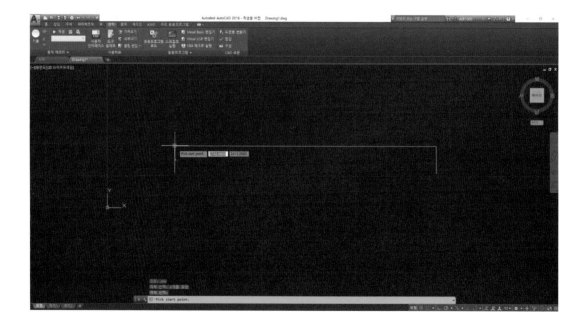

05 끝점은 아래와 같이 수평 선의 우측 끝점을 선택합니다.

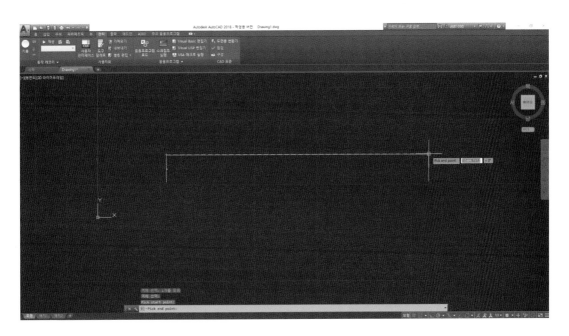

06 이후 복사의 간격을 설정합니다.
100을 입력해 100간격을 두고 지정한 범위 안에서 일정 간격으로 복사를 진행합니다.

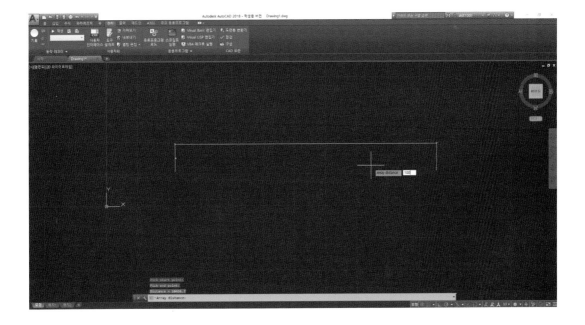

07 지정한 범위 내에서 지정한 간격 값으로 원하는 객체가 일정 간격 복사가 된 것을 확인합니다.

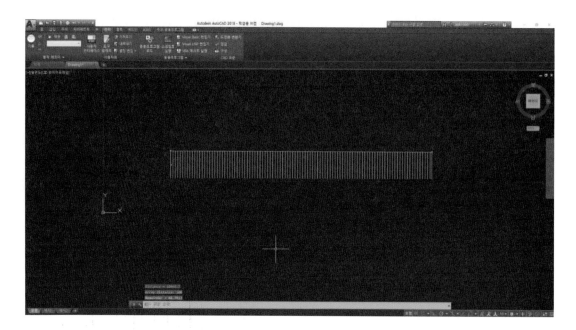

9 기본 LISP – BF (객체 끊기)

01 아래와 같이 교차되는 수직 수평 선을 그립니다.

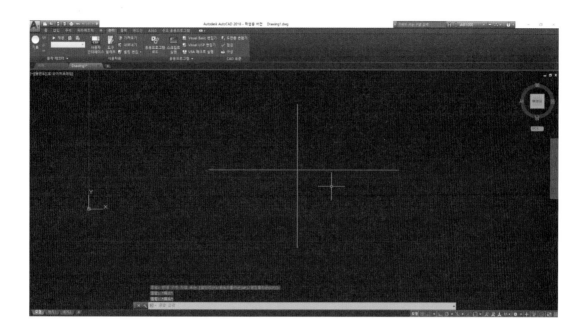

02 BF명령을 통해 해당 LISP을 실행합니다.

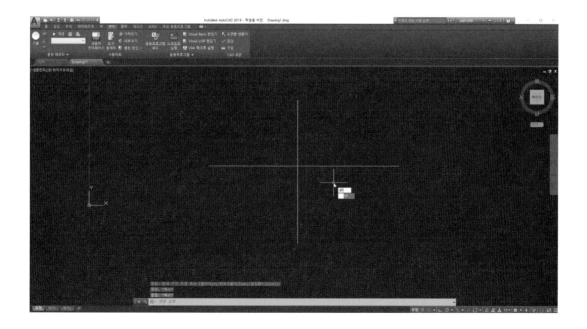

03 끊을 객체를 선택합니다.

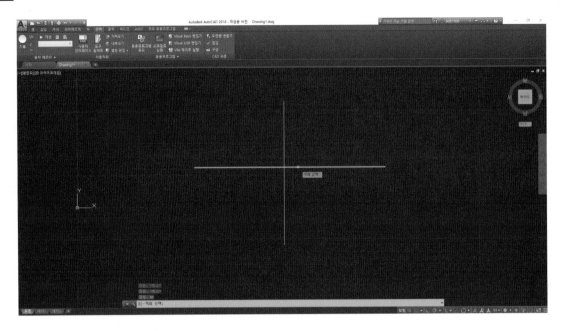

04 끊을 점으로는 두 선의 교차점을 선택합니다.

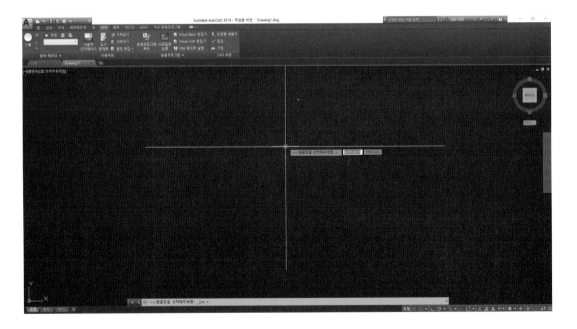

05 하나의 객체였던 선이 지정한 지점을 기준으로 끊어져 두개의 선분이 된 것을
알 수 있습니다.

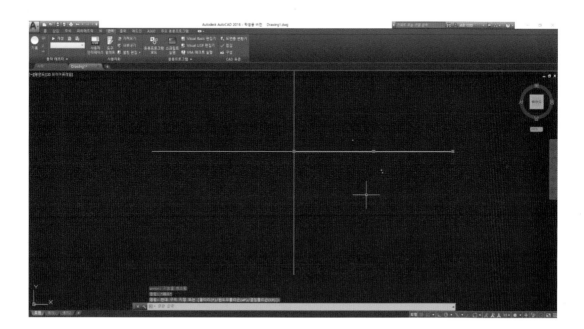

초판 인쇄 2020년 3월 20일
초판 발행 2020년 3월 25일

발행처 (주)한솔아카데미
저자 유기찬, 김재준
발행인 이종권

홈페이지 www.bestbook.co.kr
대표전화 02)575-6144
등록 1998년 2월 19일(제16-1608호)

ISBN 979-11-5656-904-6 13000
정가 25,000원

저자약력

유 기 찬

한양대학교 건축공학과(공학사)
건축사
(주)알피 종합건축사사무소 대표이사
한양대학교 건축공학부 겸임교수

김 재 준

한양대학교 건축공학과(공학사)
일리노이 대학교(공학박사, 박사)
미국 벡텔 건설회사
한양대학교 건축공학부 교수(현재)